汽车构造与原理
（新能源汽车与智能网联汽车）

主　编　蔡兴旺　王兆海
副主编　郑锦汤　杨耀辉
参　编　李国忠　许见诚　马德粮

机 械 工 业 出 版 社

本书分为八个项目，分别是新能源汽车概述、纯电动汽车的结构与工作原理、混合动力电动汽车的结构与工作原理、新能源汽车辅助系统、电动汽车充电系统、燃料电池电动汽车、其他新能源汽车和智能网联汽车的基本结构与工作原理。

本书由校企合作联合编写，以"一主线、三融合、四服务"构建思路，内容紧密结合我国新能源汽车和智能网联汽车行业实际，以项目为导向，以实际工作情景为引领，以企业实际需求为目标，将专业技能、职业素养与企业文化深度融合，教材注重思想性、科学性和前瞻性。本书配套了实训工单，可通过引导学生学、做结合，加强实践技能的培养与训练。

本书可以作为职业教育本科及专科学校、高等教育本科院校汽车类专业学生的教材，也可以作为汽车技术培训教材，还可以作为广大新能源汽车和智能网联汽车爱好者的阅读材料。

为了便于读者自主学习，提高学习效率，本书配备了视频、动画资源以及测验题等。

本书配有电子课件、教案等，凡使用本书作为授课教材的教师可登录机械工业出版社教育服务网（www.cmpedu.com），注册后免费下载。咨询电话：010-88379375。

图书在版编目（CIP）数据

汽车构造与原理：新能源汽车与智能网联汽车／蔡兴旺，王兆海主编. -- 北京：机械工业出版社，2024.9. -- ISBN 978-7-111-76936-1

Ⅰ. U463

中国国家版本馆 CIP 数据核字第 2024M9J147 号

机械工业出版社（北京市百万庄大街 22 号　邮政编码 100037）
策划编辑：葛晓慧　　　　　　　责任编辑：葛晓慧
责任校对：陈　越　刘雅娜　　　封面设计：王　旭
责任印制：任维东
北京瑞禾彩色印刷有限公司印刷
2025 年 1 月第 1 版第 1 次印刷
210mm×285mm · 14 印张 · 416 千字
标准书号：ISBN 978-7-111-76936-1
定价：55.00 元

电话服务　　　　　　　　　网络服务
客服电话：010-88361066　　机　工　官　网：www.cmpbook.com
　　　　　010-88379833　　机　工　官　博：weibo.com/cmp1952
　　　　　010-68326294　　金　书　网：www.golden-book.com
封底无防伪标均为盗版　　　机工教育服务网：www.cmpedu.com

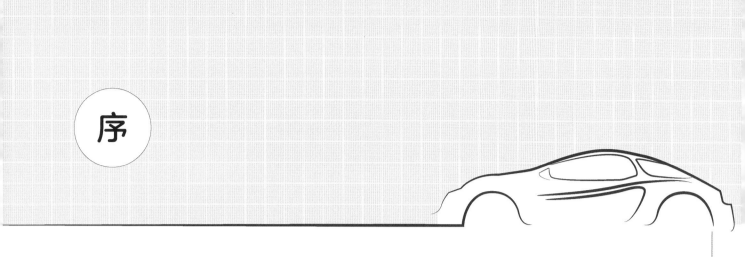

序

教材是教学过程的主要载体，加强教材建设是深化教学改革的有效途径，是推进人才培养模式改革的重要条件，也是保障教学基本质量、培养高端技能型人才和技术应用型人才的重要基础。

为深入贯彻党的二十大精神以及教育部和国家教材委员会等发布的一系列文件精神，推进高等职业教育汽车类专业的高质量发展，适应新时期汽车行业的快速发展和汽车产业转型升级需要，实现"专业设置与产业需求对接、课程内容与职业标准对接、教学过程与生产过程对接"，在市场调研和专家论证的基础上，我们列出了"高等职业教育汽车类专业校企合作'互联网+'"创新型教材选题15种，并组建由优秀高职院校名师和一线企业专家组成的编写委员会，以校企合作形式，共同编写了本套教材。

一、编写依据、指导思想和编写原则

1. 编写依据

以教育部《"十四五"职业教育规划教材建设实施方案》（教职成厅〔2021〕3号）文件精神和2023年《普通高等学校高等职业教育（专科）专业目录》为依据。结合汽车行业发展，重点开发新能源汽车、智能控制技术、智能网联汽车等急需紧缺的战略性新兴领域。

2. 指导思想

本套教材以"一主线三融合四服务"构建思路。"一主线"，即以能力培养目标为主线；"三融合"，即融合职业技能等级证书标准，融合知识、能力及素质培养，融合线上线下+课内课外学习；"四服务"，即内容体系为认识规律服务，理论基础为技术应用服务，媒体资源为教学（自主学习）服务，教学模式为教学目标达成服务，实施课程体系改革并系统建设立体化教材。

3. 编写原则

以"必需、够用"为编写原则，以企业需求为基本依据，兼顾行业升级需要和环境保护的要求，突出新能源汽车等新知识、新技术、新工艺和新方法。

二、教材特色

从企业实际出发，以培养技术应用型技术人才为主要目标，在总结多年教学经验和已有教材的基础上，充分吸取先进职教理念和方法，形成如下特点：

1. 突出"校企合作，产教融合"

以企业需求和岗位需要为依据，加强校企合作，产教融合。对接汽车职业技能等级证书标准和岗位要求，助力三教改革，服务于职业教育职业技能等级证书的认定工作。

2. 体现新编写模式、新技术、新能源

体现教改思路，创新编写模式。结合产业转型升级需要，及时将产业发展的新技术、新工艺、新规范，包括智能网联汽车、新能源汽车技术、汽车智能制造技术等，依托企业开发适应新兴产业、新职业和新岗位要求的特色教材。

3. 体现"互联网+职业教育"

围绕"互联网+职业教育"发展需求，探索配套资源开发、信息技术应用，统筹推进新形态一体化教材。配套多种形式的数字化教学资源教材，为教学组织提供较大的选择空间。

4. 坚持"立德树人、以人为本"的编写理念，落实党的二十大精神进教材

教材以学生为中心，突出能力本位，并自然融入素质培养内容。将理论知识与实践操作紧密结合、知识迁移与能力拓展有机统一，既有助于培养学生对专业知识和专业技能的掌握，也有助于培养学生吃苦耐劳、精益求精的工匠精神，团队协作精神和创新创意能力。

三、教材编写队伍

本系列教材由机械工业出版社，广东交通职业技术学院、深圳职业技术大学、顺德职业技术学院、哈尔滨工业大学（威海）、韶关学院、广东机电职业技术学院、广州科技贸易职业技术学院、东莞职业技术学院、广州珠江职业技术学院、广州华商职院学院、河源职业技术学院、广东农工商职业技术学院等10多所职业院校，广州丰田汽车特约维修有限公司、深圳深业汽车集团、柯柏文（深圳）科技有限公司、南京奥吉汽车研究院、深圳风向标教育资源股份有限公司等企业组织编写，编写团队包括院校院/校长、专业名师、学科带头人、骨干教师和企业高管、企业专家、技术骨干，结合高职院校"双高计划"、一流专业等建设项目，充分体现了"产教结合，校企合作"的开发特色，有利于教材反映最新的技术和最新的教学成果。

高等职业教育汽车类专业校企合作"互联网+"创新型教材

编写委员会

前言

　　汽车的发明与发展为人类社会进步做出了巨大的贡献，同时带来了亟需解决的能源短缺、环境污染、交通拥堵、事故频发等社会问题，新能源汽车和智能网联汽车被公认为是这些问题的有效解决方案，代表着汽车行业未来的发展方向。汽车技术正朝着电动化、智能化、网联化、共享化的方向发展，也是目前我国汽车工业转型的重要方向之一。2020 年 2 月 10 日，国家 11 部委联合发布了"关于印发《智能汽车创新发展战略》的通知"，2020 年 11 月 2 日国务院办公厅发布了"国务院办公厅关于印发《新能源汽车产业发展规划（2021—2035 年）》的通知"和 2021 年 12 月 28 日国务院"'十四五'节能减排综合工作方案"，都把促进新能源汽车和智能网联汽车的发展作为国家和行业的重要任务。

　　本书以教育部 2021 年《"十四五"职业教育规划教材建设实施方案》文件精神和《职业教育专业目录（2021 年）》为依据，结合汽车行业发展现状，重点开发新能源汽车、智能控制技术、智能网联汽车等急需、紧缺的战略性新兴领域，以"一主线三融合四服务"构建思路。"一主线"，即以能力培养目标为主线；"三融合"，即职业技能等级证书标准，融合知识、能力及素质培养，融合线上线下+课内课外学习；"四服务"，即内容体系为认识规律服务，理论基础为技术应用服务，媒体资源为教学（自主学习）服务，教学模式为教学目标达成服务，实施课程体系改革并系统建设立体化教材。本书从企业实际出发，以培养技术应用型人才为主要目标，突出"校企合作，产教融合"，由企业和院校组建编写团队编写，内容体现"互联网+职业教育"。本书配套多种形式的数字化教学资源，包括实训工单、课件、微课视频、动画、思考题、教学文件等，通过引导学生学、做结合，加强实践技能的培养与训练。

　　本书由蔡兴旺和王兆海担任主编，编写组织、分工：李国忠起草编写大纲、组建校企合作编写团队，编写了部分内容；王兆海审阅了全书内容，制作了视频资源；蔡兴旺编写了项目一和项目八，并对全书进行审阅统稿；郑锦汤编写了项目四和项目六，并参与了部分项目的修改；杨耀辉编写了项目二学习模块一、项目三和项目五；许见诚编写了项目二学习模块二和学习模块三；马德粮编写了项目七。

　　本书在编写及课件制作过程中，得到了机械工业出版社、广东省教育厅、比亚迪汽车工业有限公司、深圳深业汽车集团、深圳风向标教育资源公司、韶关学院、深圳职业技术大学、广州华商职业学院、广州珠江职业技术学院等单位和个人的大力支持与帮助，书中内容参考了大量汽车网站及汽车教材、论文资料，在此谨对相关单位、个人、作者表示诚挚的谢意。

　　由于本书内容新颖、知识面广，限于作者水平和能力，书中难免有误漏之处，诚恳期望得到同行专家和广大读者的批评指正。

编　者

名称	二维码	页码	名称	二维码	页码	名称	二维码	页码
项目一测试题		4	项目二学习模块二测试题		31	4.3 电动助力转向系统的组成与工作原理		67
2.1 比亚迪秦 Pro EV 的总体结构与工作原理		6	2.6 比亚迪秦 Pro EV 整车控制系统的结构介绍		32	项目四学习模块二测试题		68
2.2 比亚迪秦 Pro EV 高压分配系统结构与工作原理		16	项目二学习模块三测试题		44	项目四学习模块三测试题		73
2.3 比亚迪秦 Pro EV 动力蓄电池动力母线拔插		20	项目三测试题		57	项目四学习模块四测试题		79
项目二学习模块一测试题		21	4.1 比亚迪秦 Pro EV 空调制冷系统的组成		59	5.1 比亚迪秦 Pro EV 充电系统的结构认识		80
2.4 驱动电机的结构与工作原理		25	4.2 电动空调压缩机拆装		61	项目五测试题		91
2.5 驱动电机的控制系统结构与工作原理		29	项目四学习模块一测试题		64	6.1 燃料电池电动汽车的结构与工作原理		94

（续）

目录

项目一 新能源汽车概述

知识目标	能力目标	素养目标
1）掌握新能源汽车的定义与分类 2）掌握发展新能源汽车的必要性 3）掌握我国新能源汽车现状、品牌和国家相关政策	1）能现场区分不同类型的电动汽车 2）能辨别我国新能源汽车当前的主流品牌和型号	通过查询资料养成自主学习习惯

情景导入

陈先生到深圳比亚迪 4S 店购买新能源汽车，希望销售顾问能给予推荐，还希望得到新能源汽车的分类、比较、国家政策和发展趋势等方面的信息。假设你是销售顾问，应当如何回答客户提出的问题？

知识提升

一、新能源汽车的定义与分类

1. 新能源汽车的定义

不同国家对新能源汽车的定义有所不同。我国 2017 年工业和信息化部在《新能源汽车生产企业及产品准入管理规定》中对新能源汽车的定义：新能源汽车（New Energy Vehicles）是指采用新型动力系统，完全或者主要依靠新型能源驱动的汽车，包括插电式混合动力（含增程式）汽车、纯电动汽车和燃料电池汽车等。

在日本，新能源汽车通常被称为"低公害汽车"（Low Pollution Vehicle），包括 5 类，即以天然气为燃料的汽车、混合动力电动汽车、纯电动汽车、以甲醇为燃料的汽车、排污和燃效限制标准最严格的清洁汽油汽车。

在美国，通常将新能源汽车称作"可替代燃料汽车"（Alternative Fuel Vehicle），即不使用汽油及柴油的汽车，具体包括使用压缩天然气、液化石油气、动力蓄电池、乙醇、生物柴油、混合动力、氢燃料等燃料的汽车。

2. 新能源汽车的分类

各国对新能源汽车定义不同，本书进行了综合和归纳，分类如图 1-1 所示。

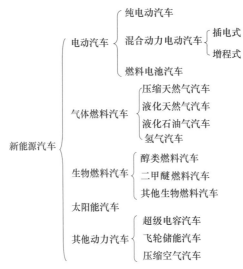

图 1-1　新能源汽车分类

各种新能源汽车定义见表 1-1。

表 1-1　各种新能源汽车定义

名称	定义
纯电动汽车 Battery Electric Vehicle（BEV）	驱动能量完全由电能提供的、由电动机驱动的汽车。电动机的驱动电能来源于车载可充电储能系统或其他能量储存装置
混合动力电动汽车 Hybrid Electric Vehicle（HEV）	能够至少从消耗的燃料和可再充电电能储存装置两类车载储存的能量中获得动力的汽车
插电式混合动力电动汽车 Plug-in Hybrid Electric Vehicle（PHEV）	具有一定的纯电驱动续驶里程，可外部充电的新型混合动力电动汽车。与纯电动汽车不同的是车上装备有一台发动机。可用纯电模式行驶，蓄电池电量耗尽后再以混合动力模式（以内燃机为主）行驶，并适时向电池充电
增程式混合动力电动汽车 Extended Range Electric Vehicle（REEV）	能外接充电电源和车载充电并由电动机直接驱动的车辆，其配置的发动机仅用于带动发电机发电
燃料电池汽车 Fuel Cell Electric Vehicle（FCEV）	以燃料电池系统作为单一动力源或者以燃料电池系统与可充电储能系统作为混合动力源的电动汽车
气体燃料汽车	使用气体燃料作为燃料的汽车
压缩天然气汽车	使用压缩天然气作为燃料的汽车
液化石油气汽车	使用液化石油气作为燃料的汽车
氢气汽车	使用氢气作为燃料的汽车
生物燃料汽车	使用生物燃料作为燃料的汽车
甲醇燃料汽车	使用甲醇作为燃料的汽车
乙醇燃料汽车	使用乙醇作为燃料的汽车
灵活燃料汽车	同时使用甲醇或乙醇与汽油作为燃料的汽车
二甲醚燃料汽车	使用二甲醚为燃料的汽车
太阳能汽车	将太阳能转化为电能的汽车

3. 新能源汽车的特点

各种新能源汽车共同、最大的特点就是节能、环保、无污染或低污染，但部分技术还在完善中，发展非常迅速。

二、发展新能源汽车的必要性

汽车的发明与发展为人类社会进步做出了巨大的贡献，同时带来了急需解决的两大问题。

1. 能源紧缺问题

全球汽车目前保有量已突破13亿辆，我国2023年汽车保有量已达3.36亿辆。传统汽车使用的是汽油和柴油，均为一次性能源，使用后便不可再生。我国已成为石油的净进口国，2023年进口石油达到5.64亿t，进口依赖度超过73%，远超世界公认50%的安全线，所以发展新能源汽车意义重大。

2. 环境污染问题

大气污染被称为社会一大公害，越是交通发达的国家，由汽车尾气排放的污染物越严重。汽车尾气排放的污染物主要是一氧化碳（CO）、碳氢化合物（HC）、氮氧化合物（NO_x）、硫化物（主要是SO_2）、醛类和微粒（含碳烟）及其他一些有害物质，其中，柴油汽车的PM（Particulate Matter，微粒物质）排放约占排放总量的30%。

为了解决汽车能源短缺、环境污染的问题，各国都制定了发展新能源汽车的战略措施。2016年，175个国家共同签署了《巴黎协定》，对汽车有害排放做出严格要求，目前已经有多国提出了燃油汽车退出市场的时间表。

三、新能源汽车现状

近几年，全球新能源汽车产销量迅速增长。图1-2所示为2015—2021年全球新能源汽车产量及渗透率。2023年，全球新能源汽车销量为1465.3万辆，相比2022年增长35.4%，其中，中国销量达到949.5万辆，占全球销量的64.8%，连续9年居世界新能源汽车产销量首位。2023年全球新能源汽车销量前10名中，中国品牌占8席（表1-2），取得了举世瞩目的成就。

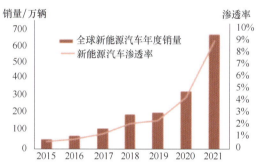

图1-2 2015—2021年全球新能源汽车产量及渗透率

表1-2 全球2023年新能源汽车品牌及销量排名

排名	汽车品牌	销量/万辆
1	特斯拉 Model Y	121.1
2	比亚迪宋	63.6
3	特斯拉 Model 3	52.9
4	比亚迪秦 PLUS	48.2
5	比亚迪元 PLUS	41.2
6	比亚迪海豚	36.7
7	比亚迪海鸥	28.0
8	五菱宏光 MINI EV	23.7
9	广汽 Aion Y	23.5
10	比亚迪汉	22.8

2023年，我国累计销售新能源汽车949.5万辆，在传统汽车销量下降的情况下，逆势增长37.9%，国内汽车销量渗透率达31.5%。

2023 年 7 月 3 日，中国第 2000 万辆新能源汽车（广汽埃安旗下的昊铂 GT）下线（图 1-3）。从 2022 年 2 月突破 1000 万辆，到 2023 年 7 月超 2000 万辆，发展速度之快、质量之高世界罕见，标志着我国新能源汽车在产业化和市场化的基础上，迈入了规模化、全球化的高质量发展的新阶段，开始引领全球汽车产业以电动化和智能化为主要方向的转型升级。

图 1-3　中国第 2000 万辆新能源汽车下线

四、新能源车企与主流品牌

以 2023 年为例，我国新能源车企及其主流品牌见表 1-3。

表 1-3　我国 2023 年新能源车企及其主流品牌

排名	车企	销量/万辆	主流品牌
1	比亚迪	302.4	汉 EV、唐 EV、秦 PLUS EV、宋 PLUS EV、元 Pro、元 PLUS、汉 DM、唐 DM、宋 Pro DM、宋 MAX DM、秦 PLUS DM、海鸥、护卫舰、海豹、驱逐舰、海豚、e2
2	特斯拉（中国）	94.7	Model 3、Model Y
3	吉利汽车	48.7	吉利银河、吉利几何、领克、极氪
4	广汽埃安	48.0	昊铂 SSR、昊铂 GT、Aion Y、Aion S Plus、Aion V Plus、Aion LX
5	长安汽车	47.4	智电 iDD 系列、Lumin 系列、启源、深蓝、阿维塔
6	理想汽车	37.6	理想 L7、L8、L9 系列
7	一汽丰田	28.4	亚洲龙、BZ3、亚洲狮、卡罗拉、BZ4X、普拉多、RAV4、HARRIER、格瑞维亚
8	长城汽车	26.1	长城枭龙、大狗、H6 新能源、蓝山、新摩卡、拿铁、玛奇朵、欧拉闪电猫、欧拉芭蕾猫、欧拉好猫
9	蔚来汽车	16	ET7、ET5、ES6、ES7、ES8、EC6、EC7
10	零跑汽车	14.4	S01、T03、C01、C11
11	小鹏汽车	14	G6、G9、P5、P7、P7i、G3i
12	上汽大众	13	ID.3、ID.4X、ID.6X、途安、帕萨特、途观
13	哪吒汽车	12.7	哪吒 S 系列、V 系列、U 系列、N 系列、GT 系列

📖 小　结

1. 新能源汽车是指采用新型动力系统，完全或者主要依靠新型能源驱动的汽车。新能源汽车的最大特点是节能、环保、无污染或低污染。

2. 新能源汽车可分为电动汽车（含纯电动汽车、混合动力电动汽车和燃料电池汽车）、气体燃料汽车（含压缩天然气、液化石油气汽车和氢气汽车）、生物燃料汽车（含醇类、二甲醚等燃料汽车）和太阳能汽车等几大类。

✏ 思考题

1. 比较我国对新能源汽车定义与美国、日本有什么不同？
2. 纯电动汽车、混合动力电动汽车和燃料电池汽车三种电动汽车有什么不同点？
3. 检索一下当前世界主要发达国家和发展国家对新能源汽车发展的战略部署。
4. 检索一下当前我国新能源汽车的主流品牌。

✏ 测试题

测试题

项目二 纯电动汽车的结构与工作原理

学习模块一　总体结构、工作原理与动力蓄电池

学习目标

知识目标	能力目标	素养目标
1）掌握纯电动汽车的总体结构与工作原理 2）掌握动力蓄电池的定义、分类与主要性能指标 3）掌握磷酸铁锂离子蓄电池和三元锂离子蓄电池的结构与工作原理 4）掌握动力蓄电池管理器的定义与功能	1）能现场识别纯电动汽车的总体组成 2）能进行动力蓄电池总成的拆装 3）能列出动力蓄电池的常见故障，并分析故障原因	1）通过查询资料养成使用汽车维修手册的自主学习习惯 2）通过完成实训工作任务，培养规范操作意识和安全生产意识（尤其是高压部分的安全操作）

情景导入

一辆比亚迪秦 Pro EV 纯电动汽车行驶过程中，组合仪表上动力蓄电池故障警告灯突然亮起，车主要求服务站给予检修。假设你是维修技师，请分析排除故障，完成检修任务，并回答客户提出的问题。

知识提升

一、纯电动汽车的总体结构与工作原理

1. 纯电动汽车的总体结构

纯电动汽车（Battery Electric Vehicles，BEV）与传统汽车的区别主要在于驱动能量完全由电能提供、由电机驱动。以比亚迪秦 Pro EV 为例，其总体组成如图 2-1 所示，其动力装置主要由动力蓄电池及其管理系统、驱动电机及其控制系统、整车控制系统、车载充电系统和辅助系统等组成。

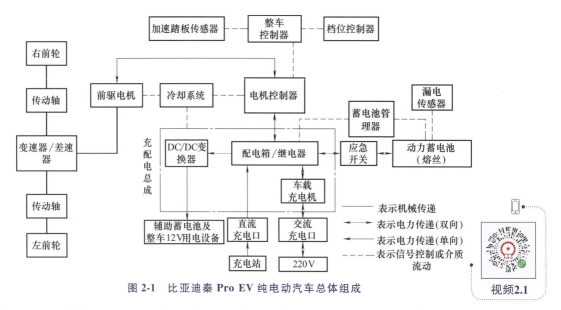

图 2-1　比亚迪秦 Pro EV 纯电动汽车总体组成

视频2.1

温馨提示：比亚迪秦 Pro EV 的总体结构与工作原理请扫视频 2.1 二维码观看。

动力蓄电池及其管理系统的作用是根据汽车行驶需要，将动力蓄电池的电能传递给驱动电机，转化成机械能，驱动车辆行驶，并对动力蓄电池进行安全管理。

驱动电机及其控制系统的作用是根据汽车行驶需要，控制输出的转速和转矩、正转或反转，在减速和制动时转换成发电机回收能量。

整车控制系统对电动汽车所有设备的各个环节进行管理、协调和监控，以确保整车的安全性和可靠性。

车载充电系统是一种专为电动汽车动力蓄电池充电的设备，其结构与工作原理详见项目五。

辅助系统包括电动空调、电动制动、电动助力转向和汽车组合仪表等，其结构与工作原理详见项目四。

2. 纯电动汽车的工作原理

当电源接通、汽车前进时，控制系统接收到档位控制器、加速踏板传感器和角度传感器等的信号并传递给电机控制器，控制流向前驱动电机的电流从而使驱动电机运转，通过变速器/差速器和传动轴带动左、右驱动轮，使汽车前进（图 2-2）。

当汽车减速时，车轮带动驱动电机转动，通过电机控制系统使驱动电机成为交流发电机产生电流，再将交流电变为直流电向动力蓄电池充电（制动再生能量）。同时，纯电动汽车控制系统通过各传感器、电流检测器对动力蓄电池、驱动电机进行监控并及时反馈信息和报警，并通过电流表、电压表、电功率表、转速表和温度表等仪表进行显示。

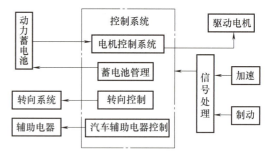

图 2-2　纯电动汽车的基本工作原理

如图 2-3 所示，起动、起步时，要求驱动电机供给大转矩，低速起步；平路正常行驶时，要求驱动电机提供足够的驱动力和速度，同时能耗最低；急加速和上坡时，要求驱动电机提供较大的驱动力，有较好

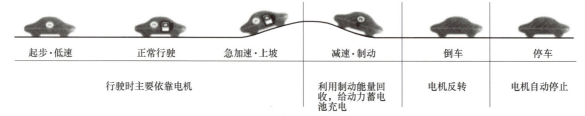

起步·低速	正常行驶	急加速·上坡	减速·制动	倒车	停车
行驶时主要依靠电机			利用制动能量回收，给动力蓄电池充电	电机反转	电机自动停止

图 2-3　纯电动汽车行驶状态

的超载能力；减速、制动时，要求驱动电机转变为发电机，进行回收减速制动的能量，向动力蓄电池充电；汽车倒车时，驱动电机应当反转；汽车停车时，驱动电机自动停止。

二、动力蓄电池的结构与工作原理

1. 动力蓄电池的定义

动力蓄电池一般指为电动汽车提供动力来源的蓄电池。它为整车驱动和其他用电器提供电能，接受和储存车载充电机、外置充电装置和能量回收装置提供的高压直流电。

动力蓄电池根据其组合情况可分为单体蓄电池、蓄电池组和蓄电池包。

单体蓄电池是直接将化学能转换为电能的基本单元装置，通常包括电极、隔膜、电解质、外壳和端子，并被设计成可充电，也称为电芯。

蓄电池组是指一个以上单体蓄电池的串并联组合，也称作蓄电池模块。

蓄电池包通常包括蓄电池组、蓄电池管理系统、蓄电池外壳及相应附件，是可以从外部获得电能并对外输出电能的单元，如图2-4所示。

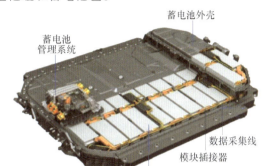

图2-4　蓄电池包的基本组成

2. 动力蓄电池性能指标

评价动力蓄电池性能的主要指标有电压、容量、内阻、能量、功率、输出效率、自放电率和使用寿命等。表2-1给出了比亚迪和特斯拉电动汽车锂离子蓄电池的部分性能参数。

表2-1　比亚迪和特斯拉电动汽车锂离子蓄电池的部分性能参数

性能参数	比亚迪磷酸铁锂离子蓄电池	特斯拉21700锂离子蓄电池
单体标称电压/V	3.3	3.7
工作电压/V	2~3.6	2.8~4.2
最低放电终止电压/V	2.0	2.5~2.75
内阻/MΩ	30~80	≤20
能量密度/(W·h/kg)	165	300
单体容量/A·h	2.15	3~4.8
循环寿命/次	>2000	1000
使用机型举例	比亚迪e6	特斯拉Model 3

（1）电压（V）

1）标称（额定）电压：指动力蓄电池在标准条件下工作时达到的电压。

2）工作电压：是指动力蓄电池在工作状态下（即电路中有电流流过时）正、负极之间的电动势差，又称为负载电压。

3）放电电压：动力蓄电池接通负载后在放电过程中显示的电压。

4）最低放电终止电压：指动力蓄电池充满后进行放电，放完电时达到的电压（若继续放电则为过度放电，对动力蓄电池使用寿命和性能有损伤）。

（2）容量　单位体积或质量的动力蓄电池能输出的理论容量是指蓄电池能够储存的电量多少。容量用C表示，单位为A·h（安·时），也用mA·h（毫安时）。蓄电池的容量越大，车辆续驶里程越远。

标称（额定）容量：根据国家和有关部门标准，保证电流在一定放电条件下，应该放出的最低限度容量。它一般由制造商给定。

（3）内阻　内阻指蓄电池在工作时，电流流过蓄电池内部受到的阻力。阻力越大，蓄电池工作内耗越大，蓄电池效率越低。

（4）蓄电池能量（$W·h$）　蓄电池能量指蓄电池储存的能量多少。

能量密度：指单位体积或单位质量所释放的能量，通常用体积能量密度（$W·h/L$）或质量能量密度（$W·h/kg$）表示。

（5）功率　功率指蓄电池在一定放电条件下，单位时间内输出的能量，单位是 W，也用 kW。

功率密度：又称为比功率，是单位质量或单位体积蓄电池输出的功率，单位为 W/kg 或 W/L。

（6）放电倍率　放电倍率指在规定时间内放出其额定容量（C）时所需要的电流值。它在数值上等于蓄电池额定容量的倍数。例如，$10A·h$ 蓄电池以 $2A$ 的电流放电，则放电倍率为 $0.2C$；如果以 $20A$ 的电流放电，则其放电倍率为 $2C$。

（7）循环寿命　循环寿命指蓄电池在保持蓄电池性能的前提下，在指定的充放电终止条件下，以特定的充放电制度进行充放电，在不能满足使用寿命终止标准前所能进行的循环数。蓄电池使用方法、蓄电池材料、电解质的组成和浓度、充放电倍率、放电深度（DOD%）、温度、制造工艺等都对蓄电池的循环寿命有影响。

（8）记忆效应　记忆效应是指有些蓄电池如果长期不彻底充电、放电，易在蓄电池内留下痕迹，降低蓄电池容量的现象。

除了上述指标外，还有安全性、环保性能、自放电和成本等多种要求。

3. 动力蓄电池的分类及其基本结构、工作原理

目前，比较常见的动力蓄电池主要有锂离子蓄电池、镍氢蓄电池、燃料电池等种类。

（1）镍氢蓄电池　镍氢蓄电池的基本结构如图2-5所示，其正极材料为氢氧化物〔$Ni(OH)_2$〕，负极是储氢合金，电解质为 KOH 水溶液，隔膜采用尼龙纤维、聚丙烯纤维和维纶纤维等。

镍氢蓄电池的基本工作原理：充电时由于水的电化学反应生成氢原子，并立即扩散到合金中，形成金属氢化物（MH），实现负极储氢；镍电极活性物质 $Ni(OH)_2$ 释放出一个质子，转变为充电态的 $NiOOH$。放电时，氢化物分解出的氢原子在合金表面氧化为水，$NiOOH$ 吸收一个质子还原 $Ni(OH)_2$。丰田普锐斯混合动力电动汽车采用的是镍氢蓄电池。由于镍氢蓄电池存在单体电压低（1.2V）、自放电损耗大、对环境温度敏感等不足的特点，所以目前镍氢蓄电池在纯电动汽车上的应用逐渐被替代。

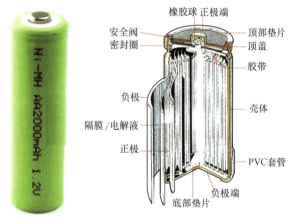

图 2-5　镍氢蓄电池的基本结构

（2）锂离子蓄电池　锂离子蓄电池是利用锂离子作为导电离子，在阳极和阴极之间移动，通过化学能和电能互相转化实现充、放电的蓄电池。

锂离子蓄电池相对于镍氢蓄电池与铅酸蓄电池有以下 10 个优点：

1）锂离子蓄电池单体标准电压高达 3.6V，是镍氢蓄电池的 3 倍，约是铅酸蓄电池的 2 倍。

2）锂离子蓄电池质量小，比能量大，目前已达到 460~600W·h/kg，是镍氢蓄电池的 3 倍，约是铅酸蓄电池的 6~7 倍，因此质量是相同能量铅酸蓄电池的 1/4，这个特点是锂离子蓄电池作为车用动力蓄电池的一个十分大的优势。

3）锂离子蓄电池比体积小，高达 400W·h/L，因此体积是相同能量铅酸蓄电池的 1/2，为电动汽车合理高效的整车布局提供了保证。

4）锂离子蓄电池循环寿命长，循环次数可达 2000 次，以容量保持 60% 计算蓄电池组 100% 充放电循环次数可以达到 1200 次以上，使用年限可达 6~7 年，使用寿命约为铅酸蓄电池的 2~3 倍。

5）锂离子蓄电池自放电率低，每月不到 5%，是镍氢蓄电池的 1/6。

6）锂离子蓄电池允许工作温度宽，低温性能好，锂离子蓄电池可在−20~60℃范围内工作。

7）锂离子蓄电池无记忆效应，而镍氢蓄电池有轻微的记忆效应。所以锂离子蓄电池每次充电前不必像镍氢蓄电池那样需要放电，可以随时随地进行充电。蓄电池充放电深度、对蓄电池的使用寿命影响不大，可以全充全放。

8）锂离子蓄电池中基本不存在有毒物质，无污染，比铅酸蓄电池绿色环保。

9）锂离子蓄电池的主要材料是锂（Li）、锰（Mn）、铁（Fe）等，这些在我国都是富产资源，为锂离子蓄电池汽车提供了材料保证，也对成本的控制起到相当大的作用。

10）我国的小功率锂离子蓄电池早已经产业化，形成了上下游结合的产业链，锂离子蓄电池技术已经达到国际先进水平，产业化条件基本成熟。

因此，无论是锂离子蓄电池本身特点，还是我国现状，发展锂离子蓄电池都是我国新能源汽车产业化的主要方向。

锂离子蓄电池按照正极材料进行分类，可以分为钴酸锂离子蓄电池、锰酸锂离子蓄电池、镍酸锂离子蓄电池、磷酸铁锂离子蓄电池和三元锂〔镍钴锰酸锂 $Li(NiCoMn)O_2$〕离子蓄电池；按照电解质分类可以分为液态锂离子蓄电池（LIB）和聚合物锂离子蓄电池（LIP）。目前，电动汽车市场上广泛使用的锂离子蓄电池有磷酸铁锂离子蓄电池（LFP）和三元锂离子蓄电池。

磷酸铁锂离子蓄电池：磷酸铁锂离子蓄电池的结构如图 2-6 所示。

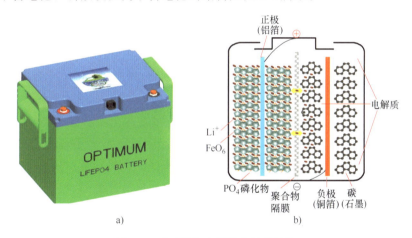

图 2-6　磷酸铁锂离子蓄电池的结构

图 2-6a 是橄榄石结构的 $LiFePO_4$ 作为蓄电池的正极，由铝箔与蓄电池正极相连，中间是聚合物的隔膜，它把正极与负极隔开，但锂离子 Li^+ 可以通过而电子 e^- 不能通过；图 2-6b 是由碳（石墨）组成的蓄电池负极，由铜箔与蓄电池的负极连接。蓄电池的上下端之间是蓄电池的电解质，蓄电池由金属外壳、铝塑复合膜或塑料壳封装。

磷酸铁锂离子蓄电池的工作原理：蓄电池充电时，正极中的锂离子脱出来，经过电解液、穿过隔膜进入负极材料中；蓄电池放电时，锂离子蓄电池从负极中脱离出来，经过电解液，穿过隔膜回到正极材料中。

$$正极反应：LiFePO_4 \xrightarrow{充电} Li_{(1-x)}FePO_4 + xLi^+ + xe^-$$

$$Li_{(1-x)}FePO_4 + xLi^+ + xe^- \xrightarrow{放电} LiFePO_4$$

$$负极反应：xLi^+ + xe^- + 6C \xrightarrow{充电} Li_xC_6$$

$$Li_xC_6 \xrightarrow{放电} xLi^+ + xe^- + 6C$$

$$总反应：LiFePO_4 + 6C \underset{}{\overset{充、放电}{\rightleftharpoons}} Li_{(1-x)}FePO_4 + Li_xC_6$$

磷酸铁锂离子蓄电池的优势是使用寿命长（在室温下充放电循环寿命可达 2000 次，容量保持率

80%以上）、安全性高（不会因过充、温度过高、短路、撞击而发生爆炸或燃烧）、环保且不需要稀有金属、无污染、充电速度快、自放电少、无记忆效应、可大电流快速充放电（在专用充电器下，2C充电30min即可使蓄电池充满95%，起动电流可达2C）、体积小、质量小、单体电压高（3.3V）；劣势是导电性差、振实密度较低、一致性问题严重、低温性能差、制造成本高。

三元锂离子蓄电池：全称是三元聚合物锂离子蓄电池，其正极材料使用镍钴锰酸锂。三元锂离子蓄电池的结构如图2-7所示。

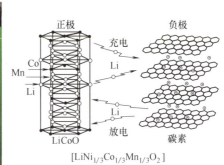

图 2-7　三元锂离子蓄电池的结构

其充电时的反应及电荷转移如下。

正极反应：$LiMO_2 \xrightarrow{\text{充电}} Li_{1-x}MO_2 + xLi^+ + xe^-$

负极反应：$nC + xLi^+ + xe \xrightarrow{\text{充电}} Li_xC_n$

蓄电池总反应：$LiMO_2 + nC \xrightarrow{\text{充电}} Li_{1-x}MO_2 + Li_xC_n$

它的正极采用能吸藏锂离子的碳极，放电时，锂变成锂离子，脱离蓄电池阳极，到达锂离子蓄电池负极。锂离子在正极和负极之间移动，电极本身不发生变化。

技术前沿

高镍三元材料蓄电池

由于Ni在化学反应中为主要活性元素，所以811体系三元锂离子蓄电池比523体系三元锂离子蓄电池能量密度更大、更受欢迎。多家国际机构预测，高镍三元材料蓄电池将在未来几年中成为动力蓄电池的主力，能量已经迈上300W·h/kg的台阶。未来随着降低钴含量、提升镍含量，能量密度还将进一步增长。随着宝马、大众、通用等多家汽车制造商宣布导入高镍蓄电池，未来高镍蓄电池的市场需求还将进一步增长。我国高镍三元正极材料行业出货量稳定增长，2022年出货量为26万t，2023年出货量达到65万t。目前，从全球蓄电池企业以及整车制造企业推进"无钴蓄电池"研发进程来看，作为三元材料中最不稳定的钴，是可以被其他材料替代的。通过降低钴的比例，提升镍含量，未来汽车完全可以达到800~1000km的续驶里程。

（3）燃料电池　燃料电池是一种将存在于燃料与氧化剂中的化学能直接转化为电能的发电装置。燃料电池的燃料是氢和氧，生成物是清洁的水，其最大的优点是零排放，不污染环境。由于技术难度高，目前还处在研究开发和推广中，其基本结构与工作原理详见项目六。

（4）石墨烯电池　石墨烯是一种由碳原子结合形成的蜂窝状晶格结构（图2-8），其单原子层平面薄膜厚度仅为0.34nm，相当于头发丝直径的十五万分之一，是目前世界上已知的最轻薄、最坚硬的纳米材料，透光性好，能折叠。石墨烯是世界上导电性最好的材料，在传统的锂离子蓄电池中加入石墨烯复合导电粉末，可提高蓄电池的倍率充放电性能和循环寿命。由于它所拥有的无数惊人的属性，它被公认为是一种"神奇的材料"，被认为是环保和可持续的，有无限的可能性及无数的应用。石墨烯电池存在制备技术难题，目前还处于研发实验阶段。

（5）固态电池　固态电池是一种使用固体电极和固体电解质的蓄电池。其基本结构如图2-9所示，其充、放电原理与锂离子蓄电池类似。

固态电池采用固态电解质（目前有氧化物、聚合物和硫化物三种）为传导物质，取代锂离子蓄电池的电解液。对比液态锂离子蓄电池，固态电池具备以下优点：

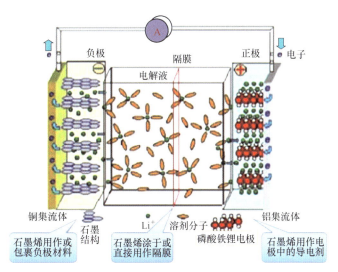

图 2-8　石墨烯电池的结构

1）大幅提升了蓄电池的能量密度。可以达到锂离子蓄电池的 2 倍多，能够让电动汽车的续驶里程数增加到 800km 以上。

2）安全性更好。有效避免传统锂离子蓄电池在大电流下工作有可能出现锂枝晶，从而刺破隔膜导致短路，以及电解液在高温下发生副反应、氧化分解、产生气体、发生燃烧爆炸的危险。

3）充电极快。充电时间仅需 1min，比传统燃油汽车加油的速度还快。

4）体积更小，质量更小。传统锂离子蓄电池需要使用隔膜和电解液，它们占据了蓄电池中近 40% 的体积和

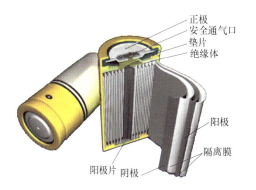

图 2-9　固态电池的基本结构

25% 的质量，固态电池可简化封装和冷却系统，有效减小蓄电池的体积和质量。

固态电池目前还有几个难题尚待攻破：一是固态电解质在室温条件下的离子电导率不高；二是固态电解质与正、负极之间界面阻抗比较大；三是制备工艺复杂、成本较高。

三、蓄电池管理系统

1. 蓄电池管理系统的功能

蓄电池管理系统（Battery Management System，BMS）通过检测蓄电池组中各单体蓄电池的状态来确定整个蓄电池系统的状态，并根据它们的状态对蓄电池系统进行对应的控制调整和策略实施，实现对蓄电池系统及各单体的充放电管理，以保证蓄电池系统安全稳定地运行，延长蓄电池的使用寿命。BMS 具体功能如下：

1）监测。实时采集监测和显示电源系统的状态参数，包括总电压、总电流、单体蓄电池的电压与温度、漏电信号等。

2）计算。根据检测的数据，计算荷电状态（State Of Charge，SOC）、健康状态（State Of Health，SOH）、放电及充电功率限制、蓄电池使用寿命、车辆剩余续驶里程等。

SOC 是指当前蓄电池中按照规定放电条件可以释放的能量占可用容量的百分比。

3）通信。BMS 内部和外部都需要通过可靠的通信方式发送数据信息，使车辆协调运行。

4）保护。涵盖故障诊断和处理两方面内容，包括（过电压、欠电压、过电流、低温、高温、漏电、短路等），及时报警和安全保护。

锂离子蓄电池的过电压、欠电压往往是过充和过放引起的，应严格防止。因为锂离子蓄电池放电时，不允许锂离子完全移到负极，以保证下次充电时锂离子畅通嵌入通道，否则锂离子蓄电池使用寿命就会急剧缩短，所以不能过放电，应严格控制放电的终止电压；充电时，不允许过充，因为过充会导致正极板中的锂离子减少太多，造成晶格坍塌，使蓄电池使用寿命缩短。

5）优化。保持蓄电池组的各单体蓄电池电压和温度的平衡，否则将导致蓄电池的"木桶效应"，即某一节蓄电池短板，将导致所有蓄电池按照短板蓄电池性能计算，大大降低了蓄电池组的性能和使用寿命。

6）其他。如高压互锁、蓄电池预充控制等。

2. 蓄电池管理系统的总体组成与工作原理

BMS 包括硬件和软件两部分。硬件可以分为主控模块和从控模块两大块（图 2-10），主要由数据采集单元（采集模块）、中央处理单元（主控模块）、显示单元、均衡单元检测模块（电流传感器、电压传感器、温度传感器、漏电检测）、控制部件（熔断控制、继电器）等组成。主控模块由高压控制回路和主控板等组成，采集模块由温度采集模块和电压采集模块等组成。一般采用 CAN 现场总线技术实现相互间的信息通信。

软件分别对上述各功能模块编写软件程序，以完成电压检测、温度采集、电流检测、绝缘监测、SOC 估算、CAN 通信、放电均衡、系统自检、系统检测、充电管理、热管理、故障诊断、故障记忆功能、在线监测与调试等功能。

BMS 通过通信接口与整车控制器（VCU）、电机控制器、能量管理系统、车载显示系统等进行通信，整个工作过程：利用采集模块采集蓄电池的电流、电压和温度等数据→将采集到的数据发送给主控模块→主控模块对数据进行分析和处理后，发出对应的程序控

图 2-10　主控模块与从控模块

制和变更指令→对应的模块做出处理措施，对蓄电池系统或蓄电池进行调控，同时将实时数据发送到显示单元模块。

3. 蓄电池管理系统信息采集

按照采集模块和主控模块在实体上的分配布置不同，BMS 根据不同项目需求分为集中式和分布式两类。还有一种半分布式管理系统是两种模式的综合。

集中式管理系统（图 2-11）安置在一个盒体里。这种管理架构将所有的采集单体电压、电流和温度的单元全部集中在一块 BMS 板上，由整车控制器直接控制继电器控制盒。采集模块和主控模块的信息交互在电路板上直接实现。集中式 BMS 具有成本低、结构紧凑、可靠性高的优点，一般常见于容量低、总电压低、蓄电池串数比较少/蓄电池系统体积小的应用场景中，例如总体电压比较低的小型车上。

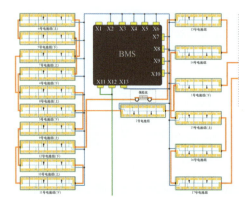

图 2-11　集中式管理系统

分布式管理系统是将蓄电池组的功能独立分离，整个系统形成了 CSC（蓄电池组管理单元）、

BMU（蓄电池管理控制器）、S-Box 继电器控制器和整车控制器，三层两个网络的形式。形式上，就是一个主控盒和几个从控盒共同组成（图 2-12），主控盒只接入通信线、主控负责采集的信号线、给从控盒提供的电源线等必需的线束。从控盒布置在需要采集温度、电压的蓄电池组附近，把采集到的信号通过 CAN 线报告给主控模块。有的蓄电池组直接把电压和温度采集线做在组内部，用一个线对线插接器引出。蓄电池包组装时，直接对插接器即可。

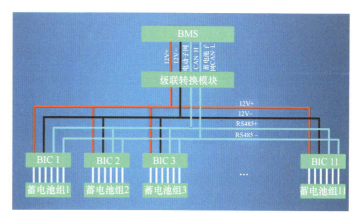

图 2-12　分布式管理系统

分布式的 BMS 架构能较好地实现模块级（CSC Module）和系统级（Pack）的分级管理。其优点是可以将模组装配过程简化、采样线束固定相对容易、线束距离均匀、不存在压降不一的问题；缺点是成本较高、需要额外的 MCU 和独立的 CAN 总线支持将各个模块的信息整合发送给 BMS、总线的电压信息对齐设计相对复杂。

4. 动力蓄电池的 SOC 及 SOH 估算技术

SOC 是当前动力蓄电池剩余电量/容量的简称。

$$SOC = \frac{剩余的电量}{蓄电池的容量} \times 100\%$$

SOC 的精确估算意义重大，对于车主而言，SOC 直接反映的是当下的电量状态，还能行驶多远的距离，确保能顺利抵达目的地；对于蓄电池本身而言，SOC 的精确估计直接影响动力蓄电池的过充电和过放电，从而影响蓄电池的使用寿命。其涉及开路电压、瞬时电流、充放电倍率、环境温度、蓄电池温度、停放时间、自放电率、库伦效率、电阻特性、SOC 初值、DOD 等的非线性影响，而且这些外在特性彼此影响，彼此也受不同材料和不同工艺等的影响。

SOC 数值算法也是相关企业的核心竞争力之一，神经网络法太难，卡尔曼滤波法研究非常多，但并不知道实际技术运行数据，放电法无法实际运用，安时积分和开路电压法单独使用误差很大。目前主流的方法是安时积分和开路电压法结合，实践起来较为容易，乘用车误差基本可以控制在 5% 以内。

5. 动力蓄电池绝缘管理

动力蓄电池绝缘管理主要包括单体蓄电池的绝缘和蓄电池组的绝缘。单体蓄电池的绝缘主要考虑：

（1）正极与负极集流体之间绝缘　正极与负极集流体之间绝缘保护主要依靠蓄电池隔膜实现，目前商业化的隔膜材料主要有 PP/PE/PP3 层隔膜、PE 单层隔膜以及以 PP/PE 为基材的陶瓷隔膜，利用隔膜的较好力学性能和绝缘特性保证正、负极之间的绝缘。

（2）蓄电池芯（正、负极集流体和隔膜等构成的总成件）与单体蓄电池外壳之间绝缘　蓄电池芯与单体蓄电池外壳之间绝缘主要通过隔膜来实现。在正、负极集流体叠片或卷绕完成后，通常再卷绕 2~3 层隔膜，以保证蓄电池芯与外壳之间的绝缘，对于软包装电芯，外壳为铝塑复合膜，内侧为一层塑料，也起到加强绝缘的作用。

（3）单体蓄电池正、负极耳与外壳之间绝缘　通常是在正极耳和外壳之间增加一层绝缘材料，如软包装单体蓄电池在极耳和外壳间增加一层耐高温且具有一定机械强度的绝缘薄膜，钢壳或铝壳单体蓄电池在极柱和外壳间增加一个绝缘垫片，以保证绝缘性能。

蓄电池组的绝缘设计主要包括单体蓄电池之间的绝缘防护、单体蓄电池与金属结构件之间的绝缘防护（图 2-13）。

6. 动力蓄电池热管理

动力蓄电池由于蓄电池阻抗的存在，在充放电过程中本身会产生一定热量，导致温度上升，从而影响蓄电池的很多特性参数，如内阻、电压、SOC、可用容量、充放电效率和蓄电池使用寿命。蓄电池热效应问题会影响蓄电池的性能和使用寿命，因此，做好热管理对蓄电池的性能和使用寿命都十分重要。

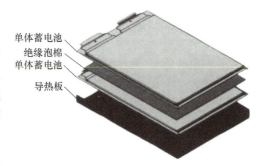

图 2-13　蓄电池组绝缘的结构

动力蓄电池热管理就是在蓄电池系统中温度过高时，对系统进行降温；在温度过低时，对系统进行升温；在特殊情况下（譬如停车等待过程中），要对系统进行保温。根据热管理的不同应用场合和功能，可将其分为冷却系统、加热系统和保温系统。

冷却系统根据冷却介质的不同，可分为空气冷却、液体风冷和相变液冷三种冷却方式。这三种冷却方式的散热能力是依次增强的，结构复杂度依次增加。由于相变冷却成本比较高，考虑到降低成本的因素，目前工程技术上常采用空气冷却和液体冷却两种方式。

风冷冷却系统的结构如图 2-14 所示，主要考虑蓄电池系统结构，风道、风扇的位置及功率的选择，风扇的控制策略等。液冷冷却系统的结构如图 2-15 所示，主要考虑冷却管道、进出口冷却剂的流量、温度、压降、水泵及整车空调压缩机的控制策略等。风冷冷却系统与液冷冷却系统各自的优缺点见表 2-2。

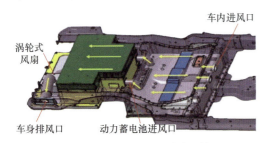

图 2-14　风冷冷却系统的结构

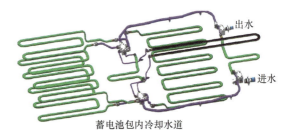

图 2-15　液冷冷却系统的结构

表 2-2　风冷冷却系统与液冷冷却系统各自的优缺点

方式	风冷冷却系统	液冷冷却系统
优点	结构配置相对简单，系统重量相对较轻，工艺成本低。不会出现漏液的可能，能够及时通风，排除有害气体	与蓄电池接触壁面之间的热交换系统相对较大，冷却或加热的速度要快
缺点	与蓄电池接触壁面之间的热交换系统小，冷却或加热速度相对液体较慢	系统质量相对较大、设计较复杂、零部件多，维修和保养成本高，存在漏液的可能性

加热系统的作用是保证在低温环境下能够使蓄电池正常充电，其主要由加热元件和电路组成。常见的加热元件有可变电阻加热元件和恒定电阻加热元件，前者通常称为 PTC（Positive Temperature Coefficient），后者通常是由金属加热丝组成的加热膜，譬如硅胶加热膜、挠性电加热膜等。由于汽车地域适用性较为广泛，在寒冷地区要使电动汽车能正常使用，必须在蓄电池系统加入额外的加热系统，以满足要求。

PTC 由于使用安全、热转换效率高、升温迅速、无明火、自动恒温等特点而被广泛使用。其中，陶瓷 PTC 元件较为常用，其成本较低。陶瓷 PTC 元件通常不能直接用于加热，而需要设计金属外壳体，陶瓷 PTC 通过加热外壳体而将热量传导给其他结构。

使用陶瓷 PTC 作为加热元件的缺点也很明显。首先，包含 PTC 的加热件体积较大，会占据蓄电池系统内部较大的空间。其次，PTC 的外壳是金属件，会存在绝缘问题。除了常规的陶瓷 PTC 这类相对硬度较高的材质，还存在一类柔性 PTC。柔性 PTC 是指其 PTC 的组织结构柔软、重量轻、厚度小（通常可做到小于 0.5mm），它可以根据需要做任何形状。这类 PTC 广泛地用于汽车坐垫加热，目前正逐步在蓄电池加热中使用。这类 PTC 加热器的成本会相对较高。

四、比亚迪秦 Pro EV 动力蓄电池及其管理系统实例

1. 比亚迪秦 Pro EV 动力蓄电池及其管理系统基本参数

比亚迪秦 Pro EV 采用了自主研发的镍钴锰三元锂离子蓄电池，其基本参数见表 2-3。

表 2-3 比亚迪秦 Pro EV 动力蓄电池的基本参数

项 目	参 数
蓄电池类型	三元锂离子蓄电池
动力蓄电池总电压	（3.65V/节）×119 节 = 434.35V
蓄电池包容量	130A·h
蓄电池组额定电量	56.4kW·h
续驶里程	420km
连接方式	11 个蓄电池组 119 个单体蓄电池串联组成
快速充满电时间	1.5h
BMS	安装在蓄电池包外部，管理方式：分布式管理

2. 比亚迪秦 Pro EV 动力蓄电池及其管理系统的结构与工作原理

（1）蓄电池系统　蓄电池系统总体结构由单体蓄电池、动力蓄电池组、串联线、蓄电池信息采集器（BIC）、蓄电池采样线、托盘、防火隔热棉、密封盖、高低接插件（维修开关）、配电箱（总正、总负接触器）和冷却管道等组成。比亚迪秦 Pro EV 动力蓄电池由 11 个蓄电池组 119 个单体蓄电池组成，蓄电池组的排列如图 2-16 所示。

图 2-16 比亚迪秦 Pro EV 动力蓄电池组的排列

（2）BMS　比亚迪秦 Pro EV 的 BMS 架构如图 2-17 所示，其主要包括蓄电池管理器、信号（电压、电流、温度）采集系统、充配电总成（各种接触器、熔丝、车载充电系统、充放电控制系统）、车载网络（CAN）等。

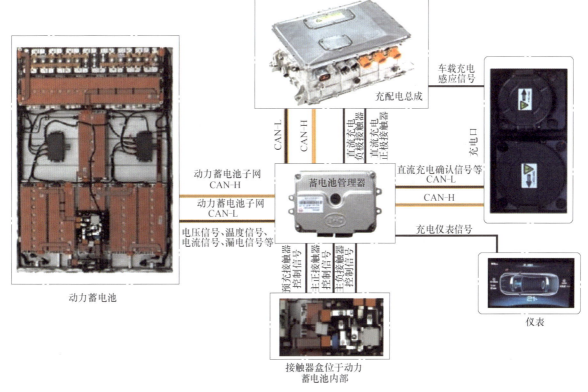

图 2-17 比亚迪秦 Pro EV 的 BMS 架构

蓄电池管理器位于车辆前机舱充配电总成的右下方，固定在车身大支架上，具体位置如图 2-18 所示。蓄电池管理器接收来自信息采集器采集到的各单体蓄电池的电压和温度信息（每个单体蓄电池都有一根电压采样线和一根温度采样线，比亚迪秦 Pro EV 有 119 个单体，就各有 119 根电压和温度采样线），并通过 CAN 总线与整车控制器进行数据交换。

充配电总成将 DC/DC 变换器、车载充电机（OBC）以及高压配电箱（PDU）进行高度集成，其外部和内部结构如图 2-19 所示。

图 2-18　比亚迪秦 Pro EV 的蓄电池管理器

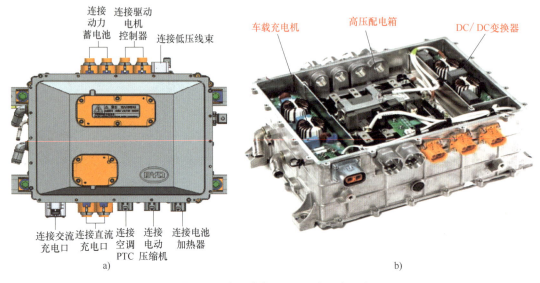

图 2-19　比亚迪秦 Pro EV 充配电总成

a）外部结构　b）内部结构

在配电的部分，高压配电箱主要负责把动力蓄电池输出的高压电与驱动电机控制器相连接，并与空调 PTC、空调压缩机、DC/DC 变换器以及蓄电池加热器等高压附件进行动力的分配，如图 2-20 所示。

图 2-20　充配电总成动力分配

a）接驱动电机控制器　b）接空调 PTC、空调压缩机

温馨提示：比亚迪秦 Pro EV 高压分配系统结构与工作原理请扫视频 2.2 二维码观看。

比亚迪秦 Pro EV BMS 电路原理图如图 2-21 所示。

视频2.2

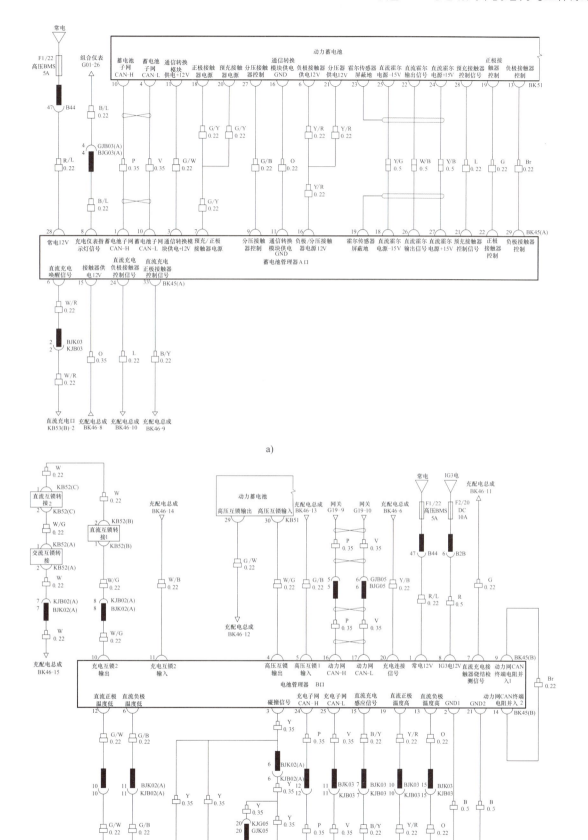

图 2-21　比亚迪秦 Pro EV BMS 电路原理图

a）蓄电池管理器 A 口　　b）蓄电池管理器 B 口

蓄电池管理器接插件如图 2-22 所示。

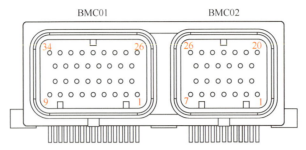

图 2-22　蓄电池管理器接插件

蓄电池管理控制器出线端子定义见表 2-4。

表 2-4　蓄电池管理控制器出线端子定义

端子号	端子名称	端子定义	端子号	端子名称	端子定义
BMC01-01	蓄电池子网 CAN-H	蓄电池子网 CAN-H	BMC01-17	NC	NC
BMC01-02	蓄电池子网 CAN 屏蔽地	蓄电池子网 CAN 屏蔽地	BMC01-18	电流霍尔传感器负极电源−15V	电流霍尔传感器负极电源−15V 输出
BMC01-03	通信转换模块电源 +12V	通信转换模块电源 +12V 输出	BMC01-19	电流霍尔传感器屏蔽地	电流霍尔传感器屏蔽地
BMC01-04	NC	NC	BMC01-20	NC	NC
BMC01-05	NC	NC	BMC01-21	预充接触器控制信号	预充接触器控制信号输出,拉低导通
BMC01-06	直流充电唤醒信号	直流充电唤醒信号输入	BMC01-22	正极接触器控制信号	正极接触器控制信号输出,拉低导通
BMC01-07	预充/正极接触器电源 +12V	预充接触器电源 +12V 输出 正极接触器电源 +12V 输出	BMC01-23	NC	NC
			BMC01-24	直流充电负极接触器控制信号	直流充电负极接触器控制信号输出,拉低导通
BMC01-08	充电仪表指示灯信号	充电仪表指示灯亮灭信号	BMC01-25	NC	NC
BMC01-09	分压接触器控制信号	分压接触器控制信号输出,拉低导通	BMC01-26	电流霍尔信号	直流霍尔信号输入
BMC01-10	蓄电池子网 CAN-L	蓄电池子网 CAN-L	BMC01-27	电流霍尔传感器正极电源 +15V	电流霍尔传感器正极电源 +15V 输出
BMC01-11	通信转换模块电源 GND	通信转换模块电源 GND	BMC01-28	12V 常电	12V 常电
BMC01-12	NC	NC	BMC01-29	负极接触器控制信号	负极接触器控制信号输出,拉低导通
BMC01-13	NC	NC	BMC01-30	NC	NC
BMC01-14	NC	NC	BMC01-31	NC	NC
BMC01-15	接触器电源 +12V	接触器电源 +12V 输出	BMC01-32	NC	NC
BMC01-16	负极/分压接触器电源 +12V	负极接触器电源 +12V 输出 分压接触器电源 +12V 输出	BMC01-33	直流充电正极接触器控制信号	直流充电正极接触器控制信号输出,拉低导通
			BMC01-34	NC	NC
			BMC02-01	12V 常电	12V 常电输入
			BMC02-02	车身地	车身地
			BMC02-03	碰撞硬线信号	碰撞硬线信号输入

（续）

端子号	端子名称	端子定义	端子号	端子名称	端子定义
BMC02-04	PWM 输出 1	高压互锁信号输出 1	BMC02-16	动力网 CAN-H	动力网 CAN-H
BMC02-05	PWM 输入 1	高压互锁信号输入 1	BMC02-17	动力网 CAN-L	动力网 CAN-L
BMC02-06	直流充电口温度传感器 GND2	直流充电口温度传感器 GND2	BMC02-18	直流充电口 CAN 屏蔽地	直流充电口 CAN 屏蔽地
BMC02-07	直流充电接触器烧结检测信号	直流充电接触器烧结检测信号输入	BMC02-19	直流充电口温度信号 1	直流充电口温度信号输入 1
BMC02-08	12V$_{DC}$	12V$_{DC}$ 输入			
BMC02-09	动力网 CAN 终端电阻并入 1	CAN 终端电阻并入 1	BMC02-20	车载充电感应信号	车载充电感应信号输入
BMC02-10	PWM 输出 2	高压互锁信号输出 2	BMC02-21	车身地	车身地
BMC02-11	PWM 输入 2	高压互锁信号输入 2	BMC02-22	NC	NC
BMC02-12	直流充电口温度传感器 GND1	直流充电口温度传感器 GND1	BMC02-23	动力网 CAN 屏蔽地	动力网 CAN 屏蔽地
BMC02-13	直流充电口温度信号 2	直流充电口温度信号输入 2	BMC02-24	直流充电子网 CAN2H	直流充电子网 CAN2H
BMC02-14	动力网 CAN 终端电阻并入 2	CAN 终端电阻并入 2	BMC02-25	直流充电子网 CAN2L	直流充电子网 CAN2L
BMC02-15	直流充电感应信号	直流充电感应信号输入	BMC02-26	NC	NC

（3）高压互锁电路原理　高压互锁用来确认高压系统的完整性和安全性，当高压总线上电之前，即主、副继电器闭合之前，高压系统回路断开或完整性被破坏时，高压互锁就会采取安全措施（如断电等）。比亚迪秦 Pro EV 高压互锁主要通过接插件的低压连接回路完成，其互锁电路如图 2-23 所示。

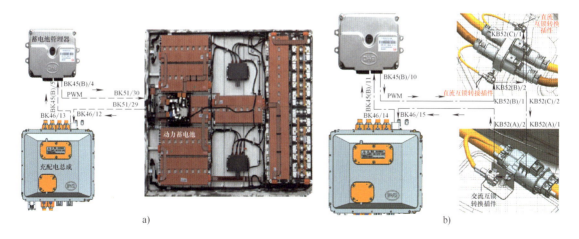

图 2-23　高压互锁电路

a）高压互锁　b）充电高压互锁

（4）比亚迪秦 Pro EV 动力蓄电池动力母线拔插　为了保证动力蓄电池等高压部件维修安全，比亚迪秦 Pro EV 设置了高、低压插接件（图 2-24）。在进行高压零部件维修时，务必先拔下高、低压插接件。

　　企业安全提示：

　　因涉及高压安全，故紧急维修的规范操作是非常重要的，不规范操作不仅可能造成车辆故障，还有可能引起高压拉弧等危险。动力蓄电池动力母线拔插规范操作要求如下：

1）动力蓄电池动力母线拔插是特殊情况下才使用的，如车辆维修、漏电报警等情况，在非特殊情况下不允许对它进行操作。

2）动力蓄电池动力母线拔插的操作应由专业人员进行，至少操作人员应该进行过相关培训。

3）操作时，操作人员必须佩戴必要的劳保用品，如绝缘手套和绝缘胶鞋等，其电压等级必须大于动力蓄电池包的最高电压。用前需要检查其是否完好无损，确保安全。

图 2-24　高、低压插接件

4）拔下高、低压插接件后，必须妥善保管，直至检修完毕，以避免误操作。

5）断开蓄电池负极后，必须等待至少 5min 后才能拆下高、低压插接件，之后必须等待至少 10min 后方能进行维修操作，以确保高压电路的余电已释放。

推荐的操作步骤：断开点火开关，并将钥匙移开智能钥匙系统探测范围；断开低压蓄电池负极端子，并用绝缘胶布包好负极；确认绝缘手套不漏气，并佩戴；断开高、低压插接件；将紧急维修开关保存于自己口袋中；等待 10min 或更长时间，以便高压部件总成内部电容放电；最后进行维修操作。

温馨提示：比亚迪秦 Pro EV 动力蓄电池动力母线拔插请扫视频 2.3 二维码观看。

视频2.3

五、动力蓄电池常见故障

动力蓄电池常见故障见表 2-5。

表 2-5　动力蓄电池常见故障

序号	故障名称	故障现象	故障原因
1	高压互锁故障	无法上高压电，车辆无法运行，OK/READY 灯不亮（诊断仪可进 BMS）	高压插件松动、未插到位或互锁电路故障
2	CAN 通信故障	无法上高压电，车辆无法运行，OK/READY 灯不亮，动力故障灯亮，SOC 为 0（诊断仪进不了 BMS）	CAN 线总端脱落、断路，CAN 端子退针（松动）
3	BMS 电源电路故障	无法上高压电，车辆无法运行，OK/READY 灯不亮动力故障灯亮，SOC 为 0（诊断仪进不了 BMS）	BMS 供电熔丝烧断，供电异常、线束短路或断路
4	绝缘检测报警	无法上高压电，车辆无法运行，OK/READY 灯不亮（诊断仪可进 BMS，读到绝缘电阻值为 0）	蓄电池或其他高压部件漏电，绝缘模块检测线接错，漏电传感器故障
5	采集模块数据为 0	无法上高压电，车辆无法运行，动力蓄电池故障灯亮，OK/READY 灯不亮（诊断仪可进 BMS，无法读取 BMS 采集信息）	采集模块采集线断开、采集模块损坏、采集模块与 BMS 通信故障
6	蓄电池电流数据错误	车辆可以运行，但是电流表和功率表都为 0	霍尔信号线插头松动、霍尔传感器损坏、采集模块损坏
7	蓄电池温度过高	动力蓄电池过热故障灯亮	蓄电池冷却液少、外部水管漏水、蓄电池冷却水泵故障
8	不能使用充电机充电	其他正常，无法正常充电	充电机与 BMS 通信不正常，车载充电机控制端故障
9	SOC 异常	OK/READY 亮，SOC 为 0	更换 BMS 后未匹配
10	预充电故障	无法上高压电，车辆无法运行，OK/READY 灯不亮	预充继电器断路、预充电阻断路

（续）

序号	故障名称	故障现象	故障原因
11	上电后主继电器不吸合	无法上高压电,车辆无法运行,OK/READY 灯不亮	预充未完成(预充继电器断路、预充电阻断路),或者主继电器故障
12	单体电压异常	无法上高压电,车辆无法运行,OK/READY 灯不亮,动力蓄电池故障灯亮	单体电压过低过高,均衡失败,过充过放电

小　结

1. 纯电动汽车动力装置主要由动力蓄电池及其管理系统、驱动电机及其控制系统、整车控制系统、车载充电系统和辅助系统等组成。

2. 动力蓄电池是纯电动汽车的动力源,种类有锂离子蓄电池、镍氢蓄电池和燃料电池等,目前广泛使用的是锂离子蓄电池,石墨烯电池和固体电池是正在研发的很有前景的蓄电池。

3. 动力蓄电池的主要性能指标有电压、容量、内阻、能量、功率、输出效率、自放电率、使用寿命等。

4. 锂离子蓄电池是利用锂离子作为导电离子,在阳极和阴极之间移动,通过化学能和电能互相转化实现充放电的蓄电池。由于它的众多优点及我国有丰富资源和成熟的生产工艺,发展锂离子蓄电池是我国新能源汽车产业化的主要方向。

5. BMS通过检测蓄电池组中各单体蓄电池的状态来确定整个蓄电池系统的状态,并实现对蓄电池系统及各单体的充放电管理,以保证蓄电池系统安全稳定地运行。

6. BMS具体功能包括监测电源系统的状态参数,计算SOC、SOH等,内部和外部的通信,系统保护（热管理、绝缘管理等）,系统优化,高压互锁、蓄电池预充控制等。

思考题

1. 动力蓄电池主要性能指标有哪些?

2. 锂离子蓄电池有哪些优缺点?

3. BMS的具体功能有哪些?

4. BMS的工作原理是怎样的?

5. 比亚迪秦Pro EV动力蓄电池及其管理系统的结构和工作原理是怎样的?

6. 分析比亚迪秦Pro EV动力蓄电池温度过高的故障原因。

测试题

学习模块二　驱动电机

学习目标

知识目标	能力目标	素养目标
1）掌握驱动电机的定义与主要性能指标 2）掌握驱动电机的分类与特点 3）掌握纯电动汽车驱动电机的驱动形式 4）掌握各类驱动电机的基本结构原理	1）能现场识别各类纯电动汽车的驱动电机 2）能进行一种驱动电机总成的拆装 3）能列出驱动电机的常见故障,并分析故障原因	1）通过查询资料,养成使用汽车维修手册的自主学习习惯 2）通过完成实训工作任务,培养规范操作意识和安全生产意识

 **情景导入**

一辆比亚迪秦 Pro EV 行驶过程中，组合仪表上电机冷却液温度过高指示灯突然亮起，车主要求服务站给予检修。假设你是维修技师，请分析排除故障，完成检修任务，并回答客户提出的问题。

 **知识提升**

一、驱动电机的结构与工作原理

1. 驱动电机的定义、分类及性能指标

驱动电机是把动力蓄电池的电能转换成机械能的装置。它利用通电线圈（也就是定子绕组）产生旋转磁场并作用于转子形成磁电动力旋转转矩，最终通过传动装置驱动汽车行驶。

电机种类繁多（表 2-6），目前电动汽车采用的驱动电机主要是交流永磁同步电机。

表 2-6　电机分类

分类依据	类别	
按工作电源分	直流电机	无刷直流电机
		有刷直流电机
	交流电机	单相电机
		三相电机
按结构及工作原理分	同步电机	永磁同步电机
		磁阻同步电机
		磁滞同步电机
	异步电机	感应电机
		交流换向器电机
按用途分	驱动用电机	
	控制用电机	
按转子的结构分类	笼型感应电机	
	绕线转子感应电机	
按运转速度分	高速电机	
	低速电机	
	恒速电机	
	调速电机	

驱动电机的主要性能指标有电机类型、额定功率、额定转速、额定电压、额定电流、额定转矩、额定效率、机械特性、效率、尺寸参数、质量参数、可靠性和成本等。

（1）额定功率　额定功率是指在额定条件下的输出功率。

（2）持续功率　持续功率是指规定的最大、长期工作的功率。

（3）峰值功率　峰值功率是指在规定的持续时间内，电机允许的最大输出功率。

（4）额定电压　额定电压是指电机额定工况运行时，外加于定子绕组上的线电压，单位为 V。一般规定电机的工作电压不应高于或低于额定值5%。当工作电压高于额定值时，电机容易发热；当工作电压低于额定值时，会使输出转矩减小，导致转速下降，电流增大，也使绕组过热。

（5）额定电流　额定电流是指电机在额定电压和额定输出功率时，定子绕组的线电流，单位为 A。

（6）额定频率　我国电力网的频率为50Hz，因此除外销产品外，国内用的电机的额定频率均为 50Hz。

（7）额定转速　额定转速是指额定功率下电机的最低转速，单位为 r/min。电动汽车采用的感应电机的转速一般为 8000~12000r/min。

（8）额定转矩　额定转矩是指电机在额定功率和额定转速下的输出转矩。

（9）峰值转矩　峰值转矩是指电机在规定的持续时间内允许输出的最大转矩。

（10）额定效率　额定效率是指电机在额定情况下运行时的效率，即额定输出功率与额定输入功率的百分比。电机在其他工况运行的最大效率为峰值效率，整体效率越高越好。电动汽车还要求在车辆减速和制动时实现能量回收，再生制动回收的能量一般可达到总能量的 10%~15%。

（11）额定功率因数　对于交流电机，定子相电流比相电压滞后一个角，其 COS 值就是异步电机的功率因数。三相异步电机的功率因数较低，在额定负载时约为 0.7~0.9，而在轻载和空载时更低，空载时只有 0.2~0.3。因此，必须正确选择电机的容量，防止"大马拉小车"，并力求缩短空载的时间。

（12）绝缘等级　绝缘等级是按电机绕组所用的绝缘材料在使用时容许的极限温度来分级的。所谓极限温度，是指电机绝缘结构中最热点的最高容许温度，其技术数据见表 2-7。

表 2-7　电机绝缘等级

绝缘等级	Y	A	E	B	F	H	C
极限温度/℃	90	105	120	130	155	180	>180
温升/℃	50	60	75	80	100	125	

（13）功率密度　功率密度是指单位质量电机输出的功率，单位为 kW/kg。功率密度越大越好。

（14）过载能力　电机的实际使用载荷（功率、转矩、电流等）超过电机额定值的能力称为电机过载。电动汽车驱动电机应具有较大的起动转矩和较大的调速性能，可以使汽车有良好的起动性能和加速性能，以获得所需要的起动、加速、行驶、减速、制动等的功率与转矩。

（15）其他指标　除了上面所述的这些指标以外，电机还要求可靠性好，耐温和耐潮性能强，运行时噪声小，振动小，能够在较恶劣的环境下长时期工作，结构简单，适合大批量生产，使用维修方便，价格便宜等。

2. 驱动电机的驱动形式

目前，纯电动汽车驱动电机分为传统驱动布置形式、电动机与驱动桥组合驱动布置形式、电动机与驱动桥集成驱动布置形式、轮边电动机驱动布置形式、轮毂电动机驱动布置形式等。

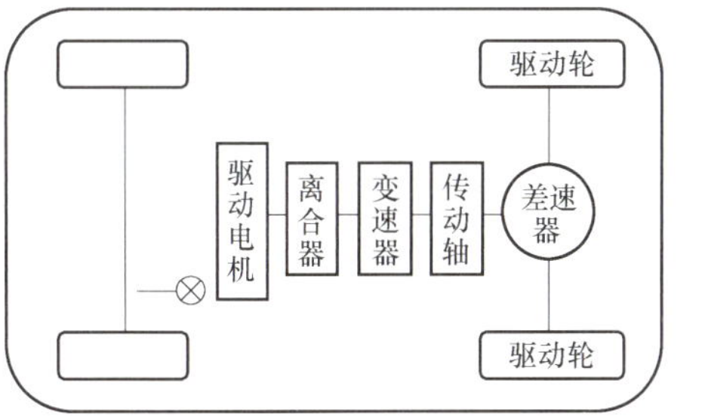

传统驱动布置形式（图 2-25）通常是在传统汽车的基础上改装而成的。把驱动电机放在原燃油发动机的位置，它可以提高纯电动汽车的起动转矩，增加低速时纯电动汽车的后备功率。这种驱动系统布置形式有电动机前置-驱动桥前置、电动机前置-驱动桥后置等模式。这种驱动系统布置形式结构复杂、效率低，不能充分发挥驱动电机的性能，现在纯电动汽车很少采用这种布置形式。在此基础上还有一种简化的传统驱动系统布置形式，采用固定速比减速器，去掉了离合器，这种驱动系统布置形式可减小机械传动装置的质量，缩小其体积。

图 2-25　传统驱动布置形式

电动机与驱动桥组合驱动布置形式（图 2-26）是在驱动电机端盖的输出轴处加装减速齿轮和差速器等，电动机、固定速比减速器、差速器的轴互相平行，一起组合成一个驱动整体。它通过固定速比的减速器来放大驱动电机的输出转矩，但没有可选的变速档位，也就省掉了离合器。这种布置形式的机械传动机构布置紧凑，传动效率较高，便于安装。但这种布置形式对驱动电机的调速要求较高。按

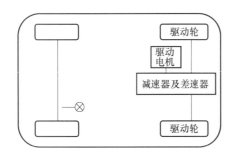

图 2-26　电动机与驱动桥组合驱动布置形式

传统汽车的驱动模式来说，可以有驱动电机前置-驱动桥前置或驱动电机后置-驱动桥后置两种方式。这种驱动系统布置形式具有良好的通用性和互换性，便于在现有的汽车底盘上安装，使用、维修也较方便。

电动机与驱动桥集成驱动布置形式（图 2-27）是把电动机、固定速比减速器和差速器集成为一个整体，并与驱动轴同轴，通过两根半轴驱动车轮。把集成系统组成后驱动桥，安装在后车轴位置。这种布置形式有同轴式和双联式两种。

同轴式驱动系统的电动机轴是一种特殊制造的空心轴，在电动机左端输出轴处的装置有减速齿轮和差速器，再由差速器带动左、右半轴，左半轴直接带动，而右半轴通过电动机的空心轴来带动。

双联式驱动系统也称为双电动机驱动系统，由左、右两台永磁电动机直接通过固定速比减速器分别驱动车轮，左、右两台电动机由中间的电控差速器控制，每个驱动电机的转速可以独立地调节控制，便于实现电子差速，不必选用机械差速器。

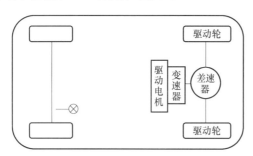

图 2-27　电动机与驱动桥集成驱动布置形式

轮边电动机驱动布置形式（图 2-28）是一种双电动机驱动形式，由左、右两台电动机直接通过固定速比减速器分别驱动两个车轮，电动机直接连接轮毂，两个车轮转动没有直接连接。

每个电动机的转速可以独立地调节控制，通过电子差速器来解决左右半轴的差速问题，使电动汽车更加灵活，在复杂的路况上可以获得更好的整车动力性能。由于采用电子差速器，传动系统体积进一步减小，节省了空间，质量进一步减小，提高了传动效率。

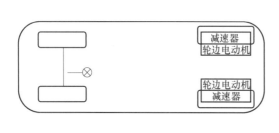

图 2-28　轮边电动机驱动布置形式

情智课堂

在轮边电动机技术方面，中国专利数量排在全球第一，占总数量的 40.54%，远超美国的 16.22% 和日本的 11.23%。比亚迪轮边电动机专利是国内第一，目前可以实现车辆平移，对于侧方位停车很容易做到，工作时可以将四个车轮单独驱动，车轮还可以 360° 原地旋转。其轮边电动机技术取得了巨大的突破，成为电动车市场发展的重要里程碑之一。这种自力更生，敢为人先，勇攀科技高峰的科技创新精神，值得国人自豪和学习。

轮毂电动机驱动布置形式（图 2-29）是把电动机设计成饼状，直接安装在车轮的轮毂中，称这种电动机为轮毂电动机。轮毂电动机一端直接与驱动轮固定，另一端直接安装在悬架上。此种布置形式进一步缩短了电动机和车轮之间的机械传动距离，进一步节省了空间。

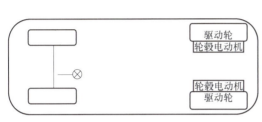

驱动轮
轮毂电动机
轮毂电动机
驱动轮

图 2-29 轮毂电动机驱动布置形式

3. 驱动电机的结构与工作原理

以比亚迪秦 Pro EV 驱动电机为例，其采用交流无刷永磁同步电动机，额定功率为 65kW，最大输出功率为 120kW，输出转矩为 280N·m，最高工作转速为 15000r/min，与前驱变速器组装在一起，如图 2-30 所示。

温馨提示：驱动电机的结构与工作原理请扫视频 2.4 二维码观看。

驱动电机定子与转子的结构如图 2-31 所示，定子采用叠片结构并在槽内铺设三相正弦绕组的方式。转子上粘有已充磁的永久磁钢，按一定极对数组成。

视频2.4

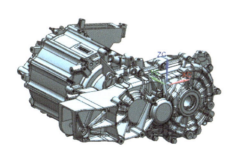
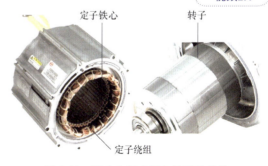

定子铁心
转子
定子绕组

图 2-30 比亚迪秦 Pro EV 驱动电机总成　　　图 2-31 驱动电机定子与转子的结构

旋转变压器简称旋变，是一种输出电压随转子转角变化的信号元件，用于检测电机转子的位置，可将转子磁钢的位置信号转换成电信号，为开关电路提供正确的换相信息。

旋转变压器由转子总成和定子总成组成（图 2-32），安装于电机端部。

旋转变压器的工作原理与变压器基本相似，区别在于普通变压器的一次、二次绕组是相对固定的，所以输出与输入电压之比是常数；而旋转变压器的一次、二次绕组随转子的角位移发生相

图 2-32 比亚迪秦 Pro EV 驱动
电机旋转变压器总成

对位置的改变，因而其输出电压的大小随转子的角位移发生变化，输出绕组的电压幅值与转子转角呈正弦、余弦函数关系，或保持某一定比例关系。

转子的转动位置与输出电压的关系如图 2-33 所示，图中一次侧为转子绕组，二次侧为定子绕组。图 2-33a 两线圈夹角为 0°时，输出电压大小与输入电压大小基本相同，频率也相同。图 2-33b 两线圈夹角 90°时，输出电压大小与输入电压相差最大，输出电压为 0。图 2-33c 两线圈夹角为 0°～90°范围时，输出电压小于输入电压，但大于 0。图 2-33d 两线圈夹角为 180°时，输出电压与输入电压相同，方向相反。

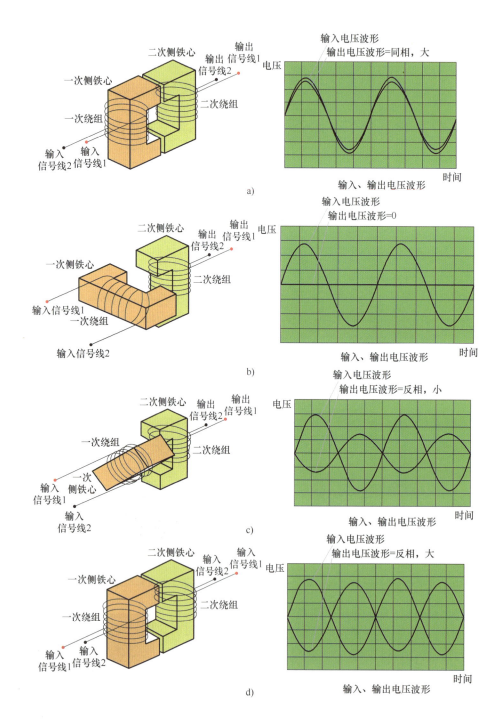

图 2-33 转子的转动位置与输出电压的关系

二、驱动电机管理系统

1. 驱动电机管理系统的主要功能

1）限制交流电的最高输出电流和直流电的最高输出电压。

2）控制电机正向驱动、反向驱动、正转发电、反转发电。

3）根据目标转矩进行最优运转控制，具有限幅和平滑处理功能。

4）通过 CAN 与其他控制模块通信，接收并发送相关的信号，间接地控制车上相关系统正常运行。

5）控制电机的动力输出，同时对电机进行保护（电压跌落、过温保护、防止电机飞车等）。

6）制动能量回馈控制。

7）自身内部故障的检测和处理。

8）可以通过电机控制器直接从充电网上对车辆进行交流充电，也可以通过电机控制器把车辆蓄电池包的高压直流电通过控制器的逆变放到充电网上。

2. 驱动电机管理系统总体的组成与基本工作原理

以比亚迪秦 Pro EV 为例，其电机控制系统主要由高压配电箱、控制器、驱动电机与发电机及相关的传感器组成。其核心部件是电机控制器。

电机控制器安装于驱动电机上面，其外形如图 2-34 所示。控制器总成底板冷却水道采用摩擦焊的工艺，将两片铝制壳体进行焊接，可靠性强。在电机控制器的直流输入端，设计了一个扼流圈，可以减少对整车的电磁干扰。总成还包括信号接插件（包含 12V 电源/CAN 总线/碰撞信号线）等。

控制器中的 IGBT 模块（图 2-35）由比亚迪自主生产，夹在冷却水道与驱动板之间，其作用是将动力蓄电池的直流电转换成交流电供电机使用；另外，也将电机回收的交流电转换成直流电向动力蓄电池充电。

图 2-34 比亚迪秦 Pro EV 电机控制器外形

IGBT驱动板

IGBT模板

图 2-35 比亚迪秦 Pro EV IGBT 模块

电机控制器的主要功能如下：

1）驱动控制：采集节气门、制动、档位、旋变信号等控制驱动电机正向、反向驱动，正、反转发电功能；具有高压输出电压和电流控制限制功能，具有电压跌落、过电流、过温、IPM 过温、IGBT 过温保护、功率限制、转矩控制限制等功能；同时，具备电控系统防盗、能量回馈控制、主动泄放、被动泄放控制功能。

2）充放电控制：交、直流转换，双向充、放电控制功能；自动识别单相、三相相序并根据充电电流控制充电方式；根据充电设备，识别充电功率，控制充电方式；根据车辆或其他设备请求信号控制车辆对外放电；断电重启功能；在电网断电，又供电时，可继续充电功能。

电机控制器端子如图 2-36 所示，端子定义见表 2-8。

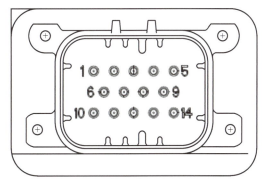

图 2-36 电机控制器端子

表 2-8　电机控制器端子定义

接插件端子	端子名称	端子定义	线束接法	信号类型	稳态工作电流	冲击电流和堵转电流	电源性质（比如常电）	备注
1	GND-IN	12V 电源地	12V 电源地	电源线	1.5A	<35A	ON 档电	
2								
3	CRASH-IN	碰撞信号正	接 SRS 碰撞信号	信号线	20mA			
4								
5	CAN-H	CAN 高	动力网 CAN-H	信号线	20mA			
6	GND-IN	12V 电源地	12V 电源地	电源线	1.5A	<35A	ON 档电	
7								
8	GND	碰撞信号地	碰撞信号地	信号线	20mA			
9								
10	+12V	12V 电源正	接 IG3	电源线	1.5A	<35A	ON 档电	
11	+12V	12V 电源正	接 IG3	电源线	1.5A	<35A	ON 档电	
12	EARTH	CAN 屏蔽地	CAN 屏蔽地	屏蔽线	20mA			实际未使用
13								
14	CAN-L	CAN 低	动力网 CAN-L	信号线	20mA			

比亚迪秦 Pro EV 驱动电机控制器电路如图 2-37 所示。

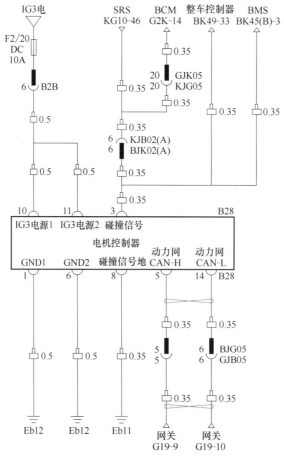

图 2-37　比亚迪秦 Pro EV 驱动电机控制器电路

比亚迪秦 Pro EV 驱动电机及其控制器的工作原理：当车辆要行驶时，驱动电机通过旋转变压器检测到电机的位置，位置信号通过控制器处理后发送给控制器 IGBT，逻辑信号控制 IGBT 开断，控制器输出近似正弦交流电。电机定子的三相绕组在正弦绕组下形成圆形的旋转磁场，驱动电机转子转动，在旋转的过程中，旋转变压器的信号作为速度和位置的检测信号被反馈给控制器进行监测，来准确控制电机的转速和位置。

由于驱动电机及其控制器在工作中会发热，需要及时冷却。比亚迪秦 Pro EV 冷却系统由散热器总成、电子风扇总成、电动水泵总成和冷却水管组成。采用闭式强制水冷循环系统，冷却介质为乙二醇冷却液。冷却循环路线如图 2-38 所示。

温馨提示：驱动电机控制系统的结构与工作原理请扫视频 2.5 二维码观看。

视频2.5

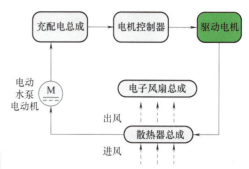

图 2-38　比亚迪秦 Pro EV 驱动电机冷却系统冷却循环路线

三、驱动电机及其管理系统的常见故障

驱动电机常见故障见表 2-9。

表 2-9　驱动电机常见故障

序号	故障名称	故障现象	故障原因
1	整车报旋转变压器故障	电机无法变速或改变旋转方向	1）旋转变压器损坏 2）电机控制器损坏
2	整车报漏电	定子组件对电机壳体绝缘电阻过低（小于 50MΩ）	1）定子组件对电机壳体绝缘不良 2）电机控制器损坏
3	整车报异响	电机异响、振动超过使用要求	1）电机三相电压不对称或定子绕组支路短路或断路 2）电机底座松动 3）转子轴弯曲

驱动电机管理系统常见故障，见表 2-10。

表 2-10　驱动电机管理系统常见故障

序号	故障码 （ISO 15031-6）	故障定义
1	P1BB000	前驱动电机过电流
2	P1BB200	前驱动电机一般过温告警
3	P1BB298	前驱动电机严重过温告警
4	P1BB300	前驱动电机控制器 IGBT-NTC 一般过温告警
5	P1BAC00	前驱动电机控制器 IGBT 核心温度一般过温告警
6	P1BB319	前驱动电机控制器 IGBT-NTC 严重过温告警
7	P1BAC19	前驱动电机控制器 IGBT 核心温度严重过温告警
8	P1BB500	前驱动电机控制器高压欠电压
9	P1BB600	前驱动电机控制器高压过电压
10	P1BB700	前驱动电机控制器电压采样故障
11	P1BB800	前驱动电机控制器碰撞信号故障
12	P1BB900	前驱动电机控制器开盖保护（预留）
13	P1BBA00	前驱动电机控制器 EEPROM 错误

（续）

序号	故障码 （ISO 15031-6）	故障定义
14	P1BBC00	前驱动电机控制器 DSP 复位故障
15	P1BBD00	前驱动电机控制器主动泄放故障
16	P1BBF00	前驱动电机旋转变压器故障——信号丢失
17	P1BC000	前驱动电机旋转变压器故障——角度异常
18	P1BC100	前驱动电机旋转变压器故障——信号幅值减弱
19	P1BC200	前驱动电机缺 A 相
20	P1BC300	前驱动电机缺 B 相
21	P1BC400	前驱动电机缺 C 相
22	P1BC900	前驱动电机控制器电流霍尔传感器 A 故障
23	P1BC500	前驱动电机控制器电流霍尔传感器 B 故障
24	P1BC600	前驱动电机控制器电流霍尔传感器 C 故障
25	P1BC800	前驱动电机控制器 IGBT 温度校验故障报警
26	U014187	与整车控制器通信故障
27	U011100	与 BMC 通信故障
28	P1BD119	前驱动电机控制器驱动 CPLD 过电流故障
29	P1BD117	前驱动电机控制器驱动 CPLD 过电压故障
30	P1BD000	前驱动电机控制器驱动 DSP1 死机故障
31	P1BD400	前驱动电机控制器驱动 CPLD 运行故障
32	P1BD200	前驱动电机控制器驱动 CPLD 检测 IGBT 上桥报错故障
33	P1BD300	前驱动电机控制器驱动 CPLD 检测 IGBT 下桥报错故障
34	P1B2516	低压供电电压过低
35	P1B2517	低压供电电压过高
36	U015129	前驱动电机控制器接收 SRS CAN 信号异常
37	U015229	前驱动电机控制器接收 SRS 硬线信号异常
38	P1BB100	前驱动电机控制器 IPM 故障
39	P1BF900	备用电源故障

 小 结

1. 驱动电机是电动汽车的驱动装置。电机种类繁多，目前电动汽车常用的驱动电机主要是交流永磁同步电机。

2. 驱动电机的主要性能参数有电机类型、额定功率、额定电压、额定电流、额定效率、额定转速、额定转矩、额定功率因数、绝缘等级、功率密度、过载能力、可靠性和成本等。

3. 驱动电机的基本结构主要由电枢、磁场和控制器等组成。其工作原理都是利用电磁感应原理，将电能转换为机械能。

4. 目前，纯电动汽车驱动电机分为传统驱动布置形式、电动机与驱动桥组合驱动布置形式、电动机与驱动桥集成驱动布置形式、轮边电动机驱动布置形式和轮毂电动机驱动布置形式等。

5. 驱动电机管理系统用来控制电机的正反转、功率、转矩和转速等，该系统主要由高压配电箱、控制器及相关的传感器等组成。

6. 工作时，驱动电机控制器接收档位开关信号、加速踏板深度信号、制动踏板深度信号及驱动电机旋变信号，经过一系列逻辑处理和判断，来控制驱动电机的正反转和转速等。

7. 驱动电机及其管理系统故障可以通过读取故障码等方式获取。

思考题

1. 驱动电机一般如何分类?
2. 驱动电机的主要性能指标有哪些?
3. 驱动电机的基本结构与工作原理是怎样的?
4. 驱动电机管理系统的主要作用是什么?
5. 驱动电机管理系统的工作原理是怎样的?
6. 分析比亚迪秦 Pro EV 驱动电机与控制器温度过高的故障原因。

测试题

测试题

学习模块三　整车控制系统

学习目标

知识目标	能力目标	素养目标
1)掌握整车控制系统的主要作用、组成和工作原理 2)掌握整车控制系统主要传感器的功用、结构和工作原理 3)掌握整车控制系统的各种控制策略	1)能进行整车控制器总成的拆装 2)会检查加速踏板位置传感器的技术状态 3)能列出整车控制系统的常见故障,并分析故障原因	1)通过查询资料,养成使用汽车维修手册的自主学习习惯 2)通过完成实训工作任务,培养规范操作意识和安全生产意识

情景导入

一辆比亚迪秦 Pro EV 行驶过程中,可以挂档但踩加速踏板无反应,车辆无法运行,组合仪表显示"请检查动力系统"。车主要求服务站给予检修。假设你是维修技师,请分析排除故障,完成检修任务,并回答客户提出的问题。

知识提升

一、整车控制系统的结构与工作原理

1. 总体组成与工作原理

纯电动汽车整车控制系统是基于 CAN 总线的多个控制系统的集成系统。采用了集中控制与分布式处理相结合的车辆控制系统结构,各部件都有独立的控制器,整车控制器对整个系统集中进行能量管理及各部件的协调控制,实现蓄电池管理控制、电机控制、空调控制、电动助力转向控制、制动控制、故障处理和信息显示等。

纯电动汽车的整车控制系统通常由低压电气系统、高压电气系统和整车网络控制系统三大部分组成，如图 2-39 所示。

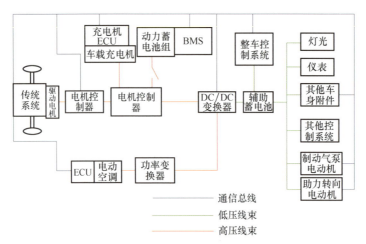

图 2-39　纯电动汽车整车控制系统的组成

低压电气系统主要由辅助蓄电池和若干低压电气设备组成。低压电气系统采用直流 12V 或 24V 电源供电，主要为仪表、灯光和门窗等常规低压用电设备供电，同时为整车控制器、高压电气设备的控制器和辅助部件供电。

高压电气系统主要由动力蓄电池、驱动电机和功率转换器等大功率、高电压设备组成。它能根据车辆行驶的功率需求，完成从动力蓄电池到驱动电机的能量转换及传输。

整车网络控制系统主要包括整车控制器、电机控制器、BMS、车身控制管理系统、信息显示系统和通信系统等。各子系统之间的信息传递通过网络通信系统实现。目前常用的通信总线有 CAN 总线、LIN 总线、FlexRay 总线和 MOST 总线。

整车控制器是整个电动汽车的核心控制部件，它通过采集加速踏板信号、制动踏板信号及其他部件信号，进行相应的判断，然后控制各部件控制器动作（图 2-40），实现电动汽车的正常行驶。比亚迪秦 Pro EV 整车控制器的控制电路图如图 2-41 所示。

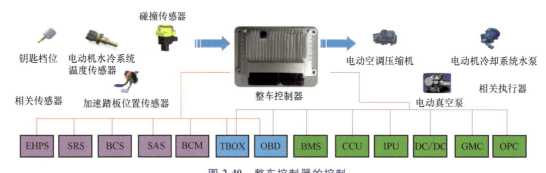

图 2-40　整车控制器的控制

温馨提示：比亚迪秦 Pro EV 整车控制系统的结构介绍请扫视频 2.6 二维码观看。

2. 关键传感器

（1）霍尔式加速踏板位置传感器　加速踏板位置传感器能够将加速踏板位置及变换速率信号传递给整车控制器，其通常为线性信号。常见的加速踏板位置传感器类型主要有电位计式和霍尔式，如图 2-42 所示。电位计式属于接触式传感器，采用可变电阻分压原理；霍尔式属于非接触式传感器，采用霍尔效应原理，无接触磨损，工作可靠。电位计式直接输出线性信号给整车控制器，而霍尔式需要通过信号转换电路将输出信号转换为线性信号。

视频2.6

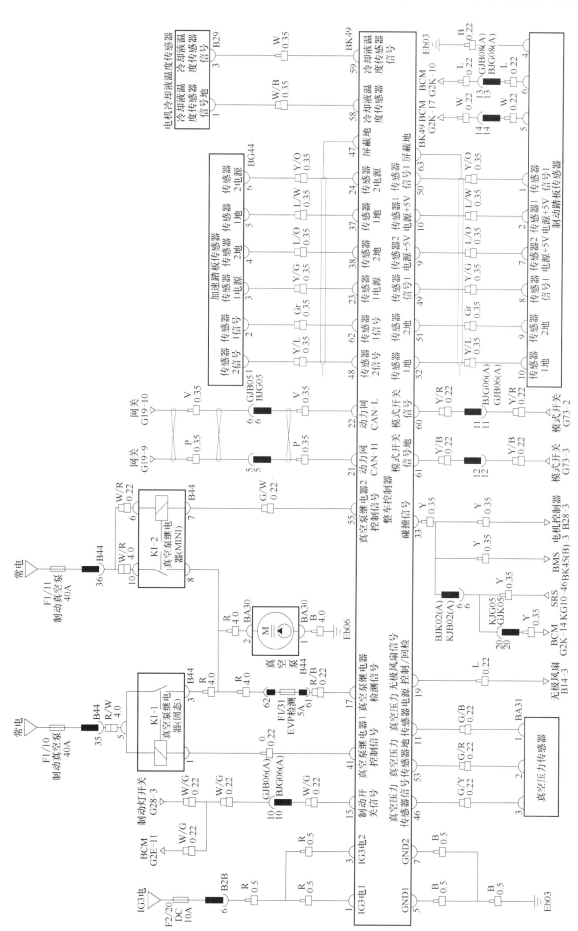

图 2-41　比亚迪秦 Pro EV 整车控制器的控制电路

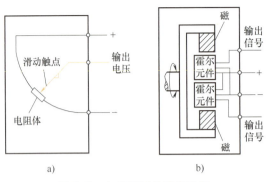

图 2-42　加速踏板位置传感器

a）电位计式　b）霍尔式

　　纯电动汽车加速踏板位置传感器采用霍尔式，其内部结构如图 2-43 所示。当驾驶人踩下加速踏板时，磁铁会随着加速踏板轴转动，穿过霍尔元件的磁场强度发生变化，霍尔元件输出相应的霍尔电压信号，该电压信号经过信号转换电路处理后发送给整车控制器，如图 2-44 所示。

　　采用两个加速踏板位置传感器是为了便于整车控制器监测信号和保证信号的准确性，避免当一个传感器信号失效时车辆行驶出现故障。从控制角度上讲，使用一个传感器就可以使系统正常运转，但冗余设计可以使两个传感器相互检测，当一个传感器发生故障时能及时被识别，在很大程度上增加了系统的可靠性，保证行车的安全性。

　　（2）制动踏板开关信号传感器　制动踏板开关的主要作用是将驾驶人对制动踏板的动作转换为电信号传递至整车控制器，整车控制器据此解析驾驶人意图并控制制动灯工作。制动踏板开关原理图如图 2-45 所示。当驾驶人踩下制动踏板后，无论车辆起动开关处于何档位，制动灯都将亮；当车辆正常行驶时，整车控制器接收到制动踏板开关信号后，将进行制动能量回收控制。

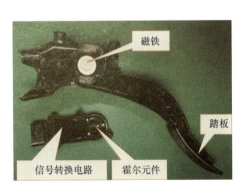

图 2-43　加速踏板位置传感器的内部结构

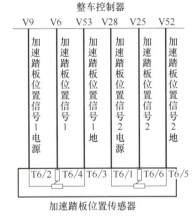

图 2-44　加速踏板位置传感器输入电路

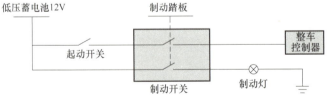

图 2-45　制动踏板开关原理图

　　（3）档位信号　纯电动汽车一般采用旋钮式电子换档器。当驾驶人进行档位操作后，换档旋钮上相应的档位指示灯亮，同时显示仪表给出当前档位信息。档位信号同时进入整车控制器中，整车控制器根据当前档位进行相应行驶模式切换控制。换档信号的输入电路如图 2-46 所示。电子换档器内部采用光电式结构，在不同档位时输出不同的 B2、B3、B4、B5 组合信号给整车控制器，整车控制器根据组合信号的不同确定目前旋钮的位置，见表 2-11。

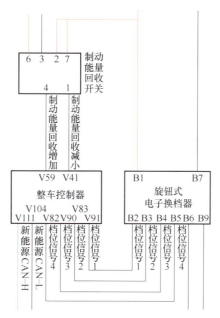

图 2-46　换档信号的输入电路

表 2-11　档位与输出信号的关系

	E	R	N	D
B2	0.3V	4.8V	4.8V	0.3V
B3	4.8V	4.8V	0.3V	4.8V
B4	4.8V	0.3V	0.3V	0.3V
B5	0.3V	0.3V	4.8V	4.8V

3. 控制策略

（1）整车充电过程控制　整车控制器与 BMS 的连接电路如图 2-47 所示。整车控制器向 BMS 发出电能需求和故障通信，BMS 通过 CAN 总线反馈 SOC、温度、电压和电流等信息给整车控制器。动力蓄电池内的总负继电器一般由整车控制器控制，总正继电器由 BMS 控制。

整车控制器与车载充电机的连接电路如图 2-48 所示。当车身充电口接入充电枪后，充电连接确认信号 CC 与 PE 导通，此时车载充电机向整车控制器发出信号，整车控制器向仪表发出信号使仪表充电指示灯亮；同时，车载充电机向整车控制器发出充电唤醒信号，车辆不能行驶。

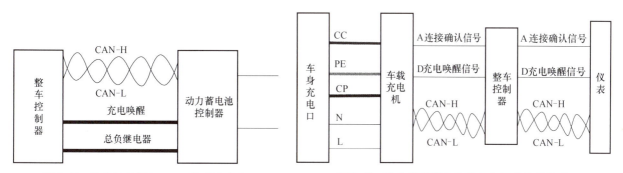

图 2-47　整车控制器与 BMS 的连接电路　　　　图 2-48　整车控制器与车载充电机的连接电路

整车控制器与高压控制盒的连接如图 2-49 所示。高压控制盒是负责动力蓄电池电源的输出与分配、实现对支路用电器的保护与切断的部件，其内设置有快充继电器、空调压缩机继电器、PTC 加热器继电器，还有空调压缩机的熔断器、PTC 加热器的熔断器和 DC/DC 变换器的熔断器。在车辆实施快速充电时，高压控制盒内的两个快充继电器闭合，在驾驶人按下空调 A/C 开关后，整车控制器使空调压缩机继电器闭合。

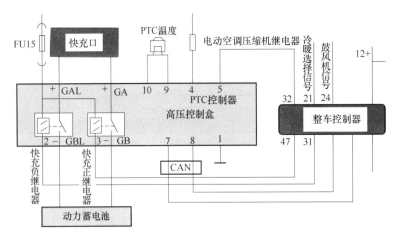

图 2-49　整车控制器与高压控制盒的连接

整车充电有快充、慢充和远程三种模式。

1）快充模式唤醒：快充模式下的控制器唤醒主要有快充唤醒（直流充电桩输出）和整车控制器唤醒，如图 2-50 所示。当车辆与快速充电桩建立充电关系后，由快速充电桩送出唤醒信号给整车控制器和数据采集终端（RMS）；当整车控制器唤醒后送出唤醒信号电压给 BMS、DC/DC 变换器及组合仪表（ICM）。

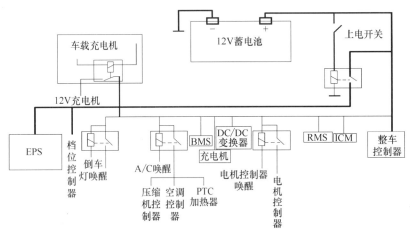

图 2-50　快充模式下各控制器的唤醒原理

2）慢充模式唤醒：慢充模式下的控制器唤醒主要有慢充唤醒和整车控制器唤醒，如图 2-51 所示。连接充电桩与车载充电机的接口后，车载充电机控制器内部继电器接通充电并送出唤醒信号，送至整车控制器和数据采集终端（RMS）。整车控制器被唤醒后将唤醒信号送给 BMS、ICM 和 DC/DC 变换器。

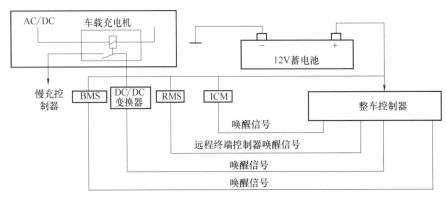

图 2-51　慢充模式下各控制器的唤醒原理图

3）远程模式唤醒：远程模式下车载充电机通过 BMS 向数据总线发送报文的唤醒形式，称为远程模式唤醒。远程模式下的控制器唤醒主要有远程唤醒、远程 APP 唤醒和整车控制器唤醒，如图 2-52 所示。

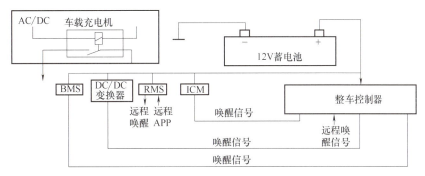

图 2-52 远程模式下各控制器的唤醒原理

（2）整车上、下电过程控制 纯电动汽车的起动开关有 OFF、ACC、ON、START 四个状态。

1）低压上电。当起动开关由 OFF 转至 ACC 位时，整车控制器低压上电。当起动开关由 ACC 转至 ON 位时，BMS、MCU、电机控制器等整车所有零部件低压上电。当起动开关由 ON 转至 START 位置时，仪表显示 READY 灯亮。

车辆低压控制器的供电途径有三种，如图 2-53 所示。

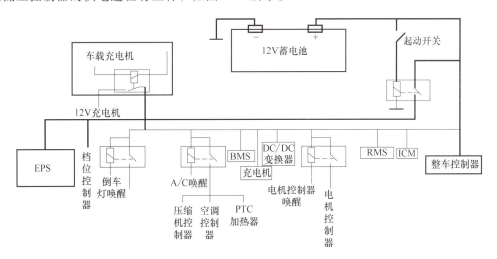

图 2-53 车辆低压控制器的供电原理图

① 由辅助蓄电池直接供电。主要设备有整车控制器、ICM 远程终端控制器（RMS，即数据采集终端）、DC/DC 变换器和 BMS。

② 由 ON 档继电器供电。当起动开关转换到 ON 位后，ON 档继电器线圈被接通，从而将 12V 电压送到档位控制器和电动动力转向控制器（EPS）。

③ 由整车控制器控制低压继电器供电。当整车控制器由辅助蓄电池直接供电后，由整车控制器控制 A/C 继电器、电机控制器和倒车灯继电器。

2）高压上电。起动开关置于 ON 位，BMS、MCU 当前状态正常，在之前一次上、下电过程中整车无严重故障，且不满足整车充电条件，开始执行高压上电（图 2-54）。

3）下电 下电顺序：起动开关置于 OFF 位，主继电器断开、MCU 低压下电→辅助系统停止工作，包括 DC/DC 变换器、水泵、空调、暖风→BMS 断开蓄电池继电器→整车控制器下电。

（3）整车驱动控制 纯电动汽车的状态主要有停止、起动、起步、正常行驶、急加速、上坡、减速制动、倒车和停车充电、漏电等，各状态控制过程如下。

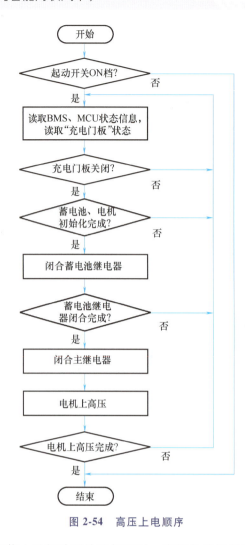

图 2-54　高压上电顺序

1）车辆停止状态：在车辆停止且起动开关没打开时，车辆各接触器处在断开位置，如图 2-55 所示。

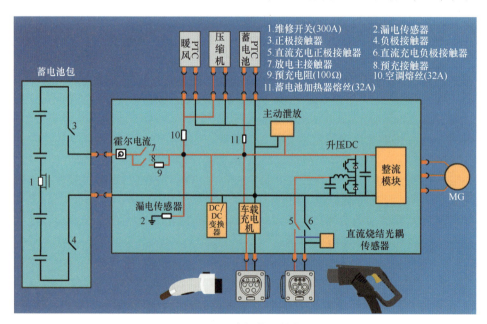

图 2-55　车辆停止状态

2）车辆预充上电：车辆在上电时一般要先进入预充状态，那为什么要预充呢？电动汽车的电机控制器等电路中都含有电容，电动汽车在冷态起动无预充情况下，主接触器直接接通，蓄电池高压将直接加载到空的电容上，电容两端电压为0，相当于瞬间短路，极大的瞬间电流会损坏继电器，对继电器、整流器件、待充电容造成较大冲击，所以需要预充电阻限流，通过预充回路对母线电容进行预充，以保证系统正常运行。

预充接触器就是在BMS的控制下，在电动车冷态起动时，接通预充电阻所在的电路，对电流进行限制，直到电容达到充电目标要求后（接近动力蓄电池电压），BMS控制预充接触器断开，接通主接触器。

车辆预充过程（图2-56）：打开起动开关，蓄电池管理器收到车辆起动信号后，先控制动力蓄电池包的正、负极接触器闭合，再控制预充接触器闭合，这时电压电流经过正极接触器出来到预充接触器，经过100Ω的预充电阻，对电流电压进行限制，再到预充电容，电容开始充电。当电容的电压与动力蓄电池包电压相差50V时，预充完成，这时主接触器闭合，预充接触器断开，此时车辆上高压电，DC/DC变换器进入工作状态（图2-57）。

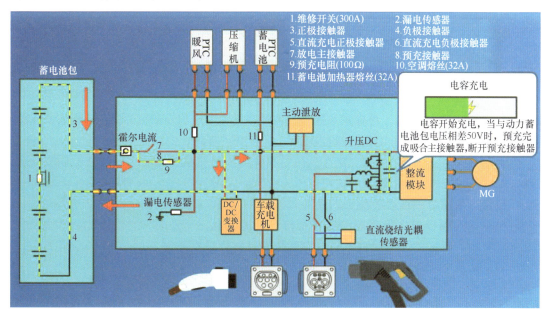

图 2-56　预充中

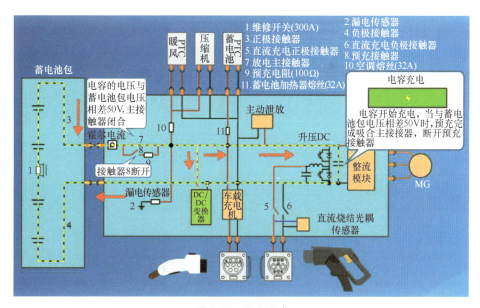

图 2-57　预充完成

3）车辆运行状态：车辆运行状态如图 2-58 所示。

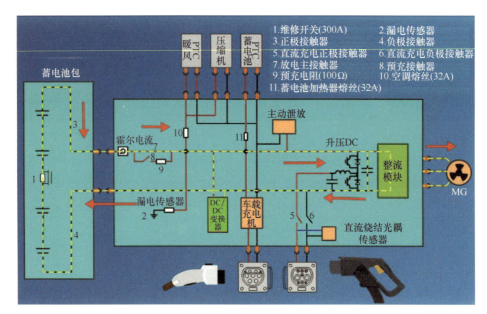

图 2-58　车辆运行状态

车辆上电完成，OK 灯亮后，可以正常挂档行驶时，驾驶人踩制动踏板并挂档，此时高压电经正极接触器和主接触器进入配电箱分配到电机控制器，电机控制器把直流高压电经过转换（直流变交流）和处理，给驱动电机输出所需的三相交流电，同时，电机控制器根据驾驶人的意愿控制驱动电机的正转和反转，以及其转矩的大小、转速的快慢。

整车控制器与加速踏板位置传感器的连接如图 2-59 所示。整车控制器根据加速踏板位置传感器的信号获得加减速信息，从而改变电机转矩、转速，进而控制车速。加速踏板位置传感器为整车控制器提供两组能对比的信号。

踩下加速踏板，当节气门开度从 0～100% 变化时，用万用表检测端子 4 与端子 3 搭铁之间的电压，应有 0.74～4.8V 的电压；用万用表检测端子 6 与端子 5 搭铁之间的电压，应有 0.37～2.4V 的电压。否则，应检查传感器电源和搭铁之间的电路连接，以分辨是电路故障还是传感器故障。

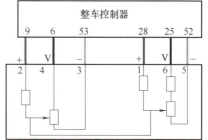

图 2-59　整车控制器与加速踏板位置传感器的连接

整车控制器与档位传感器的连接如图 2-60 所示。整车控制器通过档位传感器获取驾驶人操作变速杆位置的信息。图 2-60 中，N 表示空档，R 表示倒档，F 表示前进档。

整车控制器与驱动电机控制器的连接如图 2-61 所示。整车控制器向驱动电机控制器发出转矩需求和故障通信，驱动电机控制器通过 CAN 总线向整车控制器反馈电机转速、电机温度和控制器温度等信息。整车控制器与电机控制器共同负责控制制动能量回馈的启动与停止。

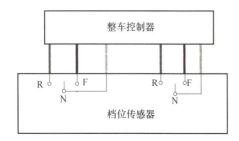

图 2-60　整车控制器与档位传感器的连接

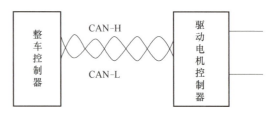

图 2-61　整车控制器与驱动电机控制器的连接

4）车辆能量回收状态：车辆能量回收如图 2-62 所示。

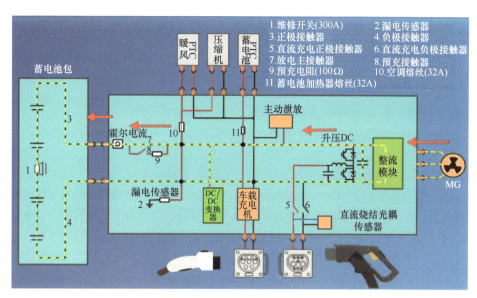

图 2-62　车辆能量回收

车辆在制动或滑行的过程中，驱动电机给电机控制器反向电，其电经过电机控制器逆变和转换（交流变直流）成高压电经主接触器、正极接触器负极接触器给动力蓄电池充电。

整车控制器根据节气门和制动踏板的开度、车辆行驶状态信息以及动力蓄电池的状态信息（如 SOC 值）来判断某一时刻能否进行制动能量回馈。在满足安全性能、制动性能以及驾驶人舒适性的前提下，回收部分能量，包括滑行制动和制动过程中的电机制动转矩控制。

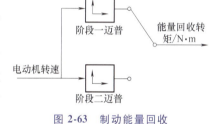

图 2-63　制动能量回收

根据加速踏板和制动踏板位置信号，制动能量回收可以分为两个阶段，阶段一是在车辆行驶过程中驾驶人松开加速踏板但没有踩下制动踏板开始，阶段二是在驾驶人踩下了制动踏板后开始，如图 2-63 所示。

（4）车辆漏电状态控制　车辆漏电状态如图 2-64 所示。

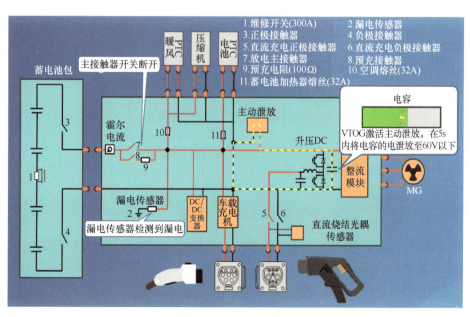

图 2-64　车辆漏电状态

车辆发生漏电时，车辆的漏电传感器检测到漏电的信号，把漏电的信号发送给蓄电池管理器和其他模块，这时候蓄电池管理器控制正、负极接触器断开，也控制主接触器断开，同时电机控制器（VTOG）控制主动泄放模块在 5s 内将电容的电压泄放至低于 60V，以保证车辆和人身安全。

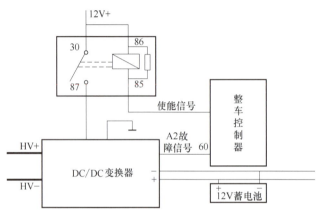

图 2-65　DC/DC 变换器

（5）整车辅助系统控制

1）DC/DC 变换器控制：DC/DC 变换器（图 2-65）在纯电动汽车上的功能是将动力蓄电池的高电压转换为 13～14V 的低电压，既能给整车电器供电，又能给辅助蓄电池充电。

整车控制器与 DC/DC 变换器的连接如图 2-66 所示。在车辆充电或运行时，DC/DC 变换器向整车控制器发出使能信号，之后 DC/DC 变换器开始工作，向辅助蓄电池充电。同时，整车控制器对 DC/DC 变换器进行监控。当 DC/DC 变换器有故障时，会及时通过仪表报警。

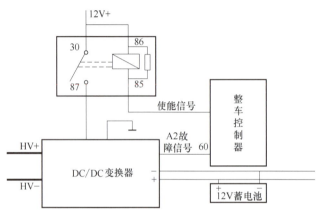

图 2-66　整车控制器与 DC/DC 变换器的连接

2）汽车空调控制：纯电动汽车采用电动空调压缩机，整车控制器在收到空调 A/C 开关请求信号后，确认空调系统压力信号、蒸发器温度信号、冷暖选择信号、鼓风机信号是否满足起动压缩机的要求。当满足以上条件时，整车控制器发出起动压缩机指令，通过 CAN 总线传递给空调压缩机控制器，空调压缩机控制器根据整车控制器发出的指令控制空调压缩机的驱动电路，从而控制空调压缩机的工作和转速。其基本控制原理如图 2-67 所示。

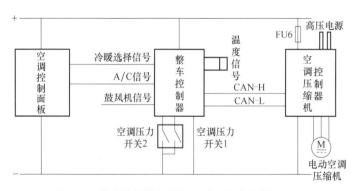

图 2-67　整车控制器与空调压缩机的基本控制原理

3）车辆状态的实时监测和显示：整车控制器将对车辆的运行状态进行实时监测，并通过 CAN 总线将各子系统的状态信息传送给车载信息显示系统，包括显示仪表和中控系统。显示仪表和中控系统均能够显示车辆运行状态信息和相关的故障诊断信息。

（6）整车故障管理　对于车辆故障的处理，纯电动汽车整车控制器采用了综合判断、分级处理的方式。整车控制器根据驱动电机、动力蓄电池、DC/DC 变换器等部件故障，整车 CAN 网络故障及整车控制器硬件故障进行综合判断，确定整车故障等级，按照等级进行相应的控制处理。纯电动汽车对整车的故障等级进行了四级划分，见表2-12。

表2-12　故障等级划分

等级	名称	故障后处理	故障列表
一级	致命故障	紧急断开高压	MCU直流母线过电压故障、BMS一级故障
二级	严重故障	零转矩	MCU相电流过电流、IGBT、旋变等故障、电机节点丢失故障、档位信号故障
三级	一般故障	跛行	加速踏板位置信号故障
		降功率	电机超速故障
		限功率<7kW	跛行故障、SOC<1%、BMS单体欠电压、内部通信、硬件等二级故障
		限速<15km/h	低压欠电压故障、制动系统故障
四级	轻微故障	仪表显示（维修提示）能量回收故障，仅停止能量回收	MCU电机系统温度传感器、直流欠电压故障；整车控制器硬件、DC/DC变换器异常等故障

二、整车控制系统常见故障

整车控制系统常见故障见表2-13。

表2-13　整车控制系统常见故障

序号	故障名称	故障现象	故障原因
1	信号输入异常	无信号或信号不符合要求	传感器故障、输入电路故障、整车控制器故障
2	信号输出异常	无信号或信号不符合要求	执行器故障、输出电路故障、整车控制器故障
3	CAN通信故障	无法上高压电，车辆无法运行，OK/READY灯不亮，动力故障灯亮，SOC为0（诊断仪进不了BMS）	CAN线端脱落、断路，CAN端子退针（松动）
4	BMS故障	参见表2-5	参见表2-5
5	驱动电机管理系统故障	参见表2-9	参见表2-9
6	整车控制器供电故障	仪表的OK灯不亮，仪表显示"请检查电子驻车系统"，仪表中的P位指示灯在闪烁，前机舱风扇高速运转，挂档无反应，车辆无法运行	整车控制器的低压供电熔丝F1-18熔断
7	真空泵继电器故障	仪表的OK灯亮，仪表显示"请检查制动系统"，仪表警告灯亮，真空泵异响，不踩制动踏板也响	真空泵继电器回检熔丝F3-2熔断
8	加速踏板位置传感器信号故障	仪表的OK灯亮，仪表中的动力故障指示灯亮，仪表显示"请检查动力系统"。车辆可以挂档，但是踩加速踏板无反应，车辆无法运行	加速踏板位置传感器信号2线断路
9	制动深度传感器信号故障	踩制动踏板挂档时发现仪表中的动力故障指示灯亮，仪表显示"请检查动力系统"，同时仪表上低功率指示灯亮。OK灯是亮的，车辆可以挂档，但是踩加速踏板车辆行驶缓慢	制动深度传感器信号1线断路
10	真空压力传感器信号故障	仪表的OK灯亮，仪表显示"请检查制动系统"，仪表警告灯亮	真空压力传感器信号线断路
11	无级风扇控制信号故障	仪表的OK灯亮，一切正常，但是在没开空调的情况下，前机舱散热风扇一直在高速运转。车辆也可以挂档运行	无级风扇控制信号线断路

 **小　结**

1. 新能源汽车整车控制系统是基于 CAN 总线的多个控制系统的集成系统，以整车控制器为管理核心，实现蓄电池管理控制、电机控制、空调控制、电动助力转向控制、制动控制、故障处理、信息显示等。

2. 电动汽车的整车控制系统通常由低压电气系统、高压电气系统和整车网络控制系统三大部分组成。

3. 整车控制器通过采集加速踏板信号、制动踏板信号及其他部件信号，进行相应判断，然后控制各部件控制器动作，实现电动汽车的正常行驶。

4. 加速踏板位置传感器能够将加速踏板位置及变换速率信号传递给整车控制器。常见的加速踏板位置传感器类型主要有电位计式和霍尔式。

5. 制动踏板开关的主要作用是将驾驶人对制动踏板的动作转换为电信号传递至整车控制器，整车控制器据此解析驾驶人意图并控制制动灯工作。

6. 纯电动汽车一般采用旋钮式电子换档器，当驾驶人进行档位操作后，换档旋钮上相应的档位指示灯将亮，同时显示仪表给出当前档位信息。档位信号同时进入整车控制器中，整车控制器根据当前档位进行相应行驶模式切换控制。

7. 整车控制系统控制策略包括整车充电过程控制，整车上、下电过程控制，整车驱动控制，车辆漏电状态控制，整车辅助系统控制和整车故障管理等。

思考题

1. 整车控制系统的基本工作原理是怎样的？
2. 加速踏板位置传感器的结构与工作原理是怎样的？
3. 制动踏板开关的结构与工作原理是怎样的？
4. 描述整车充电过程的控制过程。
5. 描述整车驱动控制的工作原理。

测试题

测试题

项目三 混合动力电动汽车的结构与工作原理

学习目标

知识目标	能力目标	素养目标
1）掌握混合动力电动汽车的主要组成部件和安装位置 2）掌握混合动力电动汽车的分类和特点 3）掌握混合动力电动汽车的结构和工作原理	1）能进行混合动力电动汽车动力总成的拆装 2）能正确进行混合动力电动汽车动力切换的操作 3）能列出混合动力电动汽车的常见故障，并分析故障原因	1）通过查询资料，养成使用汽车维修手册的自主学习习惯 2）通过完成实训工作任务，培养规范操作意识和安全生产意识（尤其是高压部分的安全操作）

情景导入

王先生听说混合动力电动汽车比传统燃油车更省油，行驶舒适性也好，准备购买一辆混合动力电动汽车，但是通过网络查找，他发现市场上销售的混合动力车型所使用的混合动力系统种类很多，他一时间无法做出选择。假设你是一名销售人员，请从专业角度，给王先生购买混合动力电动汽车提供帮助。

知识提升

一、混合动力电动汽车及其分类

1. 混合动力电动汽车

混合动力电动汽车是指能够至少从消耗的燃料和可再充电电能储存装置两类车载储存的能量中获得动力的汽车。

相对于传统燃油汽车，混合动力电动汽车的优点如下：

1）可以采用小排量的发动机，降低了燃油消耗量和排气污染。

2）因为有了动力蓄电池，可以回收制动、下坡、怠速时的能量。

3）在繁华市区，可关停内燃机，由动力蓄电池单独驱动，实现"零"排放。

4）可以利用现有的加油站加油，不必再投资。

2. 混合动力电动汽车的分类

混合动力电动汽车的分类见表3-1。

表3-1 混合动力电动汽车的分类

分类		特 点	代表车型
按照动力系统结构形式划分	串联式（SHEV）	发动机和驱动电机"串联"在一条动力传输路径上，车辆行驶的驱动力只来源于驱动电机，发动机在任何情况下都不参与驱动汽车的工作，它只能通过带动发电机为驱动电机提供电能，由电机驱动车辆行驶	雪佛兰理想
	并联式（PHEV）	汽车行驶的驱动力由驱动电机及发动机同时或单独供给的混合动力系统	比亚迪秦
	混联式（PSHEV）	具备串联式和并联式两种结构的混合动力系统，可以在串联式模式下工作，也可以在并联式模式下工作	丰田普锐斯
按照混合度划分	微混合型	以发动机为主要动力源，驱动电机作为辅助动力，其混合度小于10%，驱动电动机一般用于迅速起动发动机，实现起动/停止功能，取消了发动机的怠速，降低了油耗和排放	红旗H5
	轻度混合型	以发动机为主要动力源，驱动电机作为辅助动力，在车辆加速和爬坡时，驱动电机可向车辆行驶系统提供辅助驱动力矩，补充发动机本身动力输出的不足，但不能单独驱动车辆行驶。混合度值为10%~30%，在城市循环工况下，节油率可以达到20%~30%，目前技术比较成熟	本田Accord
	重度混合型	以发动机或驱动电机单独或共同作为动力源，混合度>30%，在城市循环工况下，节油率可以达到30%~50%。其采用的电机功率更为强大，完全可以满足车辆在起步和低速时的动力要求。在急加速和爬坡运行工况下，车辆需要较大的驱动力时，驱动电机和发动机同时输出动力	丰田卡罗拉（双擎）
按照能否外接电源充电划分	插电式	可以从非车载装置中获取电能	比亚迪秦DM
	非插电式	只能从车用燃料获取动力	丰田卡罗拉（双擎）
其他		可以按照储能装置、驱动装置、技术特征、燃料类型、功能结构和车辆用途等其他方法进行分类	

注：混合度是指混合动力电动汽车中的电机峰值功率占动力源总功率（电机峰值功率+发动机最大功率）的百分比。

二、混合动力电动汽车的基本结构与工作原理

与纯电动汽车相比，混合动力电动汽车在结构上只是增加了传统内燃机等另外一套动力。其与动力蓄电池、驱动电机的组合，可以形成以下三种结构形式的动力系统。

1. 串联式混合动力系统

串联式混合动力系统的结构如图3-1所示。它主要由发动机、发电机、驱动电机、逆变器和动力蓄电池等部件组成。发动机只能作为动力源驱动发电机发电，发电机发出的电能通过逆变器输送到电动机或者动力蓄电池，由驱动电机驱动汽车行驶。发电机发出的部分电能向动力蓄电池充电，来延长混合动力电动汽车的续驶里程。另外，动力蓄电池可以单独向电动机提供电能来驱动电动汽车，使混合动力电动汽车在零污染状态下行驶。代表车型为沃蓝达，其关键部件如图3-2所示。

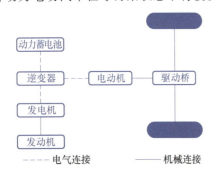

图3-1 串联式混合动力系统的结构

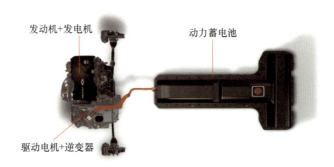

图3-2 沃蓝达关键部件

串联式混合动力系统的典型工作模式有以下几种：

（1）纯电驱动　在纯电驱动模式下，发动机关闭，车辆行驶所需要的电能全部来自动力蓄电池，动力蓄电池提供电能，驱动电机驱动车辆行驶。其能量流如图3-3所示。

（2）纯发动机驱动　车辆驱动功率来源于发动机—发电机组组成的发电单元，这时车载动力蓄电池既不供电也不从发电单元获取电能。其能量流如图3-4所示。

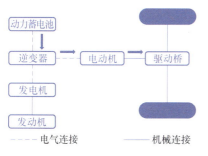

图 3-3　纯电驱动模式能量流

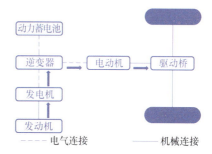

图 3-4　发动机驱动模式能量流

（3）混合驱动　驱动电动机同时从动力蓄电池和发动机—发电机组发电单元获取电能，驱动车辆。其能量流如图3-5所示。

（4）行车充电　发动机—发电机组除向车辆提供行驶所需功率外，还向动力蓄电池充电。其能量流如图3-6所示。

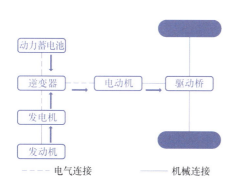

图 3-5　混合驱动模式能量流

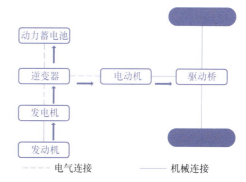

图 3-6　行车充电模式能量流

（5）能量回收　在制动或减速时，电动机起到发电机的作用，使部分动能转化为电能储存在动力蓄电池中。其能量流如图3-7所示。

2. 并联式混合动力系统

并联式结构有内燃机和电动机两套驱动系统。在实际工作中，可以采用发动机单独驱动、电动机单独驱动及发动机和电动机联合驱动三种工作模式。并联式混合动力电动汽车可以在比较复杂的工况下使用不同驱动模式，应用范围比较广。并联式结构由于电动机的数量和布置、变速器的类型、部件的数量（如离合器、变速器的数量）和位置关系（如电动机与离合器的位置关系）的不同，具有多种类型。其结构如图3-8所示。

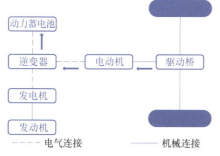

图 3-7　能量回收模式能量流

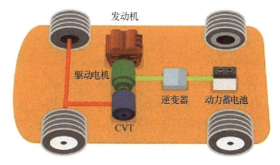

图 3-8　并联式混合动力系统的结构

并联式混合动力系统的典型工作模式有以下几种：

（1）纯电驱动　在动力蓄电池电量充足，汽车不需要很大输出功率的情况下，车辆使用纯电动机起动。其能量流如图 3-9 所示。

（2）纯发动机驱动　当车辆匀速行驶，发动机可工作在高效区域时，使用纯发动机驱动可以获得较高的效率。其能量流如图 3-10 所示。

图 3-9　纯电驱动模式能量流　　　　　图 3-10　纯发动机驱动模式能量流

（3）混合驱动　在车辆加速或爬坡工况下车辆需要更大的驱动力，这时发动机和动力蓄电池两条动力输出同时出力，通过动力合成装置的匹配产生较大的驱动力，满足动力要求。其能量流如图 3-11 所示。

（4）制动能量回收　车辆减速制动时，驱动桥传来的惯性转矩经变速器带动驱动电机运转，驱动电机转换为发电机工作状态，发出的交流电经过逆变器转化为直流电，为动力蓄电池进行充电。其能量流如图 3-12 所示。

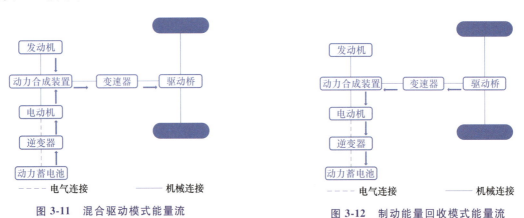

图 3-11　混合驱动模式能量流　　　　　图 3-12　制动能量回收模式能量流

3. 混联式混合动力系统

混联式混合动力系统可以在串联混合动力模式下工作，也可以在并联混合动力模式下工作，即两种模式的综合。这就要求有两台电动机、一个比较复杂的传动系统和一个智能控制系统。

混联式混合动力系统的结构如图 3-13 所示，其工作过程：发动机发出的功率一部分通过功率分配器（一般是行星齿轮机构），经机械传动系统至驱动轮；另一部分则驱动发电机发电，发出的电能输送给电动机或蓄电池，电动机的力矩可通过传动系统传送给驱动轮。混联式混合动力系统的一般控制策略：在汽车低速行驶时，驱动系统主要以串联式工作；当汽车高速稳定行驶时，驱动系统以并联式工作为主。

混联式混合动力系统的结构形式和控制方式充分发挥了串联式和并联式的优点，能够使发动机、发电机、电动机等部件进行优化的匹配，在结构上保证了在复杂的工况下使系统工作在最优状态，因此容易实现排放和油耗的控制目标。

混联式混合动力系统的结构简图如图 3-14 所示，其典型工作模式有以下几种：

图 3-13 混联式混合动力系统的结构

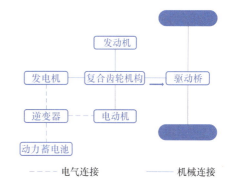

图 3-14 混联式混合动力系统的结构简图

（1）纯电驱动 在纯电驱动模式下，利用动力蓄电池的电能，通过电动机单独驱动汽车行驶。其能量流如图 3-15 所示。

（2）发动机驱动 发动机驱动情况和传统汽车工作状况相同，因此适合于发动机经济转速区域，即此时为巡航车速。其能量流如图 3-16 所示。

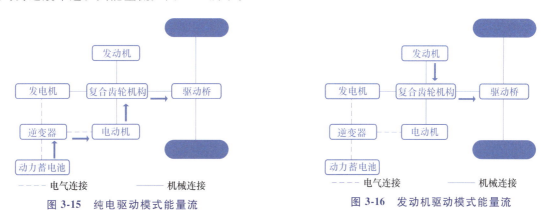

图 3-15 纯电驱动模式能量流

图 3-16 发动机驱动模式能量流

（3）串联驱动 串联驱动模式主要应用情况如下，一是低速区间，大功率驱动工况，如连续爬坡等，此时依照工作状况设定，由电动机驱动，将会消耗大量的电能，需要发动机为动力蓄电池补足电量；二是动力蓄电池电能不足，低于预设值时，发动机需要为动力蓄电池及时补充电能。汽车以串联驱动模式行驶时，发动机工作在经济区且输出恒定功率。其能量流如图 3-17 所示。

（4）并联驱动 在并联驱动模式下，发动机和电动机同时工作，可以为汽车提供较大的动力输出，因此这种模式通常适合于工作在中低速加速和高速区。其能量流如图 3-18 所示。

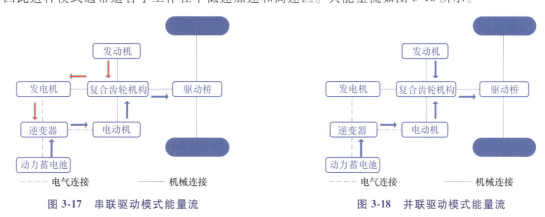

图 3-17 串联驱动模式能量流

图 3-18 并联驱动模式能量流

（5）全加速 在全加速模式下，发动机、发电机及驱动电动机同时工作。此时，所有的能量都输出用于驱动汽车。这种模式能获得最大的驱动力，一般用于极限速度行驶和超车等情况。其能量流如

图 3-19 所示。

（6）能量回收　为了提高汽车能量使用效率，在汽车制动时，车轮提供反向转矩，带动驱动电机作为发电机发电，向动力蓄电池充电。通过回收制动能量，混合动力电动汽车能很好地控制油耗和排放。这种模式工作在中高速滑行和制动的工况下。其能量流如图 3-20 所示。

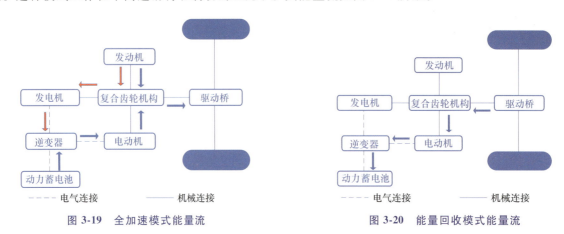

图 3-19　全加速模式能量流　　　　　　图 3-20　能量回收模式能量流

三、插电式混合动力电动汽车

1. 插电式混合动力电动汽车的定义

插电式混合动力电动汽车（Plug-in Hybrid Electric Vehicle，PHEV）是一种在常规情况下可从非车载装置中获取电能、优先在纯电动模式下行驶的混合动力电动汽车。

2. 插电式混合动力电动汽车的结构与工作原理

在插电式混合动力电动汽车发展中，比亚迪秦 DM 为发展较早的一款混合动力电动汽车，其技术特点也具有代表性。下面以比亚迪秦 DM（简称秦）所搭载的第二代混合动力技术为例进行阐述。图 3-21 所示为比亚迪秦混合动力系统主要结构。

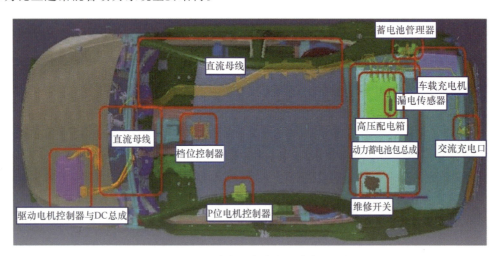

图 3-21　比亚迪秦混合动力系统主要结构

1）插电式混合动力的驱动方式：其混合动力系统简图如图 3-22 所示。

2）纯电驱动模式：动力蓄电池提供电能，以供驱动电机驱动车辆，可以满足各种工况行驶，如起步、倒车、急速、急加速、匀速行驶等。能量传递如图 3-23 所示。

3）发动机驱动模式：只有发动机驱动车辆行驶，动力蓄电池、驱动电机等系统不参与驱动车辆。其能量传递如图 3-24 所示。当电量不足或高压系统故障时，可单独使用发动机驱动，实现了高压系统的独立性。

4）混合动力驱动模式（HEV）：当用户从纯电动工作模式切换到混合动力驱动模式后，车辆由发动机和驱动电机共同驱动，如图 3-25 所示，实现了最佳的动力性，但仍能保证混合动力系统具有良好的经济性。

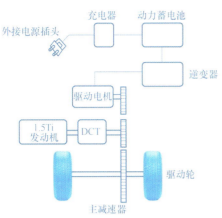

图 3-22　比亚迪秦混合动力系统简图

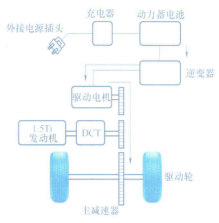

图 3-23　纯电驱动模式能量传递

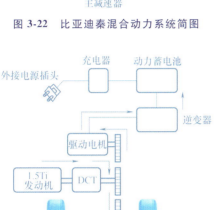

图 3-24　发动机驱动模式能量传递

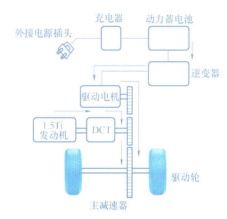

图 3-25　混合动力驱动模式能量传递

当电量不足时，系统从纯电动工作模式自行切换到混合动力驱动模式，使用发动机驱动，在车辆以较稳定的速度行驶时，发动机输出的一部分转矩会带动驱动电机进行发电，对动力蓄电池进行充电。其能量传递如图 3-26 所示。

5）能量回收模式：在车辆制动或者减速时，发动机离合器打开，发动机关闭，车轮提供反向转矩，带动驱动电机作为发电机发电，向动力蓄电池充电。其能量传递如图 3-27 所示。

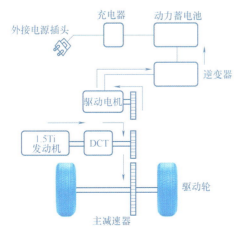

图 3-26　发电工作模式能量传递

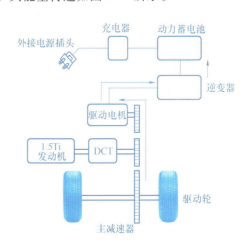

图 3-27　能量回收模式能量传递

3. 比亚迪秦混合动力电动汽车动力系统

比亚迪秦混合动力电动汽车动力系统主要由高压系统和低压系统组成，其整车动力系统图（能量传递路线）如图 3-28 所示。图中黄色箭头关联的各个部件都属于高压系统，其他颜色为低压系统。

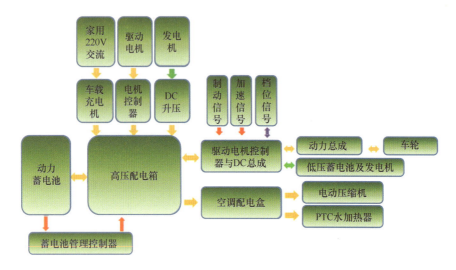

图 3-28　比亚迪秦整车动力系统图

（1）高压部件　比亚迪秦驱动系统高压部件如下：

1）动力蓄电池：目前，插电式混合动力电动汽车使用的动力蓄电池主要有磷酸铁锂离子蓄电池三元锂离子蓄电池等。比亚迪秦的动力蓄电池安装在后排座椅与行李舱之间，动力蓄电池包和分 10 个组，共 152 个单体。每个单体电压为 3.3V，蓄电池包标称电压为 501.6V，标称容量为 26A·h，蓄电池包的安装位置及实物图如图 3-29 和图 3-30 所示。

图 3-29　动力蓄电池包的安装位置

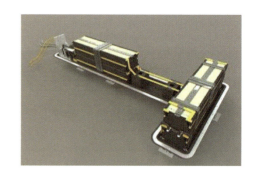

图 3-30　动力蓄电池包实物图

2）高压配电箱：在比亚迪秦中，高压配电箱安装于行李舱蓄电池包支架右上方，如图 3-31 所示。其作用是将动力蓄电池包的高压直流电分配给整车高压电器使用，其上游是动力蓄电池包，下游包括驱动电机控制器及 DC 总成、PTC 水加热器、电动压缩机、漏电传感器；也将车载充电机的高压直流电分配给动力蓄电池包，如图 3-32 所示。

3）电机控制器：电机控制器安装在前机舱左侧，如图 3-33 所示。其主要作用如下：

① 作为动力系统的总控中心，根据工况控制电机的正反转、功率、转矩、转速等；协调发动机管理系统工作。

② 作为硬件，采集电机的旋变、温度，制动、加速踏板开关信号。

③ 通过 CAN 通信采集制动深度、档位信号、驻车开关信号、起动命令、蓄电池管理器相关数据、

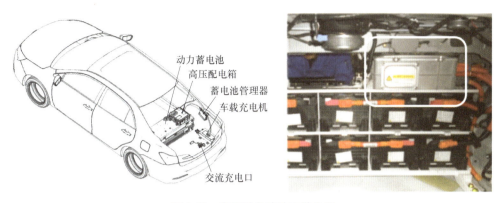

图 3-31　高压配电箱的安装位置

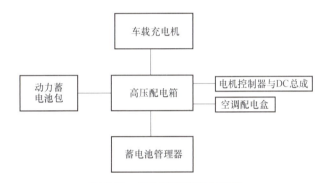

图 3-32　高压配电箱系统框图

控制器的故障信息。

④ 内部处理的信号有直流侧母线电压、交流侧三相电流、IGBT 温度、电机的三相绕组阻值。

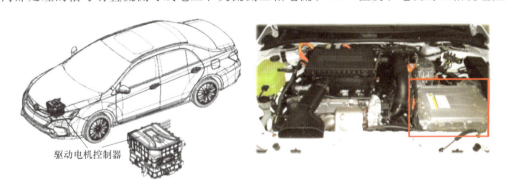

图 3-33　电机控制器的安装位置

4）车载充电机：车载充电机安装于行李舱右部，如图 3-34 所示，可将电网通过车载充电口输入的交流电转化为直流高压电，为动力蓄电池充电。

5）DC/DC 变换器：在高压（500V）输入端接触器吸合后便开始工作，输出电压标称 13.5V。当发动机原地起动，发电机发 13.5V 直流电，经过 DC 升压转换为 500V 直流给动力蓄电池包充电。

（2）工作过程　比亚迪秦驱动系统工作过程如下。

1）纯电工作模式：将比亚迪秦驱动系统工作模式切换按钮（图 3-35）旋转到"EV"，指示灯（绿色）亮表示在纯电模式，动力蓄电池提供电能，以供电机驱动车辆，可以满足各种工况行驶，如起步、倒车、怠速、急加速、匀速行驶等。

将 MODE 旋钮逆时针旋转，进入 ECO（经济）模式，在保证动力的情况下，最大限度节约电量。将 MODE 旋钮顺时针旋转，进入 SPORT（运动）模式，将保证较好的动力性能。

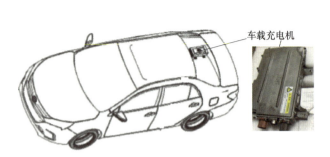

图 3-34　车载充电机的安装位置

图 3-35　驱动系统工作模式切换按钮

在 EV 模式行驶过程中，在高压系统无故障、无起动发动机需求的情况下，当电量下降到 15% 时，整车自动由纯电模式切换到 HEV 模式。若仍需要进入纯电模式，可长按"EV"按钮 3s 以上，直到仪表上"EV"指示灯持续闪烁，表明整车进入"EV-ECO 模式"，此时输出功率受到一定限制，直到电量下降到 5% 时，整车将自动切换到"HEV-ECO 模式"。

2）混合动力工作模式及切换：当用户从纯电模式切换到 HEV 模式后，车辆由发动机和驱动电机共同驱动，实现了最佳的动力性，但仍能保证混合动力系统具有良好的经济性。当电量不足时，系统从纯电模式自行切换到 HEV 模式，使用发动机驱动，在车辆以较稳定的速度行驶时，发动机输出的一部分转矩会带动驱动电机进行发电，对动力蓄电池进行充电。当电量不足或高压系统故障时，可单独使用发动机驱动，实现了高压系统的独立性。

当 HEV 按钮上的指示灯（绿色）亮起表示在 HEV 模式，MODE 旋钮逆时针旋转，进入 ECO 模式，此时为了保证较好的经济性和动力性，当电量低于 5% 时，发动机会直接起动。如果电量大于 5%，且车速较低时，将不会起动发动机。MODE 旋钮顺时针旋转，进入 SPORT（运动）模式，发动机会一直工作，来保持最充沛的动力。

3）充电过程：插电式混合动力电动汽车具有非插电式混合动力电动汽车不具备的外部充电功能，可以通过交流电桩或家用交流插座充电。比亚迪秦可以通过 220V 交流电源进行充电。车辆配备有国标慢充口（图 3-36），无须转换接口，可直接与家用三孔插座相连进行充电。

充电时，将充电枪插入充电口，外部充电设备会与车载充电机、BMS 进行通信，如果车辆充电系统工作正常，则车辆开始充电，仪表会显示车辆电量、预估充电时间等信息。充电流程示意图如图 3-37 所示，具体充电通信可参考后续车载充电系统。

图 3-36　比亚迪秦充电口

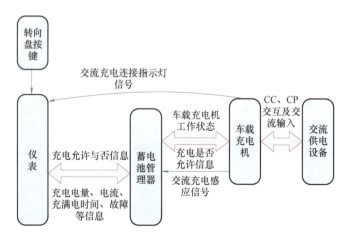

图 3-37　充电流程示意图

四、增程式混合动力电动汽车

1. 增程式电动汽车的定义

增程式电动汽车本身是一种串联混合动力电动汽车，以驱动电机为主，发动机为辅。其设计理念是在纯电动汽车动力传动系统的基础上，增加一个增程器（通常为小功率的发动机或燃料蓄电池发电系统等），延长动力蓄电池一次充电续驶里程，满足日常行驶的需要。相比于纯电动汽车，增程式电动汽车可以采用较小容量的动力蓄电池，有利于降低动力蓄电池的成本。相比于串联混合动力电动汽车，增程式电动汽车的增程器功率偏小，动力蓄电池容量配置偏高。

2. 增程式电动汽车的结构

增程式电动汽车主要由增程器、逆变器、动力蓄电池、驱动电机及传动系统组成，如图 3-38 所示。

3. 增程的工作原理

增程式电动汽车的动力系统在组成上与串联插电式混合动力电动汽车的动力系统相似，特殊之处在于增程式电动汽车的能量传递路线有两种动力系统，但是只有一种驱动方式，即电动机驱动，所以不需要非常复杂的电能与化学能的耦合。在结构上，增程式电动汽车是在纯电动汽车的基础上开发的电动汽车，增程器的布置对原有车辆的动力系统结构影响较小。为车辆追加增程器的目的是进一步提升纯电动汽车的续驶里程，使其能够尽量避免频繁地停车充电。

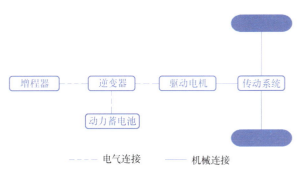

图 3-38　增程式电动汽车的结构简图

以宝马 i3 增程型为例，续驶里程有 285km，纯电动模式可以行驶 150km。它搭载有 0.65L 的双缸汽油发动机作为增程器，在增程模式下，可提供 130km 的续驶里程。其工作模式主要有以下两个方面：

1）纯电动模式：纯电动模式能量传递路线如图 3-39 所示，与发动机和发电机无关，动力蓄电池是唯一的动力源。这种工作模式下，其相当于一辆纯电动汽车。

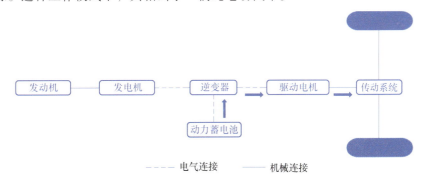

图 3-39　纯电动模式能量传递路线

不同之处在于增程式的纯电动行驶里程可以设置得相对较小，不必装备大量的动力蓄电池，动力蓄电池的电量能够满足车辆起步、加速、爬坡、怠速，以及驱动汽车空调等附件即可。

2）增程模式：增程模式能量传递路线如图 3-40 所示。在动力蓄电池达到预设的 SOC 最低值时，增程器系统启动，发动机运行在最佳的状况，使发电机发电，一部分用于驱动车辆行驶，多余的电量为动力蓄电池充电。当车辆停止时，可以利用外部电源为动力蓄电池充电。

4. 三种混合动力系统比较

三种混合动力系统各有优缺点，见表 3-2。

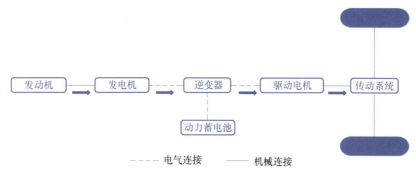

图 3-40　增程模式能量传递路线

表 3-2　油电混合动力、插电式混合动力、增程式混合动力三种系统比较

	是否需要充电	动力来源	续驶里程	动力性
油电混合动力系统	否	燃油	较长	一般
插电式混合动力系统	是	燃油、充电	较长	较好
增程式混合动力系统	是	燃油、充电	一般	一般

五、混合动力电动汽车的常见故障

混合动力电动汽车的常见故障见表 3-3。

表 3-3　混合动力电动汽车的常见故障

序号	故障名称	故障现象	故障原因
1	CAN 通信不良	车辆无法起动，且仪表上多个故障灯亮，故障诊断仪无法进入多个 ECU 进行诊断	网关故障、CAN 通信故障
2	模式切换不了	车辆无法进行模式的切换	整车控制器故障，模式开关故障
3	钥匙不工作	仪表显示未检测到钥匙	高频接收模块故障，钥匙故障（没电）
4	EV 受限	车辆无法起动，仪表显示 EV 受限	电机控制器高压互锁输入电路
5	保护感应故障	风扇开始运转，发动机无法起动	发动机 ECU 故障，主继电器控制电路故障
6	无法充电	车辆充电无反应	蓄电池管理器故障，车载充电机故障，充电互锁故障
7	无法进入发动机工况	车辆 EV 行驶模式正常，但无法进入发动机模式	发动机控制单元故障，模式开关故障，发动机与 EV 通信故障，CKP 故障
8	发动机模式车辆抖动	车辆 EV 行驶模式正常，但进入发动机模式后车辆抖动	发动机缺缸、漏气，发动机节气门故障，氧传感器故障

自 小 结

1. 混合动力电动汽车是指能够至少从消耗的燃料和可再充电电能储存装置两类车载储存的能量中获得动力的汽车。

2. 混合动力电动汽车以动力传输路线分类，可分为串联式、并联式和混联式三种。

3. 混合动力电动汽车的工作模式主要有纯电驱动模式、纯发动机驱动、混合驱动模式和制动能量回收模式。

4. 插电式混合动力电动汽车自身安装有车载充电装置，可以和电网相连对车辆进行充电。

5. 动力蓄电池是插电式混合动力电动汽车能量的主要来源之一，用于储存电能，在车辆需要的时刻向外输出。目前，插电式混合动力电动汽车使用的动力蓄电池主要有磷酸铁锂离子蓄电池和三元锂离子蓄电池等。

6.增程式电动汽车是在纯电动汽车的基础上增加增程器而成的。增程器通常为小功率的发动机或燃料蓄电池发电系统等。

1.对比传统的内燃机汽车，混合动力电动汽车有哪些优点？

2.比较串联、并联和混联形式的混合动力电动汽车的优缺点。

3.逆变器在混合动力系统中的作用是什么？

4.增程式电动汽车的特点有哪些？

5.检索资料，看我国近年来在混合动力电动汽车方面的发展动态，并谈谈您的看法。

测试题

测试题

新能源汽车辅助系统

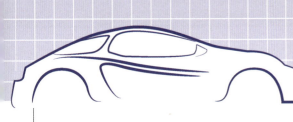

学习模块一 电动汽车空调系统

学习目标

知识目标	能力目标	素养目标
1)掌握电动汽车空调系统的主要组成部件和安装位置 2)掌握制冷系统、供暖系统等的结构和工作原理	1)能进行电动压缩机拆装和电路检测 2)能进行鼓风机电路检测 3)能列出电动汽车空调系统的常见故障,并分析故障原因	1)通过查询资料,养成使用汽车维修手册的自主学习习惯 2)通过完成实训工作任务,培养规范操作意识和安全生产意识

情景导入

一辆比亚迪秦 Pro EV 在行驶过程中空调突然不制冷,经初步检查,出风口有自然风送出,请分析、排除故障。假设你是维修技师,请完成检修任务,并回答客户提出的问题。

知识提升

一、电动汽车空调系统的结构

1. 电动汽车空调系统的结构特点

电动汽车空调与常规汽车空调相比,主要区别在于电动压缩机及 PTC（Positive Temperature Coefficient,正温度系数）半导体材料电制热。

常规汽车制冷压缩机靠带轮通过发动机曲轴、传动带带动转动,其转速只能被动地通过发动机调节。电动汽车的压缩机为电动压缩机,其靠高压驱动（如比亚迪秦 Pro EV 为 434.35V）,其转速调节范围在 0~4000r/min 之间,保证了良好的制冷效果,同时也可节约电能。

常规汽车是靠冷却液的热量来制热的,在发动机起动与暖机阶段制热效果差。纯电动汽车没有发动机，需要靠 PTC 制热器进行电制热，其最大功率达 5000W，同时可以任意调节。

2. 电动汽车空调系统的组成

以比亚迪秦 Pro EV 为例，其空调系统由制冷、供暖、通风和控制等部分组成。

制冷系统主要由空调驱动器、电动压缩机、冷凝器、膨胀阀和蒸发器五大部件组成（图 4-1），辅助设备有制冷管路和储液干燥器等。

温馨提示： 比亚迪秦 Pro EV 空调制冷系统的组成请扫视频 4.1 二维码观看。

供暖系统主要由空调驱动器和 PTC 加热器等组成。

通风系统主要由鼓风机、调速模块和通风管道等组成。

控制系统主要由车外温度传感器、车内温度传感器、光照传感器、蒸发器温度传感器、PTC 温度传感器、PTC 一次性熔断器、PTC 温度控制开关、调速模块、三态压力开关、内外循环电动机、主驾驶冷暖电动机、副驾驶冷暖电动机和空调控制器等组成。部分组件在车上的位置如图 4-2 所示，其组成框图如图 4-3 所示。

视频4.1

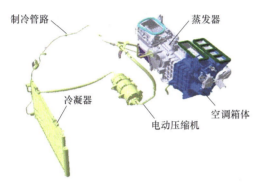

图 4-1 比亚迪秦 Pro EV 空调制冷系统

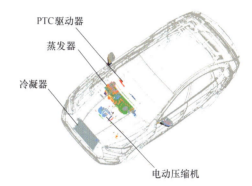

图 4-2 比亚迪秦 Pro EV 空调系统在车上的位置

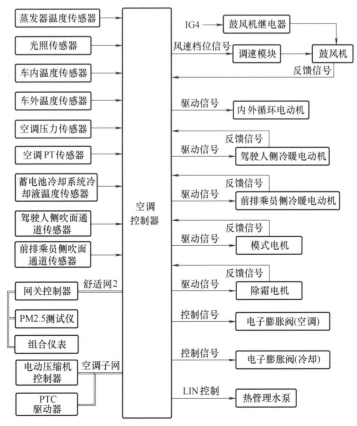

图 4-3 比亚迪秦 Pro EV 空调系统组成框图

（1）电动压缩机　比亚迪秦 Pro EV 采用电动压缩机，取消了传统汽车的外驱式带轮，改为电动机驱动。电动机一般与压缩机组装为一体，并集成有变频器，形成全封闭的结构。其内部结构示意图如图 4-4 所示。该电动压缩机型号为 BC28A，外观如图 4-5 所示。其功能如下：

1）在空调系统回路中负责制冷剂蒸气的压缩和输送。

2）将机械能转换为热能。

3）驱动和建立压力差。

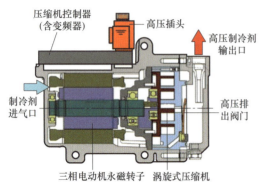

图 4-4　电动压缩机内部结构示意图

图 4-5　电动空调压缩机外观

比亚迪秦 Pro EV 使用涡旋式压缩机。涡旋式压缩机主要包括一个定涡盘和一个动涡盘，如图 4-6 所示，这两个相互啮合的涡盘，其线形是相同的，它们相互错开 180° 安装在一起，即相位角相差 180°。其定涡盘固定在机架上，动涡盘由电动机直接驱动。动涡盘是不能自转的，只能围绕定涡盘进行很小回转半径的公转运动。当驱动电动机旋转带动动涡盘公转时，制冷气体通过滤芯吸入定涡盘的外围部分。随着驱动轴的旋转，动涡盘在定涡盘内按轨迹运转，使动、定涡盘之间形成由外向内体积逐渐缩小的六个腔，即 A 腔、B 腔、C 腔、D 腔、E 腔和 F 腔，制冷气体在动、定涡盘组成的六个月牙形压缩腔内被逐步压缩，最后从定盘中心孔通过阀片将被压缩后的制冷气体连续排出。

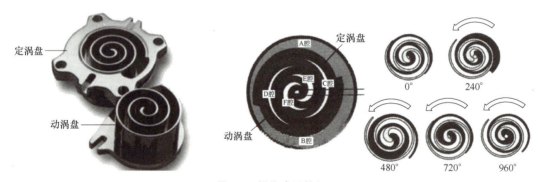

图 4-6　涡旋式压缩机

在压缩机整个工作过程中，所有工作腔均由外向内逐渐变小且处于不同的压缩状况，从而保证涡旋式压缩机能连续不断地吸气、压缩和排气。虽然涡旋式压缩机每次排出制冷剂的气量较少（其排出量为 27～30cm³），但由于其动涡盘可进行高达 9000～13000r/min 的公转，所以它的总排量足够大，能满足车辆空调制冷的需求，当然压缩机的功耗也较大，可达 4～7kW。

电动压缩机的优点如下：

1）结构形式灵活方便，可安装在前机舱的任何位置。

2）电动机与压缩机同轴驱动，不会出现传统驱动方式的传动带打滑、压缩机转速与发动机转速不同步的现象。

3）电动机转速改变压缩机转速，实现空调压缩机排量及制冷量的灵活控制。

4）封闭式的驱动结构，泵气装置运行的可靠性较高，故障率较低。

5）与其他类型的空调压缩机（如斜盘式、曲柄连杆式、叶片式等压缩机）相比，涡旋式压缩机振动小、噪声低、使用寿命长、重量轻、转速高、效率高、外形尺寸小。

温馨提示：电动空调压缩机拆装请扫视频4.2二维码观看。

视频4.2

（2）永磁同步电动机及其变频器　三相永磁同步电动机负责驱动电动汽车空调压缩机运转，而向永磁同步电动机供电的应是三相高压交流电。电动汽车的动力蓄电池只能提供直流电，为此必须将动力蓄电池的直流电转换为交流电，这个任务就由变频器承担，由它产生向空调压缩机和三相永磁同步电动机供电的交流电。

电动压缩机的变频器使用了六个IGBT场效应管，IGBT场效应管的导通或截止（受控于其上的栅极电压）造成IGBT的源极与漏极间的通路或断路状况。如图4-7所示，当六个IGBT的栅极按一定规律轮流加上占空比脉冲调制控制电压时，就会让蓄电池的直流高压电流经过变频器，在输出端形成三相正弦交流电流，利于三相永磁同步电动机平稳运转，产生的转矩以驱动空调压缩机。图4-7中与IGBT场效应管并联的二极管是电动机三相绕组的续流二极管。

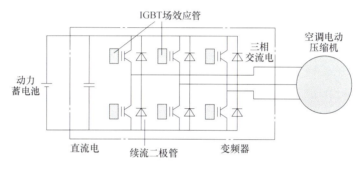

图 4-7　电动空调变频原理图

通过控制永磁同步电动机定子各相绕组的通电频率及电流大小，可高精度调节电动机转子的转速与转矩，并能直接控制压缩机的转速，从而调节制冷剂的排量，以适合汽车运行对空调系统的不同工况要求。空调变频器的系统电路如图4-8所示。

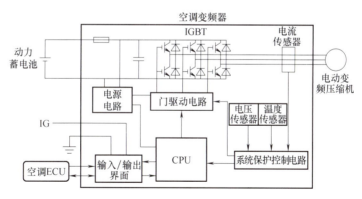

图 4-8　空调变频器的系统电路

1）"栅极驱动电路"对各IGBT场效应管的栅极进行控制。它接收处理器CPU的信号，当它给各栅极进行PWM（脉冲宽度）调制时，将使输出电路得到正弦波的电压。通过IGBT场效应管的通断频率可控制空调压缩机的变速，同时它受保护电路的监控。

2）"系统保护控制电路"接收输出电流、电压和空调温度等传感信号，不让其在过电流、过电压及超温状态下工作，用于对整个系统运行保护。

3）中央处理器（CPU）根据空调的目标温度和蒸发器实际温度计算压缩机的目标转速，控制空调变频器栅极驱动电路的工作。空调蒸发器的目标温度是由驾驶人设定温度、车外温度传感器、车内温度传感器、光照传感器以及PTC温度传感器决定的。另外，车内温度传感器产生CPU的校正信号，提高了乘坐的舒适性。

4）"输入/输出接口电路"负责对外部电路（如对动力管理系统电路）进行通信信号的联系。

5）"电源供给电路"负责向 CPU 和栅极电路进行供电。

（3）电动压缩机电路　电动压缩机是否允许开启，由 BMS 根据整车动力蓄电池电量情况及空调控制器来判断。当整车动力蓄电池电量足够时，开启空调制冷，电动压缩机即可工作。空调控制器通过空调子网总线控制电动压缩机，如图 4-9 所示。

（4）PTC 电加热器　比亚迪秦 Pro EV 空调供暖系统的热源采用 PTC 电加热器，如图 4-10 所示。它通常由半导体材料制成，其电阻随温度变化而急剧变化。当外界温度降低，PTC 电阻值随之减小，发热量反而会相应增加，PTC 电加热器具有节能、恒温、安全和使用寿命长等特点。

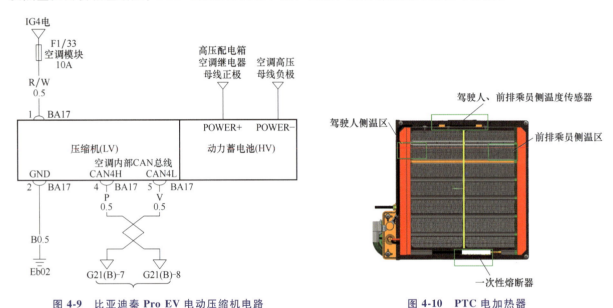

图 4-9　比亚迪秦 Pro EV 电动压缩机电路　　　　图 4-10　PTC 电加热器

比亚迪秦 Pro EV 采用 PTC 电加热器加热空气方式，PTC 驱动器根据来自空调面板（空调控制器）的暖风请求信号（CAN-H 和 CAN-L）以及温度传感器信号，控制 PTC 加热器工作。PTC 加热器主要由 PTC 片、温度传感器和一次性熔断器等组成。PTC 片采用半导体陶瓷元件，当施加电压时，阻值升高而发热，通常表面镀有金属电极；驾驶人侧、前排乘员侧两个温区分别安装一个温度传感器，整个芯体共用一个熔断器。温度传感器检测加热器本体的温度，控制加热器导通和切断；当加热器失控、温度过高时，一次性熔断器起到保护作用。

二、电动汽车空调系统的工作原理

1. 制冷系统的工作原理

电动汽车空调制冷系统的工作原理与常规汽车空调一样，如图 4-11 所示。由空调控制器驱动的电动压缩机将气态的制冷剂从蒸发器中抽出，并将其压入冷凝器。高压气态制冷剂经过冷凝器时液化而进行热交换（释放热量），热量被车外的空气带走。高压液态的制冷剂经膨胀阀的节流作用而降压，低压液态制冷剂在蒸发器中汽化而进行热交换（吸收热量），蒸发器附近被冷却的空气通过鼓风机吹入车厢，气态的制冷剂被电动压缩机抽走，泵入冷凝器，如此使制冷剂进行封闭的循环流动，不断地将车厢内的热量排到车外，使车厢内的气温降至适宜的温度。

2. 供暖系统的工作原理

如图 4-12 所示，空调控制器通过 CAN 总线与 PTC 驱动器通信，由 PTC 驱动器驱动 PTC 加热器制热，通过鼓风机吹出的空气将 PTC 散发出的热量送到车厢内或风窗玻璃，以提高车厢内的温度和除霜。

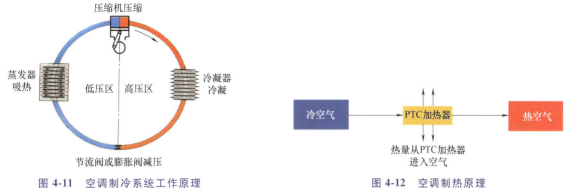

图 4-11 空调制冷系统工作原理　　　　　图 4-12 空调制热原理

空调其他原理（换气、除湿、除雾等）与常规汽车空调相似。

三、电动汽车空调系统的常见故障

结合比亚迪秦 Pro EV 的结构与工作原理，对空调系统常见故障进行分析，见表 4-1。

表 4-1 空调系统常见故障分析

故障名称	故障现象	故障原因
不制冷	出风口无凉风，且电动压缩机不运转	空调控制器，压缩机变频器、电动机损坏或绝缘故障，CAN 通信故障等
		压力传感器损坏，电子膨胀阀故障，空调继电器损坏，无空调请求信号等
	出风口无凉风，且压力表显示高、低压侧无压力	制冷剂泄漏，制冷剂量极少
	出风口无凉风，鼓风机不运转	鼓风机信号断路、风速开关或鼓风机电动机故障等
	出风口无凉风，冷凝器风扇不转	冷凝器风扇电动机损坏、冷凝器风扇主控制器损坏或电路故障
制冷不足	各出风口有凉风但凉度不够	制冷剂不足或过多，冷冻油油量过多；冷凝器表面脏污、膨胀阀堵塞、蒸发器结霜或有异物，低压管路不畅通，系统内有水分，有冰堵现象；压缩机效率降低，压缩机内部有泄漏等
系统异响	发出异常的声音或明显振动	压缩机固定支架松动，压缩机动盘或静盘振动过大，内部部件磨损严重，配合松旷；制冷剂过量引起高压管振动、压缩机敲击，鼓风机产生摩擦异响
无暖风	制热时，各出风口无暖风吹出	PTC 水加热器冷却液温度传感器、IGBT 温度传感器坏；高压互锁、PTC 水加热器绝缘、CAN 通信故障；电动水泵及继电器损坏、低压电路断路、插接件松脱等

小结

1. 电动汽车空调与传统汽车空调相比较，主要区别在于电动压缩机及 PTC 半导体材料电制热。

2. 电动压缩机中的变频器将动力蓄电池的高压直流电转换为三相交流电，从而驱动空调压缩机。

3. 通过控制永磁同步电动机定子各相绕组的通电频率及电流大小，可实现对电动机转子转速与转矩的高精度调节。

4. PTC 加热电阻随温度变化而变化，当外界温度下降，PTC 电阻值随之减小，发热量反而会相应增加，PTC 加热电阻具有恒温、安全和节能以及使用寿命长等特点。

5. PTC 电加热器低压控制部分由空调控制器经总线控制，而 PTC 水加热采用的是高压系统。

6. 电动汽车空调的常见故障有不制冷、制冷不足、空调异响、无暖风等。

思考题

1. 与传统汽车空调相比，电动汽车空调的结构特点发生了哪些改变？

2. 与斜盘式、曲柄连杆式、叶片式等压缩机相比，涡旋式压缩机具备哪些优势？

3. 为什么供暖系统采用 PTC 电加热器？

4. 电动压缩机开启需要哪些条件来决定？

5. 有哪些故障原因会引起空调制冷不足？

 **测试题** ....

测试题

 学习模块二　电动汽车转向系统

学习目标

知识目标	能力目标	素养目标
1）掌握电动汽车转向助力系统的主要组成部件和安装位置 2）掌握转向助力系统的工作原理	1）能进行转矩及转角传感器拆装与电路检测 2）能进行 EPS 电动机及电路检测 3）能列出电动汽车转向助力系统的常见故障，并分析故障原因	1）通过查询资料，养成使用汽车维修手册的自主学习习惯 2）通过完成实训工作任务，培养规范操作意识和安全生产意识

情景导入

　　一辆比亚迪秦 Pro EV 到店维修，车主反映打方向时转向沉重，要求检修车辆，还希望维修技师解释转向助力系统的结构与工作原理以及常见故障。假设你是维修技师，请完成检修任务，并回答客户提出的问题。

知识提升

一、电动汽车转向系统的结构

1. 电动汽车转向系统的结构特点

　　电动汽车转向系统普遍采用电动助力转向系统（Electric Power Steering，EPS）或电动液压助力转向系统（Electronic Hydraulic Power Steering，EHPS）。它们是在传统的液压动力转向系统（Hydraulic Power Steering，HPS）的基础上发展起来的。传统的 HPS 需要发动机提供动力，不适合纯电动汽车，而且不论是否需要转向助力，系统总要处于工作状态，能耗较高；由于液压泵的压力很大，也比较容易损害助力系统。

　　EPS 采用电动机通过减速机构直接进行助力。EHPS 采用电动助力转向泵提供高压油驱动转向，而不再靠发动机传动带。它所有工作的状态都是由 ECU 根据车辆的行驶速度、转向角度等信号计算出的最理想状态。在低速大转向时，ECU 驱动电动助力转向泵以高速运转输出较大功率，使驾驶人打方向省力；汽车在高速行驶时，液压控制单元驱动电动助力转向泵以较低的速度运转，在不影响高速打转向的需要同时，节省一部分电动助力转向泵功率。

2. 电动助力转向系统的结构

比亚迪秦 Pro EV 采用齿条电动助力转向系统。它是利用 EPS 电动机提供转向动力，辅助驾驶人进行转向操作的转向系统。EPS 在原有机械转向系统的基础上，改造并且增加了 EPS ECU、转矩及转角传感器、电动机助力机构（EPS 电动机、减速装置）等部件，如图 4-13 所示。系统的助力传动机构采用电动机驱动，取代了传统机械液压机构。

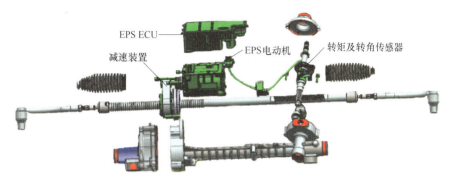

图 4-13　EPS 的结构

（1）转矩及转角传感器　如图 4-14 所示，转矩及转角传感器是用于检测扭转力矩的器件，可将扭力的物理变化转换成精确的电信号，并将采集到的转角及转矩信号发送给 EPS ECU。其传感器的性能示意图如图 4-15 所示。

图 4-14　转矩及转角传感器

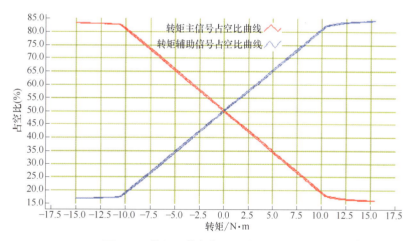

图 4-15　转矩及转角传感器的性能示意图

1）传感器下极限占空比为 18.75×（1±4.5%），上极限占空比为 81.25×（1±4.5%），居中位置主、辅转矩信号占空比各自为 50×（1±1.5%）。

2）工作电压为（5±0.5）V（DC）时，传感器信号输出正常，供电端工作电压<200mA。

3）线性度≤±1.5%。

4）重复性误差≤1%。

5）对称度≥98%。

6）迟滞性误差≤2%。

为保证扭转杆在安全变形范围内，不同车速时，输入端的转向力矩小于 8N·m；各车速下力特性曲线的对称度不得小于 93%。

转矩及转角传感器信号的标定：更换转向器等零件时，需重新进行车辆四轮定位，必须（通过诊断仪）进行转角传感器信号的居中标定，否则 EPS 可能出现自动转向等危险操作。如果转矩传感器报故障或者明显出现左、右转向力不一样，可以将转矩传感器信号先进行标定。

（2）电动机助力机构　如图 4-16 所示，电动机助力机构主要由 EPS 电动机、输入轴齿轮轴总成、同步带传动副和丝杠螺母传动副等组成。EPS 电动机与转向器丝杠轴线不同轴，常采用由同步带传动副和丝杠螺母传动副组成的减速机构连接。当 EPS 电动机通电流后产生旋转转矩，由同步带轮通过传动带传动、传递到同步带轮及丝杠螺母上，然后转化为轴向力驱动齿条直线运动，与作用于转向盘的机械力一起推动车轮转向，实现对车辆转向助力操控。

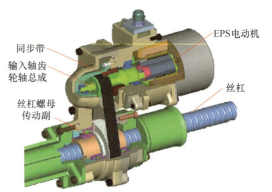

图 4-16　电动机助力机构

丝杠螺母传动副是一种将旋转运动转变为直线运动的机械装置。如图 4-17 所示，丝杠螺母传动副主要由丝杠、丝杠螺母和滚珠等组成，可以实现传动和定位等功能。该传动副在螺母上开有侧孔，孔内镶有返向器，将相邻两螺旋滚道连接起来，钢球从螺纹滚道进入返向器越过丝杠牙顶，进入相邻螺纹滚道，形成钢球循环通道。

同步带张紧机构采用偏心结构，如图 4-18 所示，可调整同步带的张紧力到合适范围内。由于丝杠及大带轮的轴线与偏心环外圆的轴线具有 2mm 的偏心距，转动偏心环会改变丝杠及大带轮的轴线位置，从而改变大带轮与小带轮的轴心距，达到调整同步带张紧力的目的。

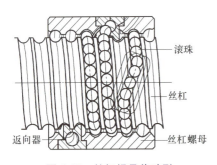

图 4-17　丝杠螺母传动副

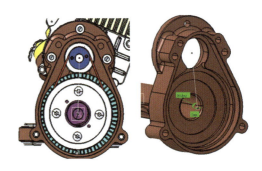

图 4-18　同步带张紧机构

（3）EPS 过载保护　温度保护条件如下：

1）EPS 组件温度过高时，EPS 会减小转向助力。通过降低电动机电流限制 EPS 自身产生的热量，从而防止组件承受过高热负荷。同时，ECU 会储存一条故障码。

2）环境温度较高且转向操作猛烈时，特别是在车辆静止时，可能会出现这种过载保护现象（例如频繁地进行遥控转向等）。

3）出现过载情况时，EPS 会减小转向助力，行驶过程中转向会稍变沉重（原地转向操作则会很沉重）。

其他保护条件：试图使前车轮转向某个坚实障碍物（例如路肩）时，可能会出现另外一种过载现象。如果在较短时间间隔内反复出现这种情况，也会减小转向助力。这样一方面可以防止 EPS 组件承受过大的机械负荷，另一方面可以提醒驾驶人转向时遇到了坚实的障碍物。

（4）EPS 电路　EPS 电路如图 4-19 所示。

二、电动汽车转向系统的工作原理

EPS 的工作原理示意图如图 4-20 所示。当驾驶人操纵转向盘进行转向时，转矩及转角传感器把采集到从转向盘传动的转矩及角度的大小、方向信号经处理后传输给 EPS ECU，EPS ECU 同时通过整车 CAN 信号线接收车速信号、转角和转矩信号等，计算 EPS 电动机需要的电流，从而确定 EPS 电动机旋转方向和助力转矩的大小。同时，电流传感器检测电路中的电流，对驱动电路实施监控，最后由驱动

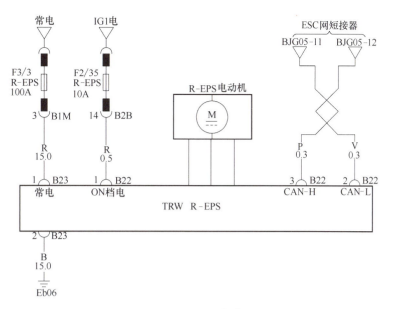

图 4-19　EPS 电路

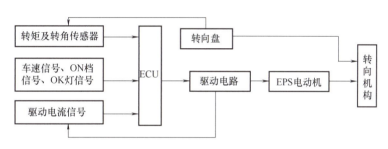

图 4-20　EPS 的工作原理示意图

电路驱动电动机工作，实施助力转向。汽车不转向时，ECU 不向驱动电路发出指令，转向电动机不工作。

　　温馨提示：电动助力转向系统的组成与工作原理请扫视频 4.3 二维码观看。

三、电动汽车转向系统的常见故障

　　根据比亚迪秦 Pro EV 的结构与工作原理，电动转向沉重故障的可能原因如图 4-21 所示。

视频4.3

图 4-21　电动转向沉重故障的可能原因

电动转向系统除转向沉重故障外，常见故障及其可能原因见表 4-2。

表 4-2　转向系统常见故障及其可能原因

现象	可能原因	现象	可能原因	现象	可能原因
游隙过大	1）转向节磨损 2）悬架臂球头节磨损 3）中间轴、滑动节叉磨损 4）前轮轴承磨损 5）转向器故障	回位不足	1）轮胎充气不当 2）前轮定位不正确 3）转向管柱弯曲 4）转向器故障	异常噪声	1）动力转向油少 2）转向节磨损 3）动力转向泵有故障 4）转向器有故障

小 结

1. 电动汽车转向系统普遍采用电动助力转向系统（EPS）。

2. 电动助力转向系统主要由转矩及转角传感器、转向助力电动机、ECU 和齿条式转向器组成。

3. 转矩及转角传感器的作用是将扭力的物理变化转换成精确的电信号，并将采集到的转角及转矩信号发送给 EPS。

4. EPS 电动机与转向器丝杠轴线不同轴，常采用由同步带传动副、丝杠螺母传动副组成的减速机构连接。

5. 电动助力转向系统的控制原理：转矩及转角传感器将检测到转向盘的转角以及转矩信号发送到 ECU，ECU 向驱动电路发出指令，使转向电动机输出相应转矩作用在转向器的齿条上，从而产生辅助动力配合转向盘进行转向。

6. 电动转向系统常见的故障有转向沉重、游隙过大、回位不足、异常噪声等。

思考题

1. 为什么电动汽车转向系统普遍采用 EPS？

2. 为什么秦 Pro EV 更换转向器等零件后，要进行转矩及转角传感器信号的标定？

3. EPS 在哪些工作条件下会进行过载保护？

4. 同步带张紧机构是如何调节丝杠及大带轮的轴线位置的？

5. 电动转向系统除转向沉重外的故障原因有哪些？

测试题

测试题

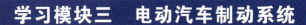

学习模块三　电动汽车制动系统

学习目标

知识目标	能力目标	素养目标
1）掌握电动汽车制动助力系统的主要组成部件和安装位置 2）掌握制动助力系统的工作原理	1）能进行真空压力传感器拆装及其电路检测 2）能进行电动真空泵电路检测 3）能列出电动汽车制动真空助力系统常见故障，并分析故障原因	1）通过查询资料，养成使用汽车维修手册的自主学习习惯 2）通过完成实训工作任务，培养规范操作意识和安全生产意识

情景导入

一辆比亚迪秦 Pro EV 到店维修，车主反映汽车买了半年，行驶过程中制动踏板踩不动，无法制动差点追尾别人，影响行车安全，要求给予维修。假设你是维修技师，请完成检修任务，并回答客户提出的问题。

知识提升

一、电动汽车制动系统的结构

1. 电动汽车制动系统的结构特点

电动汽车制动系统与传统汽车不同的是真空助力器部分。传统汽车制动系统可以从发动机处获得真空源，从而让真空助力器为驾驶人提供辅助作用，而电动汽车是依靠电动真空泵或机电伺服助力机构进行制动助力。例如比亚迪秦 Pro EV、宝马 X1、奥迪 Q5 等车型采用电动真空泵，如图 4-22 所示。此外，有不少混合动力汽车和纯电动汽车，如朗逸 e-Lavida、荣威 Ei5、蔚来 ES8、特斯拉 Model 3 等车型采用博世研发的机电伺服助力机构 iBooster。由于采用电力作为制动力来源，iBooster 制动技术的最大优点就是脱离了真空助力设备，也就是不用发动机或者电动泵带动真空助力泵来帮助制动，简化了制动系统，如图 4-23 所示。

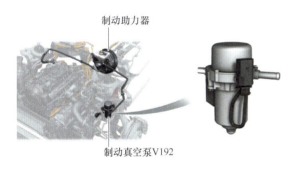

图 4-22 奥迪 Q5 混合动力汽车制动真空泵

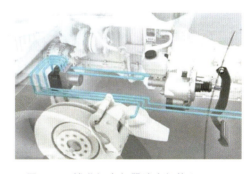

图 4-23 博世机电伺服助力机构 iBooster

2. 制动助力系统的组成

比亚迪秦 Pro EV 制动系统主要由制动压力调节装置 ABS、制动器和电动真空助力系统等部分组成。其中，电动真空助力系统包括电动真空泵、真空管路、真空压力传感器以及制动主缸带真空助力器总成，其系统示意图如图 4-24 所示。电动真空泵是系统产生真空的动力源，电动真空助力系统由主控制器进行控制，通过真空压力传感器采集系统真空度信号，实现对电动真空泵的控制，并在真空压力传感器故障时确保提供足够的制动力，以保证行车安全。另外，比亚迪秦 Pro EV 是没有真空罐的，为产生稳定的真空度，主控制器需频繁地控制固态继电器通断，增加了电动真空泵起动次数，固态继电器工作过程中发热量大，需安装散热片。

（1）真空压力传感器 真空压力传感器测量真空管路中的真空，给整车控制器提供真空压力的模拟电压值，传感器类似于发动机的进气压力传感器，由整车控制器提供 5V 电源，端子 BA31-1 和 BA31-2（图 4-25）

图 4-24 比亚迪秦 Pro EV 制动助力系统的组成

分别为传感器的+5V和地，端子BA31-3为传感器给整车控制器的电压信号线，电压值随压力升高而减小。

（2）电动真空泵　比亚迪秦Pro EV电动真空泵主要由泵体、电动机与控制单元等组成，如图4-26所示。采用电动机直接驱动真空泵运转，一般安装在真空助力器附近，采用车载电源提供动力，有效地提高了整车的制动性能。按泵体结构形式可分为膜片泵、叶片泵和摇摆活塞泵，如图4-27所示。

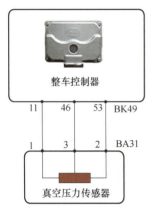

图4-25　真空压力传感器

图4-26　比亚迪秦Pro EV电动真空泵

a)　　　　　　　　　　b)　　　　　　　　　　c)

图4-27　泵体结构形式

a）膜片泵　b）叶片泵　c）摇摆活塞泵

海拉电动真空泵广泛应用于奥迪、大众、比亚迪等电动汽车上。该电动真空泵由电动机和叶片泵（叶片、转子及壳体等）组成，如图4-28所示。安装在转子上的叶片沿着泵室内壁滑动，该旋转运动不断改变叶片包围的空间体积，空气由制动助力器通过制动系统的真空管道经真空泵吸入，封闭空间体积持续变化产生真空。

（3）电动真空泵供电继电器　电动真空泵供电继电器安装在前机舱配电盒中，由整车控制器给继电器提供负极线圈控制，如图4-29所示。当整车控制器内部接通继电器线圈负极回路，继电器吸合，继电器接通真空泵电动机正极，此时电动真空泵工作。

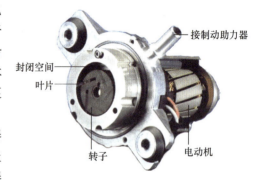

图4-28　海拉叶片式电动真空泵

（4）制动主缸带真空助力器总成　真空助力器安装在制动主缸和制动踏板之间，如图4-30所示，利用电动真空泵产生的真空帮助驾驶人减小用于制动的力。

（5）整车控制器　整车控制器位于辅助蓄电池下方，是铝合金外壳的高精度集成微型计算机，如图4-31所示。整车控制器主要用于采集冷却液温度信号和空调信号等，控制电子水泵冷却循环系统和散热风扇系统；采集真空度压力信号、车速信号和制动信号等，控制真空泵工作。其电器原理图如图4-32所示。

图 4-29　电动真空泵供电继电器

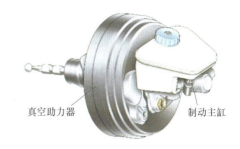

真空助力器　　　　　　制动主缸

图 4-30　真空助力器

图 4-31　整车控制器

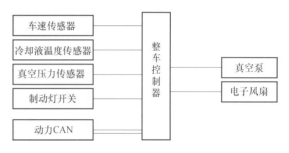

图 4-32　整车控制器电器原理图

二、电动汽车制动系统的工作原理

1. 整车控制器的控制原理

比亚迪秦 Pro EV 整车控制器控制原理图如图 4-33 所示。当驾驶人起动汽车时，车辆电源接通，整车控制器开始进行系统自检。如果真空罐内的真空度小于设定值，真空罐内的真空压力传感器输出相

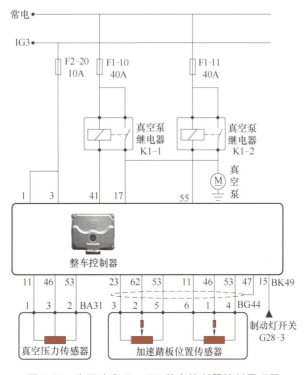

图 4-33　比亚迪秦 Pro EV 整车控制器控制原理图

应电压信号至整车控制器，整车控制器控制电动真空泵开始工作；当真空度达到设定值后，真空压力传感器输出相应电压信号至整车控制器，整车控制器控制真空泵电动机停止工作。当真空罐内的真空度因制动消耗，真空度小于设定值时，整车控制器重新控制电动真空泵电动机工作，如此循环。

针对电动汽车真空泵使用单一电源，电源出现故障后出现制动踏板硬、制动效果变差的问题，比亚迪秦 Pro EV 真空泵电源电路采用冗余设计方案，由两个真空泵供电继电器提供，确保制动助力系统的工作万无一失，大幅提升了制动安全性。

2. 纯电动汽车制动助力系统的工作原理

比亚迪秦 Pro EV 制动助力系统工作原理图如图 4-34 所示，制动的三个工作状态见表 4-3。

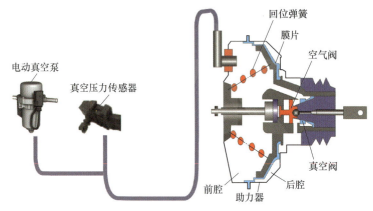

图 4-34　比亚迪秦 Pro EV 制动助力系统工作原理图

表 4-3　比亚迪秦 Pro EV 制动助力系统的工作状态

动作	工作状态
未踩下制动踏板时	空气阀封闭，后腔与大气之间被隔断，而真空阀打开，前腔与后腔之间连通，此时前腔和后腔的气压均等于进气管压力，膜片在回位弹簧作用下回位，电动真空泵不起作用
踩下制动踏板时	首先真空阀先封闭：前腔和后腔被隔断；之后空气阀打开：后腔与大气相通。在压力差作用下，推动膜片移动，将驾驶人踩的力增大，实现助力作用
维持制动时	当踩住制动踏板不动后，空气阀由打开变为封闭，后腔与大气被隔断，真空助力泵膜片既不能前进也不能后退，处于维持制动力状态

三、机电伺服助力机构（iBooster）的组成与工作原理

1. 机电伺服助力机构（iBooster）

博世研发的机电伺服助力机构（iBooster）采用电力作为制动力来源。iBooster 制动技术的最大优点是脱离了以前的真空助力设备，尤其适用于混合动力汽车和纯电动汽车。该机构主要由制动主缸、直流无刷电动机、二级齿轮传动装置、助力器阀体、踏板行程传感器和 ECU 等部件组成，如图 4-35 所示。

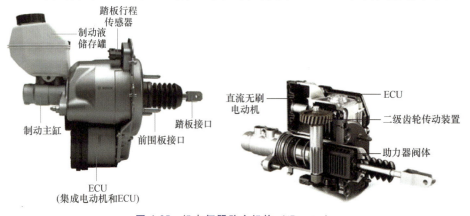

图 4-35　机电伺服助力机构（iBooster）

2. iBooster 的工作原理

iBooster 的工作原理与传统真空助力器类似：在 iBooster 模式下，由集成在机电伺服助力机构里的踏板行程传感器探测助力器输入杆的位移，并将该位移信号发送至 iBooster 的控制单元。控制单元计算出直流无刷电动机应产生的转矩要求，再由二级齿轮装置将该转矩转化为助力器阀体的伺服制动力。助力器阀体的输出力和助力器输入杆的输入力在制动主缸内共同转化为制动液压，推动制动缸实现制动。

四、纯电动汽车制动系统的常见故障

根据比亚迪秦 Pro EV 制动真空助力的结构与工作原理分析，故障可能原因见表 4-4。

表 4-4　比亚迪秦 Pro EV 制动真空助力系统常见故障分析

故障名称	故障现象	故障原因
制动踏板"过硬"	在行驶过程中，车辆制动时制动踏板"过硬"，且电动真空泵不工作，仪表警告灯亮，显示"请检查制动系统"	真空压力传感器损坏、主控制器损坏或电动机烧毁，真空泵继电器损坏、熔断器烧毁、插接件松脱或电路断路等
真空系统漏气	在行驶过程中，真空度低于设定值，真空泵一直不停转，仪表警告灯亮，显示"请检查制动系统"	真空管路密封性变差，软管或连接处漏气
真空泵异响	真空泵工作时，发出异常的声音或有明显振动	真空泵内部严重磨损，真空泵固定支架松动

小结

1. 纯电动汽车制动系统真空助力器的真空源来自电动真空泵，该系统主要由制动真空助力器、真空软管、压力传感器、电动真空泵和主控制器等组成。

2. 纯电动汽车的电动真空泵，按泵体结构形式可分为膜片泵、叶片泵和摇摆活塞泵三种类型。

3. 真空助力器安装在制动主缸和制动踏板之间，利用电动真空泵产生的真空帮助驾驶人减小用于制动的力。

4. iBooster 机构主要由制动主缸、直流无刷电动机、二级齿轮传动装置、助力器阀体、踏板行程传感器和 ECU 等部件组成。

5. 制动踏板"过硬"故障的可能原因为真空压力传感器损坏、主控制器损坏或电动机烧毁，真空泵继电器损坏、熔断器烧毁、插接件松脱或电路断路等。

思考题

1. 为什么纯电动汽车制动系统要设计有电动真空泵？

2. 为什么要在固态继电器上装散热片？

3. 为什么比亚迪秦 Pro EV 设计有两个电动真空泵供电继电器？

4. iBooster 制动技术将来会在电动汽车上普及应用吗？

5. 比亚迪秦 Pro EV 制动真空助力系统常见的故障有哪些？

测试题

测试题

学习模块四 新能源汽车组合仪表

学习目标

知识目标	能力目标	素养目录
1）掌握新能源汽车组合仪表的组成 2）掌握新能源汽车组合仪表的工作原理	1）能识别组合仪表各显示的含义和数值 2）能进行新能源汽车组合仪表电源电路检测 3）能列出新能源汽车组合仪表的常见故障，并分析故障原因	1）通过查询资料，养成使用汽车维修手册的自主学习习惯 2）通过完成实训工作任务，培养规范操作意识和安全生产意识

情景导入

在比亚迪秦 Pro EV 行驶过程中，驾驶人发现仪表背光无法进行亮度调节，于是将车开到 4S 站要求给予维修。假设你是维修技师，需要完成检修任务，并回答客户提出的问题。

知识提升

一、新能源汽车组合仪表的结构

比亚迪秦 Pro EV 组合仪表主要由功率表、车速表、电量表以及指示灯等构成，其外观如图 4-36 所示。仪表的作用是实时反馈汽车的各个系统工作状况，并通过各种指示表指示灯向驾驶人展示。

1. 功率表

功率表显示当前模式下整车的实时功率，一般默认用 kW 为单位来指示整车的功率。在车辆下坡时或慢性行驶时，功率指示值可能为负值，表示当前车辆正在给动力蓄电池充电。

2. 电量表

整车电源档位处于"OK"档电时，电量表指示当前车辆动力蓄电池预计剩余的电量，如图 4-37 所示。

如果动力蓄电池电量低警告灯亮，同时，

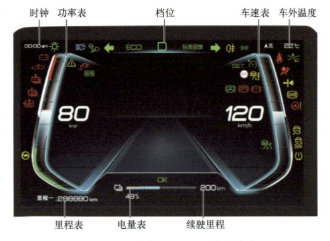

图 4-36 比亚迪秦 Pro EV 组合仪表外观

信息显示屏显示"请及时充电"，表示当前动力蓄电池电量低，需要尽快对动力蓄电池充电。

温馨提示：当指示条将要或已进入红色区时须尽快对动力蓄电池充电。

3. 里程信息

显示信息如下：

1）里程表：显示车辆已行驶的总里程数，如图 4-38 所示。

2）里程一/里程二：显示将两个短距离里程表设定为零以来的不同行驶里程数。可以用短距离里程表来计算每次行驶的里程数（里程一或者里程二）。

图 4-37　电量表

图 4-38　里程信息

3）ODO TRIP 按键：将双短距离里程表调整至零、改变仪表显示。

要变换仪表的显示时，迅速按下并释放 ODO TRIP 按键。每按一次，仪表将循环显示总里程（ODO）→里程一（TRIP A）→里程二（TRIP B）→总里程（ODO）。

要将短距离里程表复位时，先显示出该短距离里程表（里程一/里程二）的读数，然后按住 ODO TRIP 按键 2s 以上，直至仪表被设定为零为止。

4. 档位指示

变速杆在某位置时，显示相应的档位指示，如图 4-39 所示。

5. 时钟信息

整车电源档位处于"OK"档电时，此信息显示已设置好的当前时间。

6. 车外温度信息

整车电源档位处于"OK"档电时，此信息显示车外温度信息，如图 4-40 所示。

图 4-39　D 位

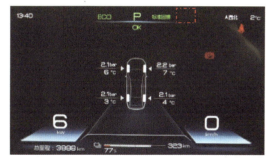
图 4-40　车外温度信息

7. 续驶里程表

续驶里程是根据剩余电量并结合车辆行驶工况计算显示剩余电量所能支持的行驶距离，该距离可能与实际行驶的距离有所不同。此表默认显示单位为"km"。

温馨提示：当续驶里程显示数值过低时，请及时对车辆充电。

8. 背光调节档位提示

电源档位处于"OK"档电时，通过调节仪表板" "按键，调节背光亮度，如图 4-41 所示。小灯关闭情况下，该按键仅可以调节组合仪表背光；小灯打开情况下，该按

图 4-41　背光调节档位提示

键能够同步调节组合仪表和仪表板背光。

9. 仪表/返回

仪表非菜单模式时，按下 ◢ 仪表/返回按键，弹出仪表菜单，有行车信息显示内容，如各个轮胎的压力、最近 50km 平均电耗，如图 4-42 所示。

仪表菜单模式时，按下仪表/返回按键，返回上一级界面，无上一级界面则退出菜单。

充电中界面时，按下仪表/返回按键，进入预约充电设置界面。

预约充电界面时，按下仪表/返回按键，退出预约充电。

蓝牙通话界面时，短按结束通话。

a) b)

图 4-42 行车信息

a）轮胎的压力 b）最近 50km 平均电耗

10. 故障/提示信息

故障/提示信息主要包括充电提示和各种故障提示信息，图 4-43 所示。

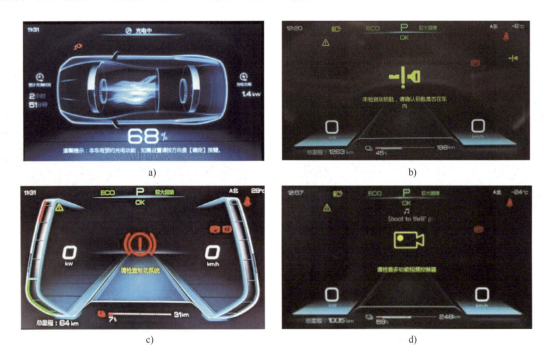

图 4-43 故障/提示信息

a）充电提示信息 b）未检测到钥匙提示信息 c）请检查制动系统 d）请检查多功能视频控制器

11. 车速表

电源档位处于"OK"档电时，车速表指示当前车速值，车速表默认用"km/h"为单位来指示整车的车速，如图 4-44 所示。

12. 新能源汽车报警系统

车辆起动后或行驶中，整车控制器会实时对传感器传送的数据进行检查。如果发现异常，组合仪表 CPU 会使仪表上相应的故障灯亮起。组合仪表指示灯与警告灯标志亮起是提醒驾驶人及时进行处理或维修。报警系统等同于人们所说的"危机意识"，从思想上重视危机的产生是十分必要的，同时，危机预警是避免危机发生的关键所在。

比亚迪秦 Pro EV 的组合仪表指示灯与警告灯标志说明见表 4-5。

图 4-44　车速表

表 4-5　比亚迪秦 Pro EV 的组合仪表指示灯与警告灯标志说明

标志	说明	标志	说明
	驻车制动故障警告灯*		ESP OFF 警告灯（装有时）
	驾驶人座椅安全带指示灯*		防盗指示灯
	充电系统警告灯*		主告警指示灯
	前雾灯指示灯	ECO	ECO 指示灯（装有时）
	后雾灯指示灯		动力蓄电池电量低警告灯
	智能钥匙系统警告灯*		动力蓄电池故障警告灯*
	ABS 故障警告灯*		胎压故障警告灯（装有时）*
	电机冷却液温度过高警告灯		电子驻车状态指示灯
	ESP 故障警告灯（装有时）*	OK	OK 指示灯
	车门状态指示灯*		动力系统故障警告灯*
	SRS 故障警告灯*		动力蓄电池过热警告灯*
	EPS 故障指示灯		动力蓄电池充电连接指示灯
	小灯指示灯		巡航主指示灯（装有时）
	远光灯指示灯	SET	巡航控制指示灯（装有时）
	转向指示灯		

注：具有"*"的指示标记是维护提示指示灯。有关细节，可参看"维护提示指示灯和警告蜂鸣器"部分。

二、新能源汽车组合仪表的工作原理

如图 4-45 所示，组合仪表被唤醒后，仪表控制器以 CAN 网络传输的方式，通过网关与车身控制器（BCM）、整车控制器、充配电总成、安全气囊系统（SRS）、汽车电子稳定控制系统（ESP）等进行通信；同时，以硬线的方式采集灯光（转向信号灯）系统、发电系统、室内灯系统的信号，从而在仪表上显示胎压、车速、功率、安全气囊状态、灯光状态等。

当灯光组合开关置于前照灯档位且变光信号为远光时，组合开关将远光灯亮起的信号传送至 BCM，再由 BCM 通过舒适网 1 CAN 总线传送信号给网关完成数据交换，由网关通过舒适网 2 CAN 总线传送信号至组合仪表 CPU，触发远光灯指示灯亮。组合仪表电路如图 4-46 所示。

三、新能源汽车组合仪表常见故障

结合比亚迪秦 Pro EV 组合仪表的结构与工作原理分析，故障可能原因见表 4-6。

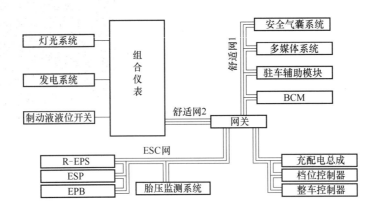

图 4-45　组合仪表系统框图

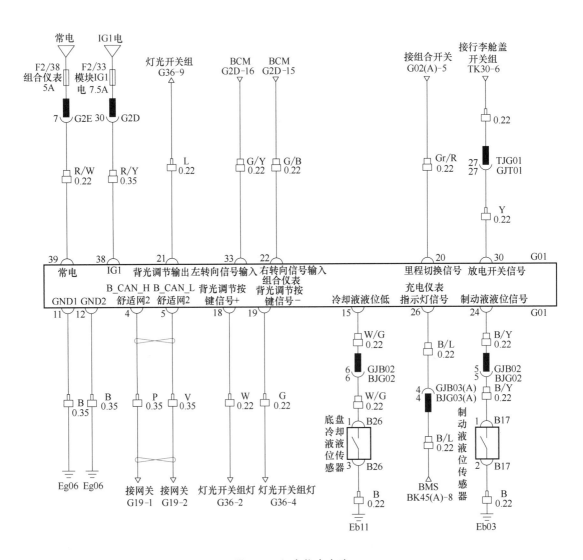

图 4-46　组合仪表电路

表 4-6　新能源汽车组合仪表常见故障分析

故障名称	故障现象	故障原因
仪表异常	整个仪表不工作	电源电路断路、插接器松脱、熔断器烧毁、组合仪表损坏
	仪表背光调节不起作用	组合仪表损坏、线束断路、调节开关损坏
	车速表异常	轮速传感器损坏、ABS 故障、网关故障、组合仪表损坏、CAN 通信故障
	长短里程调节失效	组合仪表损坏、线束断路、调节开关损坏
指示灯不亮或异常	仪表转向指示灯不亮	组合开关损坏、组合仪表损坏、线束断路或插接器松脱
	远光灯指示灯不亮	CAN 通信故障、组合开关损坏、组合仪表损坏
	驻车制动指示灯异常	驻车制动开关损坏、组合仪表损坏、线束断路或插接器松脱
	安全系统指示灯异常	CAN 通信故障、BCM 损坏、组合仪表损坏
	驾驶人座椅安全带指示灯异常	CAN 通信故障、BCM 损坏、驾驶人侧安全带锁扣开关损坏、组合仪表损坏、线束断路或插接器松脱
	防抱死制动装置指示灯异常	CAN 通信故障、ABS 故障、组合仪表损坏
	智能钥匙系统钥匙位置指示灯异常	I-KEY ECU 损坏、CAN 通信故障、BCM 损坏、组合仪表损坏

小　结

1. 新能源汽车仪表的作用是实时反馈汽车的各个系统工作状况，并通过各种指示表指示灯向驾驶人展示。

2. 在车辆下坡时或慢性行驶时，功率指示值可能为负值，表示当前车辆正在给动力蓄电池充电。

3. 比亚迪秦 Pro EV 仪表主要包含电量表、车速表、里程信息、档位指示、室外温度指示等。

4. 续驶里程是根据剩余电量并结合车辆行驶工况计算显示剩余电量所能支持的行驶距离。

5. 当组合仪表指示灯与警告灯标志亮起时，应及时进行处理或维修。

6. 新能源汽车组合仪表常见的故障有仪表异常、指示灯不亮或异常等。

思考题

1. 与传统燃油车相比较，新能源汽车组合仪表有何不同？

2. 在新能源汽车上为什么要设计网关？

3. 当新能源汽车组合仪表车速表异常时，故障原因可能是什么？

4. 仪表转向指示灯不亮的故障原因可能是什么？

5. 比亚迪秦 Pro EV 仪表背光调节如何操作？

测试题

测试题

电动汽车充电系统

项目五

学习目标

知识目标	能力目标	素养目标
1）掌握电动汽车充电系统的主要组成部件和安装位置 2）掌握电动汽车充电系统的功用、结构和工作原理 3）掌握电动汽车外部充电设备的结构与工作原理	1）能进行电动汽车充电系统总成的拆装 2）会进行电动汽车的充电 3）能列出电动汽车充电系统的常见故障，并分析故障原因	1）通过查询资料，养成使用汽车维修手册的自主学习习惯 2）通过完成实训工作任务，培养规范操作意识和安全生产意识

情景导入

黄女士新买了一辆纯电动汽车作为上下班的交通工具，但是对充电的一些注意事项不是很清楚，打电话到服务站请教。你作为客服人员，如何为黄女士解答？

知识提升

动力蓄电池作为纯电动汽车的动力源，其能量（电能）并不是用之不尽的，需要给它进行补给，即需要给它进行充电。电动汽车充电系统就是维持电动汽车运行的能源补给设施，可从供电电源提取能量对动力蓄电池充电，使用的是有特定功能的电力转换装置。

电动汽车充电系统一般都带有交流充电和直流充电两大部分。比亚迪秦 Pro EV 充电系统的组成如图 5-1 所示。

温馨提示：比亚迪秦 Pro EV 充电系统的组成与结构认识请扫视频 5.1 二维码观看。

视频5.1

一、交流充电系统的结构与工作原理

1. 交流充电系统的结构

交流充电系统主要由充电设备、慢充充电口、充配电总成（包括车载充电机、高压控制盒）、高压线束、动力蓄电池、整车控制器和低压控制线束等部件组成。

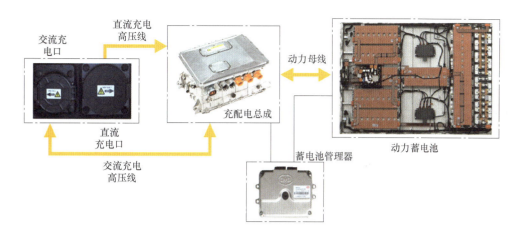

图 5-1　比亚迪秦 Pro EV 充电系统的组成

充电设备主要由交流充电桩或家用交流电源、充电枪组成。交流充电按交流的相数分为单相交流充电和三相交流充电。单相交流充电采用单相 220V 电源，三相交流充电采用三相 380V 电源。比亚迪秦 Pro EV 既可以进行单相 220V 的交流充电，也可以进行三相 380V 的交流充电。

充电设备按交流充电的功率分有 2kW、3.3kW、7kW、40kW，按使用位置分有交流充电桩、壁挂式充电盒（图 5-2）和家用便携式充电枪（图 5-3）。不同功率的交流充电装置对动力蓄电池充满电的时间有所不同，其功率越大充电越快。

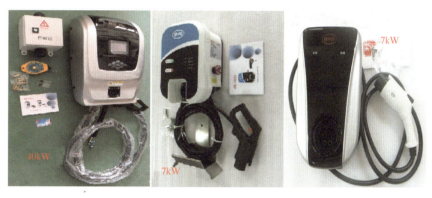

图 5-2　壁挂式充电盒

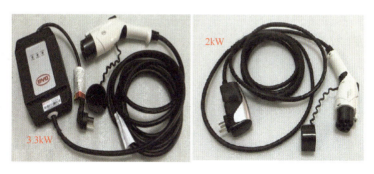

图 5-3　家用便携式充电枪

比亚迪秦 Pro EV 蓄电池充电接口在汽车侧面，有交流充电接口和直流充电接口（图 5-4），右侧是直流充电接口，通过充电站的充电柜将直流高压电直接通过直流充电接口给动力蓄电池充电；左侧是交流充电接口，通过家用插头或交流充电桩接入交流电，通过车载充电机将家用 220V 交流电转为直流高压电给动力蓄电池充电。充电接口端子设计已经标准化，交流充电接口包含七个端子，其端子定义如图 5-5 所示。

图 5-4　比亚迪秦 Pro EV 蓄电池充电接口的位置

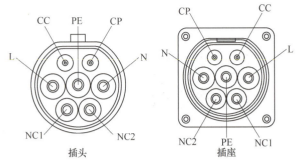

图 5-5　交流充电接口端子定义

　　三相交流充电接口与单相交流充电接口的区别主要在 NC1 和 NC2，单相交流充电接口 NC1 和 NC2 是预留的空脚。其中，PE 为地线，CC 是充电连接，CC 由车载充电控制器输出的 5V 或者 12V 的充电检测电压（秦 Pro EV 2019 款的是 12V），CP 为控制确认线。未插枪状态下，CP 由充电设备输出 12V 的检测电压（国标统一标准）；插枪后，CP 输出 12V 的检测电压转为 PWM 信号。

　　车载充电机是指固定安装在电动汽车上的充电机，是一种将家用 220V 交流电转为直流高压电给动力蓄电池充电的设备。比亚迪秦 Pro EV 车载充电机安装在充配电总成内，如图 5-6 所示。

图 5-6　比亚迪秦 Pro EV 车载充电机

　　电动汽车车载充电机（图 5-7）又称为交流充电机，通过插座和电缆与交流插座连接，以三相或单相交流电源向电动汽车提供充电电源。车载充电机的优点是不管车载蓄电池在任何时候、任何地方需要充电，只要有充电机额定电压的交流插座就可以对电动汽车进行充电。车载充电机的缺点是受电动汽车的空间所限，功率较小、输出充电电流小，蓄电池充电的时间较长。

　　车载充电机主要为小型电动汽车补充电能，其功能如下：

　　1）具有为电动汽车动力蓄电池安全、自动充满电的能力。车载充电机依据 BMS 提供的数据，能动态调节充电电流或电压参数，执行相应的动作，完成充电过程。

图 5-7　车载充电机

　　2）具备高速 CAN 网络与 BMS 通信的功能，判断蓄电池连接状态是否正确，获得蓄电池系统参数及充电前和充电过程中整组和单体蓄电池的实时数据。

　　3）可通过高速 CAN 网络与车辆监控系统通信，上传车载充电机的工作状态、工作参数和故障警告信息，接收启动充电或停止充电控制命令。

　　4）完备的安全防护措施。具体有交流输入过电压保护功能、交流输入欠电压告警功能、交流输入过电流保护功能、直流输出过电流保护功能、直流输出短路保护功能、输出软启动功能，防止电流冲击，在充电过程中，充电机能保证动力蓄电池的温度、充电电压和电流不超过允许值，具有单体蓄电池电压限制功能，自动根据 BMS 的蓄电池信息动态调整充电电流，自动判断充电插接器、充电电缆是否正确连接。当充电机与充电桩和蓄电池正确连接后，充电机才能允许启动充电过程；当充电机检测到与充电桩或蓄电池连接不正常时，立即停止充电、充电联锁功能，保证充电机与电动汽车动力蓄电池连接分开以前车辆不能起动、高压互锁，当有危害人身安全的高电压时，模块锁定无输出和阻燃功能等。

车载充电机的使用注意事项如下：

1）车载充电机：充电线连接确认信号正常，充电机供电电源正常（含 220V 和 12V），充电机工作正常，充电唤醒信号输出正常（12V），车载充电机、整车控制器、SMS 之间通信正常（主继电器闭合、发送电流强度需求）。

2）环境条件：海拔不高于 2000m，相对湿度为 5%～95%，工作温度为-30～70℃，在 50℃ 以上限制输出功率为额定功率的 50%。

3）交流输入：交流工作电压为 220V，单相三线，频率为（50±1）Hz。

4）直流输出：电压为 140～350V，电流为 1～8A，最大功率为 2.5kW。

5）设备安全：符合相关的国家标准要求。

充电系统其他部件在项目二中已经介绍，不再赘述。

2. 交流充电系统的工作原理

比亚迪秦 Pro EV 交流充电原理如图 5-8 所示。

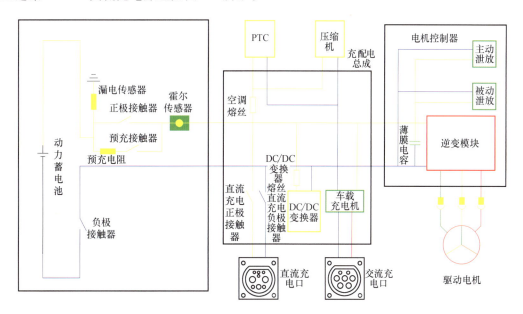

图 5-8　比亚迪秦 Pro EV 交流充电原理

其交流充电过程如下：

1）充电确认阶段（图 5-9）：当交流充电枪插入车上的交流充电接口总成后，车端的 CC 感知到枪端的 CC 与 PE 的电阻 RC，车端的 CC 与枪端的 CC、RC、PE 形成回路，枪端的 CP 与 R3 形成回路。

2）车辆充电准备（图 5-10）：CC 端的电压（检测点 3）被拉低，车辆充配电总成控制模块接收到拉低的电压，被告知车辆要进行充电了，仪表的充电指示灯亮起，这时车辆充配电总成控制模块通过充电感应信号唤醒 BMS。

3）车辆准备就绪（图 5-11）：BMS 开始工作，控制相对应的接触器闭合（预充接触器，主正、负极接触器等），然后枪端的 CP 感知到车端的 R3 电阻，电压被拉低到 9V 左右，充配电总成控制模块控制 S2 闭合。

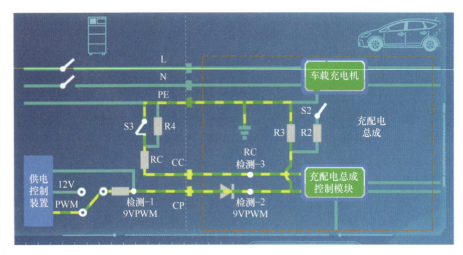

图 5-9　充电确认阶段

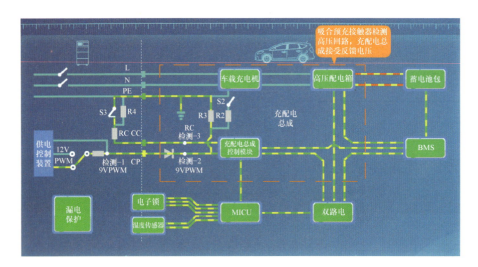

图 5-10　车辆充电准备

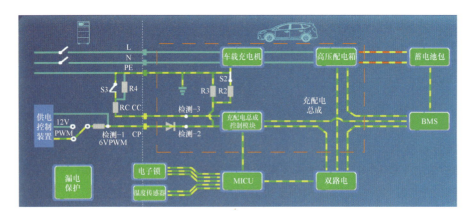

图 5-11　车辆准备就绪

4）充电设备准备就绪（图 5-12）：当车端 S2 闭合，R2 被检测到，电压再次被拉低到 6V 左右（因电枪规格不同），这时充电设备被告知与车的连接状态和车内的控制动作已完成，充电设备控制相关接触器闭合（K1、K2）。

5）充电功率确认（图 5-13）。

6）充电过程（图 5-14）：充电设备上的交流电经过对接口进入车载充电机，由车载充电机把交流

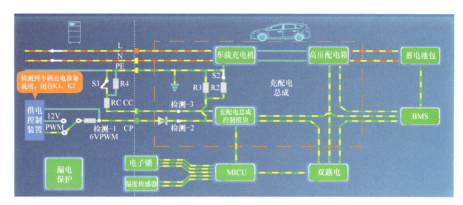

图 5-12　充电设备准备就绪

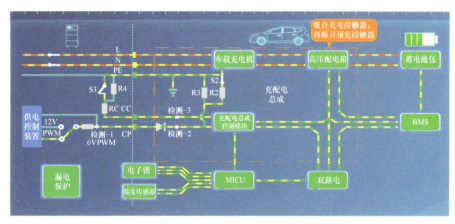

图 5-13　充电功率确认

电进行转换（交流变直流）与升压后给动力蓄电池充电；同时，转换成的直流高压电也流入 DC/DC 变换器，让 DC/DC 变换器工作，给车上辅助蓄电池充电。

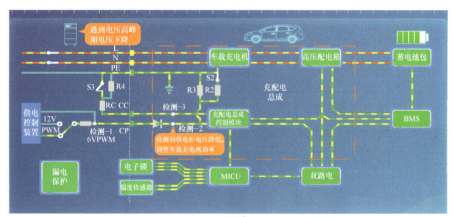

图 5-14　充电过程

7）充电结束（图 5-15）：长按充电枪按钮 1~3min，拔掉充电枪。

整个交流充电时序如图 5-16 所示。

正常充电下仪表的显示如图 5-17 所示。充电成功后，仪表中的右上角红色充电指示灯亮起；同时，仪表显示"充电中""当前电量""充电功率""预计充满时间"等。

充电成功后，仪表中的右上角红色充电指示灯亮起；同时，仪表显示"充电中""当前电量""充电功率""预计充满时间"等。

一般情况下，当充电完成后，相应的接触器自动断开。在车辆充电过程中要拔掉充电枪时，需先

L
N
PE
S3
R4
RC
CC
供电控制装置
12V
PWM
检测-1
9VPWM
CP
R3
R2
S2
RC
检测-3
检测-2
车载充电机
高压配电箱
蓄电池包
充配电总成控制模块
充配电总成
BMS
漏电保护
电子锁
温度传感器
MICU
双路电

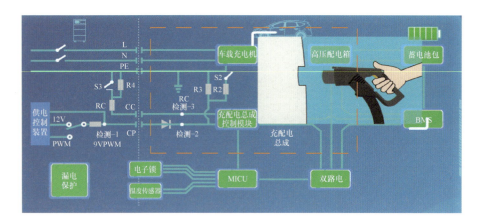

图 5-15　充电结束

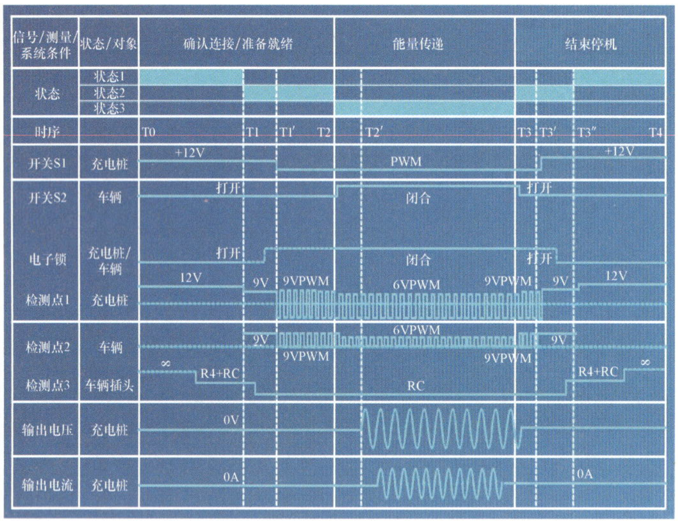

信号/测量/系统条件
状态/对象
确认连接/准备就绪
能量传递
结束停机
状态
状态1
状态2
状态3
时序
T0
T1
T1'
T2
T2'
T3
T3'
T3''
T4
开关S1
充电桩
+12V
PWM
+12V
开关S2
车辆
打开
闭合
打开
电子锁
充电桩/车辆
打开
闭合
打开
检测点1
充电桩
12V
9V
9VPWM
6VPWM
9VPWM
9V
12V
检测点2
车辆
9V
9VPWM
6VPWM
9VPWM
9V
检测点3
车辆插头
∞
R4+RC
RC
R4+RC
∞
输出电压
充电桩
0V
输出电流
充电桩
0A
0A

图 5-16　整个交流充电时序

长按充电枪上的按钮（图 5-18）1~3min，再拔掉充电枪，防止因拔枪过快有电弧伤人。长按枪上的按钮可以改变充电枪里 CC 与 PE 之间的电阻值（按下按钮变成 3.3kΩ 或无穷大，因枪而异），告知车载设备要停止充电了，这时相应的接触器断开，再拔枪就安全了。

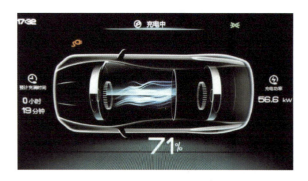

17:32
充电中
预计充满时间
0小时
19分钟
充电功率
56.6 kW
71%

图 5-17　正常充电下仪表的显示

按钮

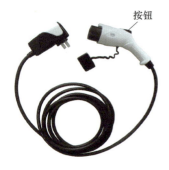

图 5-18　充电枪按钮

为了防止家用类的充电枪被偷或充电时充电枪被拔掉，还设置了交流充电锁（图 5-19）。

电锁的应急解锁就是在电子功能失效时通过电锁的应急锁（图 5-20）拉开锁销，从而拔下充电枪。

图 5-19 交流充电锁

图 5-20 应急锁

二、直流充电系统的结构与工作原理

1. 直流充电系统的结构

直流充电主要是通过充电站的充电柜将直流高压电直接通过直流充电接口给动力蓄电池充电（图 5-21），其充电电压和电流都有多种选择。

直流：200～500V、350～700V、500～950V
直流充电电流优选值：80A、100A、125A、160A、200A、250A

图 5-21 直流充电的模式

直流充电系统主要由直流充电桩、快充接口、充配电总成（含高压配电盒）、动力蓄电池、整车控制器、高压线束和低压控制线束等组成。

大部分纯电动汽车的直流充电接口都是采用国家统一标准的九星孔充电接口，其结构与端子定义如图 5-22 所示。

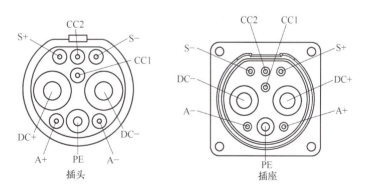

图 5-22 直流充电接口的结构与端子定义

S+—充电通信 CAN-H　S-—充电通信 CAN-L　CC1—充电连接确认 1　CC2—充电连接确认 2
PE—保护搭铁端子　DC+—直流电源正　DC-—直流电源负　A+—低压辅助电源正　A-—低压辅助电源负

比亚迪秦 Pro EV 直流充电枪接口与车上直流充电接口实物图如图 5-23 所示。

2. 直流充电系统的工作原理

直流充电枪接口与车上直流充电接口对接图如图 5-24 所示。

图 5-23　直流充电接口

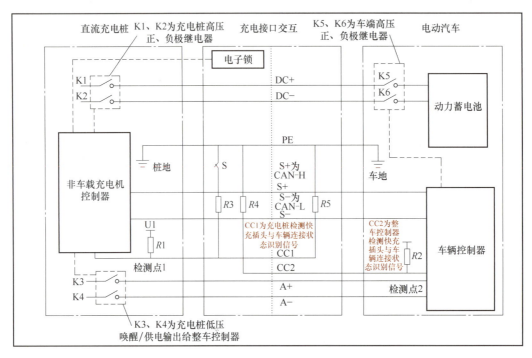

图 5-24　直流充电枪接口与车上直流充电接口对接图

当在车上直流充电接口插上直流充电枪后，首先枪上的辅助电源（A+和 A−）给车辆控制装置提供工作电源，然后车端的 CC2 检测到直流充电枪端的电阻 R4，电压被拉低，告知车辆充电枪已连接成功，准备就绪充电，从而控制车内直流充电的正负极接触器（K5、K6）闭合；其次，直流充电枪接口端的 CC1 检测到车上直流充电接口端的电阻 R5，告知充电设备准备就绪充电，从而控制充电桩的直流正、负极接触器（K1、K2）闭合，同时通过 CAN 总线（S+和 S−）识别到车上动力蓄电池的额定电压信息，直流充电设备接收该信息，从而控制 K1 和 K2 端输出合适的直流电对车上的动力蓄电池充电；同时，CAN 总线（S+和 S−）监测充电过程中相关信息，让充电设备与车辆在充电过程中时刻保持着通信。

三、电动汽车外部充电设备

电动汽车外部充电设备的类型主要有充电桩、充电站和换电站。

1. 充电桩

电动汽车充电桩（图 5-25）是为具有车载充电机的电动汽车提供充电电源的专用供电装置。

充电桩按充电方式分，可分为直流充电桩、交流充电桩和交直流一体充电桩。

充电桩按充电接口数分，可分为一桩一充和一桩多充。

充电桩按安装方式分，可分为落地式充电桩和挂壁式充电桩。落地式充电桩

图 5-25　电动汽车充电桩

适合安装在不靠近墙体的停车位；挂壁式充电桩适合安装在靠近墙体的停车位。

充电桩按安装地点分，可分为公共充电桩和专用充电桩。公共充电桩是建设在公共停车场（库），结合停车泊位，为社会车辆提供公共充电服务的充电桩。专用充电桩是建设在单位（企业）自有停车场（库），为单位（企业）内部人员使用的充电桩和建设在个人自有车位（库），为私人用户提供充电的充电桩。安装在户外的充电桩的防护等级不应低于 IP54，安装在户内的充电桩的防护等级不应低于 IP32。

交流充电桩结构简单，占地面积小，安装方便，可安装在电动汽车充电站、公共停车场、住宅小区停车场、大型商场停车场等室内或室外场所，操作使用简便，使用普遍。交流充电桩分为单相和三相两种，单相充电桩的最大额定功率为 7kW，主要用于小型乘用车（纯电动汽车或可插电混合动力电动汽车）充电，根据车辆配置蓄电池容量，充满电的时间一般需要 3~8h。三相交流充电桩的最大额定功率为 43kW，可进行快速充电，一般规定 0.5h 充电达到动力蓄电池容量的 80%。

充电桩的输入端与交流电网直接连接，输出端装有充电插头，用于为电动汽车充电。充电桩一般提供常规充电和快速充电两种充电方式，人们可以使用特定的充电卡在充电桩提供的人机交互操作界面上刷卡操作，进行相应的充电方式、充电时间、费用数据打印等操作，充电桩显示屏能显示充电量、费用和充电时间等数据。

电动汽车充电桩原理图如图 5-26 所示。

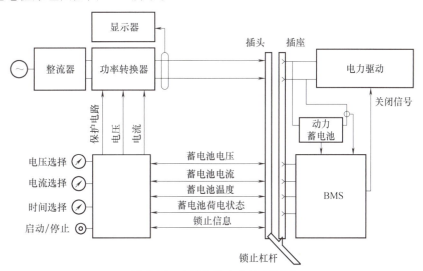

图 5-26 电动汽车充电桩原理图

2. 充电站和换电站

电动汽车充电站（图 5-27）是为电动汽车充电的站点，通常配备多台直流充电机和交流充电桩。

电动汽车换电站是为电动汽车的动力蓄电池提供快速更换的能源站，一般和充电配备组合为充换电站（图 5-28）。其占地面积大，需要专用的库房来存放蓄电池组，同时配备必要的蓄电池更换设施和直流充电机或交流充电桩，以便对更换下来的蓄电池组进行集中充电。

图 5-27 电动汽车充电站

图 5-28 电动汽车充换电站

3. 外部充电设备使用的注意事项

1）使用外部充电设备之前，一定要认真阅读产品运用说明书，熟悉使用方法。

2）充电开始时，一般都会有语音提示，绿灯表示充电桩处于无故障待机状态，黄灯表示充电桩处于充电状态，红灯表示故障状态或者网络断开状态。充电时，应检查是否有电流、电压等数据，这些数据显示在显示屏上，确保已经在充电。

3）在充电过程中，不要起动车。一边充电一边放电对蓄电池的损害大，应该避免。充电过程中，不要采取任何异常方式停止充电（例如拔枪），以免对蓄电池产生损害。

四、电动汽车充电系统的常见故障

充电系统的常见故障见表 5-1。

表 5-1 充电系统的常见故障

序号	故障名称	故障现象	故障原因
1	车辆无法充电	车辆在使用充电桩充电时，充电桩指示灯亮，充电器电源工作灯亮，车辆无法充电	动力蓄电池控制器故障、动力蓄电池故障、通信故障
2	充电时充电桩跳闸	车辆在使用充电桩充电时，充电桩跳闸，充电器无法充电	充电器内部短路
3	充电器指示灯不亮	车辆在使用充电桩充电时，充电器指示灯不亮，车辆无法充电	充电器内部故障、充电唤醒信号中断或互锁电路故障
4	充电桩显示车辆未连接	车辆在使用充电桩充电时，充电桩显示车辆未连接，无法充电	枪口端的 CC 与 PE 之间的电阻故障，车端 CC 电路故障
5	动力蓄电池继电器未闭合	车辆在使用充电桩充电时，充电桩显示车辆已连接，无法充电	充电唤醒信号中断或互锁电路故障
6	充电电流为 0	充电桩显示屏可以正常触屏，故障指示灯不亮，刷卡正常，但显示充电的电流为 0，车辆无法充电	充电桩主控板故障，继电器模块电源电路故障
7	无法刷卡	充电桩显示屏可以正常触屏，故障指示灯不亮，刷卡无反应，车辆无法充电	读卡器电路故障，读卡器故障，IC 卡磁被磁化
8	车仪表显示充电连接中	充电指示灯亮，但一直显示充电连接中，车辆无法充电	充电设备 CP 电路故障，车端 CP 电路故障
9	家用便携式充电枪无法充电	在家用便携式充电枪无法充电，但室外的充电桩可以充电	便携式充电枪故障，家用电缺少地线
10	低压无 13.5~14V 输出	低压充电指示灯亮起，车辆有高压电	DC/DC 变换器本身故障，DC/DC 变换器熔丝故障

📖 小结 ···

1. 电动汽车充电系统主要由外部充电设备、充电接口、车载充电机、高压线束、控制装置、动力蓄电池、整车控制器和控制线束等部件组成。

2. 电动汽车充电模式主要有交流（慢速）充电和直流（快速）充电两种，它们都有各自的优缺点。

3. 电动汽车外部充电设备的类型主要有充电桩、充电站和换电站。

4. 充电桩是为具有车载充电机的电动汽车提供充电电源的专用供电装置。充电桩按充电方式分，可分为直流充电桩、交流充电桩和交直流一体充电桩。

5. 车载充电机与外部充电设备的使用应严格按照使用说明书进行。

6. DC/DC 变换器将动力蓄电池组高电压转换为 13～14V 的低压电压，既能给全车电器供电，又能给辅助蓄电池充电。

1. 电动汽车充电系统的主要组成与工作原理是什么？

2. DC/DC 变换器的作用与工作原理是什么？

3. 纯电动汽车如何选择充电模式？

4. 如何正确使用交流充电设备？

5. 车载充电机与外部充电设备的使用过程中有哪些注意事项？

测试题

燃料电池电动汽车　项目六

知识目标	能力目标	素养目标
1）掌握燃料电池系统的结构、类型及工作原理 2）掌握燃料电池电动汽车的工作原理	1）能读取汽车信息显示屏的各种信息及使用各操纵机构 2）能进行燃料电池电动汽车的维护 3）能列出供电常见故障，并分析故障原因	1）通过查询资料，养成使用汽车维修手册的自主学习习惯 2）通过完成实训工作任务，培养规范操作意识和安全生产意识

情景导入

张先生购买了丰田 Mirai 燃料电池电动汽车。交车时，4S 店派出了售后服务工程师就车辆的使用与日常维护对张先生进行了培训与指导。

知识提升

一、燃料电池电动汽车的结构

1. 燃料电池电动汽车的定义及特点

燃料电池电动汽车（Fuel Cell Electric Vehicle，FCEV）是以燃料电池（Fuel Cell，FC）作为单一动力源，或是以燃料电池系统与可充电储能系统作为混合动力源的电动的汽车。

燃料电池电动汽车的主要特点如下：

1）零排放，不污染环境。燃料电池的燃料是氢和氧，生成物是清洁的水。

2）能量转化效率高。燃料电池的能量转换效率可达 60%~80%，为内燃机的 2~3 倍。

3）氢燃料来源广泛，可以从可再生能源获得，不依赖石油燃料。

4）燃料电池成本过高，而且燃料的储存和运输按照目前的技术条件来说非常困难。

5）燃料电池汽车的技术复杂，发展较为缓慢，短时间内还无法替代传统汽车。

2. 燃料电池电动汽车的组成

燃料电池电动汽车一般由燃料罐、燃料电池、控制系统、驱动系统、辅助动力系统和蓄电池组等部分构成（图6-1）。

（1）燃料电池组 燃料电池组是燃料电池电动汽车的动力源，由多个1V以下的燃料电池串联组成，是一种将储存在燃料和氧化剂中的化学能通过电极反应直接转化为电能的发电装置。

以质子交换膜燃料电池为例，单体燃料电池主要由质子交换膜、催化剂层、气体扩散层、阳极和阴极等组成，如图6-2所示。正、负极板采用活性炭制成，置于电解质溶液中。

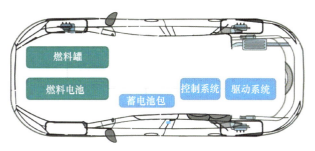

图6-1 燃料电池电动汽车的基本结构

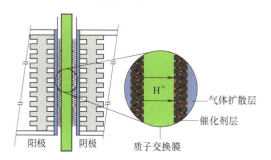

图6-2 单体燃料电池的组成

燃料电池工作时，外界不断供给阳极氢气，供给阴极空气（图6-3），在催化剂（铂、多孔石墨等）的作用下，产生以下反应：

阳极反应

$$2H_2 \rightarrow 4H^+ + 4e^-$$

阴极反应

$$O_2 + 4H^+ + 4e^- \rightarrow 2H_2O$$

氢气在阳极经催化剂的作用下，氢原子中的电子被分离出来，电子通过外电路回到电池阴极，失去电子的氢离子，穿过高分子膜电解质到达阴极，在阴极与氧及电子结合为水，氧可从空气中获得，只要不断地供给氢气和带走水，燃料电池就可以不断产生电能。

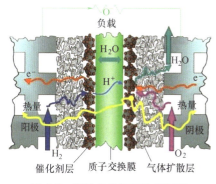

图6-3 燃料电池的工作原理图

（2）控制系统（图6-4） 控制系统用于控制燃料电池堆的反应过程（起动、反应、输出电能的调整、停止等）和电动机的运行过程，所有工作状态由各种传感器采集，集中反馈到整车控制器，由各控制器控制燃料电池组和驱动电机以及储氢罐安全运行。

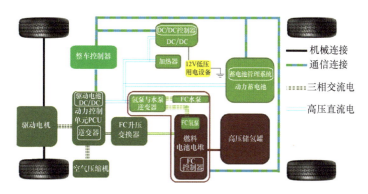

图6-4 燃料电池汽车工作状态监控管理

（3）驱动系统 燃料电池的电流需要经过专用的大功率动力DC/DC变换器，将燃料电池产生的直流电转换为稳压的直流电流，然后经过逆变器转换为交流电输送给驱动电机，驱动车轮转动。

（4）辅助动力系统　通常在燃料电池电动汽车上要装配一个蓄电池组作为辅助电源，其作用如下：

1）用于燃料电池电动汽车快速起动。

2）用于储存燃料电池电动汽车在再生制动时反馈的电能。

3）为电动汽车控制系统和照明系统等电气设备提供低压电源。

燃料电池电动汽车的工作原理图如图 6-5 所示。

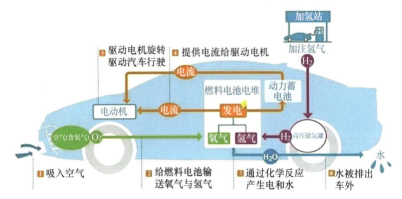

图 6-5　燃料电池电动汽车的工作原理图

温馨提示：燃料电池电动汽车的结构组成与工作原理请扫视频 6.1 二维码观看。

二、燃料电池的结构与工作原理

1. 燃料电池的分类

（1）按燃料类别和反应机理分类　燃料电池按燃料类别和反应机理可分为氢型、碳型、氮型和有机物型燃料电池，其中以氢气、甲醇、联氨、一氧化碳等为燃料的电池统称为氢氧燃料电池，还有以铝、镁、锂和锌等轻金属为燃料的金属燃料电池。

（2）按电池工作温度分类　燃料电池按电池工作温度可分为高温燃料电池、中温燃料电池和常温燃料电池。

（3）按电解液类别分类　燃料电池主要有质子交换膜燃料电池、碱性燃料电池、磷酸燃料电池、熔融碳酸盐燃料电池、固态氧化物燃料电池。各种类型燃料电池对比见表 6-1。

表 6-1　各种类型燃料电池对比

类型	电解质	导电离子	工作温度/℃	燃料	氧化剂
碱性燃料电池	KOH	OH^-	80	氢气	氧气
磷酸燃料电池	H_3PO_4	H^+	200	重整气	空气
质子交换膜燃料电池	质子交换膜	H^+	$60\sim100$	氢气、重整气	空气
熔融碳酸盐燃料电池	Na_2CO_3	CO_3^{2-}	650	净化煤气、天然气、重整气	空气
固态氧化物燃料电池	$ZrO_2\text{-}Y_2O_3$	O^{2-}	1000	净化煤气、天然气	空气

2. 燃料电池的结构与工作原理

（1）质子交换膜燃料电池（Proton Exchange Membrane Fuel Cell，PEMFC）　采用氟系高分子膜作为电解质，工作温度为 $60\sim100℃$。

单体燃料电池由质子交换膜、催化剂层、气体扩散层、双极板（阴极、阳极）四种基本元件组成（图 6-6）。双极板可采用石墨板、金属板或复合板；质子交换膜采用改性的全氟型磺酸膜，它具有电导率高、化学稳定性好、热稳定性好、力学性能良好、反应气体的透气率低、水的电渗系数小、价格低廉等优点。

工作时，氢在阳极被转变成氢离子的同时释放出电子，电子通过外电路回到电池阴极，与此同时，氢离子通过电池内部高分子膜电解质到达阴极。在阴极,氧气转变为氧原子,氧原子得到从阴极传过来的电子变成氧离子,和氢离子结合生成水。

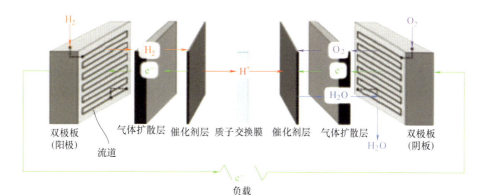

图 6-6 质子交换膜燃料电池的组成

（2）熔融碳酸盐燃料电池（Molten Carbonate Fuel Cell，MCFC） 熔融碳酸盐燃料电池使用熔化的碳酸盐（碳酸锂、碳酸钾）作为电解质,由多孔陶瓷阴极、多孔陶瓷电解质隔膜、多孔金属阳极、金属极板构成的燃料电池。工作温度为 $600 \sim 700℃$,在高温下,这种盐就会溶解,产生碳酸根离子,从阴极流向阳极,与氢结合生成水、二氧化碳和电子。然后电子通过外部回路返回到阴极,在这个过程中发电（图 6-7）。

阴极

$$CO_2 + \frac{1}{2}O_2 + 2e^- \rightarrow CO_3^{2-}$$

阳极

$$H_2 + CO_3^{2-} \rightarrow H_2O + CO_2 + 2e^-$$

总的反应方程式

$$H_2 + \frac{1}{2}O_2 + CO_2（阴极）\rightarrow 2H_2O + CO_2（阳极）$$

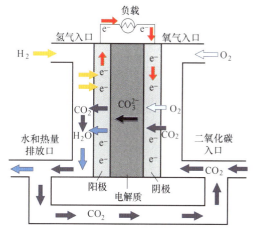

图 6-7 熔融碳酸盐燃料电池的工作原理图

（3）固态氧化物燃料电池（Solid Oxide Fuel Cell，SOFC） 固态氧化物燃料电池属于第三代燃料电池,是一种在中高温下直接将储存在燃料和氧化剂中的化学能高效、对环境友好地转化成电能的全固态化学发电装置。其被普遍认为是在未来会与质子交换膜燃料电池一样得到广泛普及应用的一种燃料电池。

固态氧化物燃料电池的工作温度比熔化的碳酸盐燃料电池的温度要高,其工作温度为 $800 \sim 1000℃$ 。科学家也正在努力开发低温固态氧化物燃料电池,其工作温度可以降低至 $650 \sim 700℃$ 。

其单体电池由阳极、阴极和固体氧化物电解质组成（图 6-8）,阳极为燃料发生氧化的场所,阴极为氧化剂还原的场所,两极都含有加速电极电化学反应的催化剂。在这种燃料电池中,在阴极发生氧化剂（氧或空气）的电还原反应,即氧气接触电子后生成氧离子（O^{2-}）,O^{2-}进入电解质借助电解质中的氧空位向阳极迁移。氧的电还原反应可由下式表示

$$\frac{1}{2}O_2 + 2e^- \rightarrow O^{2-}$$

在阳极发生燃料（氢或富氢气体）的电氧化反应,即氢与经电解质传导过来的氧离子（O^{2-}）反应生成水,同时外电路释放电子,电子经外电路到达阴极。氢的电氧化反应可由下式表示

$$H_2 + O^{2-} \rightarrow H_2O + 2e^-$$

电池的总反应是氧与氢反应生成水

$$2H_2 + O_2 \rightarrow 2H_2O$$

如果燃料是 CO，阳极产物则是 CO_2，其反应过程与氢/氧固态氧化物燃料电池类似。

当氧离子从阴极移动到阳极氧化燃料气体（主要是氢和一氧化碳的混合物）时便产生能量。阳极生成的电子通过外部电路移动返回到阴极上，减少进入的氧气，从而完成循环发电。

（4）磷酸燃料电池（Phosphoric Acid Fuel Cell，PAFC）　磷酸燃料电池是当前商业化发展得最快的一种燃料电池，使用液体磷酸为电解质。磷酸燃料电池的工作温度为 150~200℃，但仍需电极上的铂金催化剂来加速反应。由于工作温度较高，所以其阴极上的反应速度比质子交换膜燃料电池的阴极的反应速度快，且较高的工作温度使其对杂质的耐受性较强。磷酸燃料电池的效率比其他燃料电池低，约为 40%，其加热的时间也比质子交换膜燃料电池长。其优点是结构简单、稳定，电解质挥发度低等。磷酸燃料电池可作为公共汽车的动力。单体磷酸燃料电池的工作原理如图 6-9 所示。

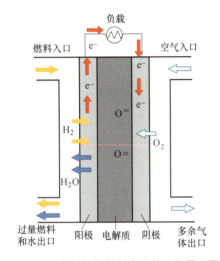

图 6-8　固态氧化物燃料电池的工作原理图

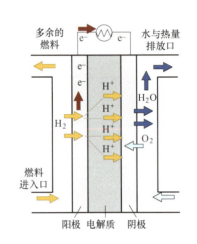

图 6-9　单体磷酸燃料电池的工作原理

阳极反应

$$H_2 \rightarrow 2H^+ + 2e^-$$

阴极反应

$$\frac{1}{2}O_2 \rightarrow 2H_2 + 2e^- \rightarrow H_2O$$

（5）碱性燃料电池（Alkaline Fuel Cell，AFC）
碱性燃料电池用碱性液体氢氧化钾等作为电解质，工作温度是室温，是早期开发的产品。因为以液态氢为燃料的碱溶液型燃料电池造价昂贵，在汽车上应用受限。

碱性燃料电池以氢为燃料，纯氧或者脱除微量二氧化碳的空气为氧化剂。其工作原理如图 6-10 所示。

在阳极，氢气与碱中的 OH^- 在电催化剂的作用下，发生氧化反应生成水和电子

$$H_2 + 2OH^- \rightarrow H_2O + 2e^-$$

电子通过外电路到达阴极，在阴极电催化剂的作用下，参与氧的还原反应为

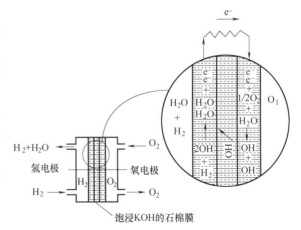

图 6-10　碱性燃料电池的工作原理

$$\frac{1}{2}O_2 + H_2O + 2e^- \rightarrow 2OH^-$$

生成的 OH^- 通过饱浸碱液的多孔石棉膜迁移到氢电极。

为保持碱性燃料电池连续工作，除需与碱性燃料电池消耗氢气、氧气等速地供应氢气、氧气外，还需连续、等速地从阳极（氢极）排出碱性燃料电池反应生成的水，以维持电解液浓度的恒定；排除碱性燃料电池反应的废物热，以维持碱性燃料电池工作温度的恒定。一个单体碱性燃料电池的工作电压为 0.6~1.0V。

三、燃料电池汽车的工作原理

丰田 Mirai 燃料电池电动汽车外观与动力搭载如图 6-11 所示。燃料电池与能量控制单元安装于车辆前机舱区域，三个高压氢罐被设计在座舱底部呈 T 形布置，驱动电机与动力蓄电池位于后轴区域。

a)   b)

图 6-11 丰田 Mirai 燃料电池电动汽车外观与动力搭载

a）外观 b）动力搭载

第二代丰田 Mirai 燃料电池汽车于 2020 年 12 月 9 日在日本正式发布，配套的燃料电池电堆精简了尺寸，容积从 33L 降至 24L，质量从 41kg 降至 24kg，在实现轻量化的同时，最大输出功率从 114kW 提升至 128kW，改善率达到 15%，功率密度提升至 5.4kW/L。其主要应用性能见表 6-2。

表 6-2 丰田 Mirai 燃料电池汽车主要应用性能

部件	性能参数	数值
整车	续驶里程/km	约 850
	最高时速/（km/h）	175
	0→100km 加速时间/s	9.6
燃料电池堆	峰值功率/kW	128
	体积功率密度/（kW/L）	5.4（不包含端板）
	质量功率密度/（kW/kg）	5.4（不包含端板）
单体电池	数量/片	330（一排堆叠）
	厚度/mm	1.11
	质量/g	72.7
高压氢罐	数量/个	3
	容量/L	141（64+52+25）
	额定工作压力/MPa	70
	质量储氢密度/wt%	6.0
	加氢时间/min	5
驱动电机	最大功率/kW	134
	最大转矩/N·m	300

注：续驶里程是室外气温 20℃、罐内压力从 70MPa 减小到 10MPa 时的行驶距离。

丰田 Mirai 燃料电池电动汽车工作原理图如图 6-12 所示，氢气与空气中的氧气在燃料电池发生化学反应产生电能和水，电能驱动汽车行驶。

在汽车起动和开始行驶时，动力电池组处于电量饱满状态，其能量输出可以满足汽车起动要求，

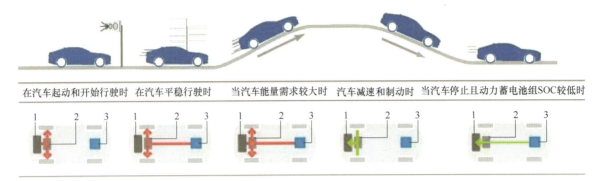

图 6-12 丰田 Mirai 燃料电池电动汽车工作原理图

由其为驱动电机提供能量，并对燃料电池进行预热，燃料电池动力系统不需要工作；在汽车平稳行驶时，燃料电池动力系统为驱动电机提供能量；当汽车能量需求较大时，燃料电池动力系统与动力蓄电池组同时为驱动系统提供能量；当汽车能量需求较小时，燃料电池动力系统为驱动系统提供能量的同时，给动力蓄电池组充电；当汽车减速和制动时，进行能量回收，给动力蓄电池组充电；当汽车停止且动力蓄电池组 SOC 较低时，燃料电池动力系统将会发电，并为动力蓄电池充电。

如图 6-13 所示，丰田 Mirai 燃料电池电动汽车不仅是一辆汽车，还可以作为一个移动电站，在家里停电的紧急情况下，可以用它为用电器供电，最大可以提供 9kW 的功率。

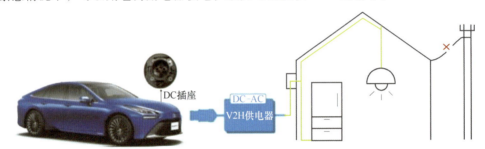

图 6-13 丰田 Mirai 燃料电池电动汽车为室内供电

四、燃料电池电动汽车的使用与维护

1. 燃料电池电动汽车的使用

以丰田 Mirai 燃料电池电动汽车为例，与传统汽车不同，使用时应注意以下问题：

1）应熟读车辆使用说明书，熟悉驾驶室配置（图 6-14）及各操纵机构使用。

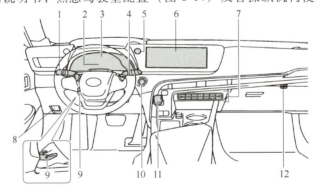

图 6-14 丰田 Mirai 燃料电池电动汽车驾驶室配置

1—转向信号灯操纵杆和灯光按钮 2—多信息显示屏 3—仪表 4—刮水器和车窗清洗按钮
5—紧急闪光灯按钮 6—多媒体显示屏 7—空调系统控制面板 8—机舱盖开启按钮
9—转向盘位置调整按钮 10—起动按钮 11—变速杆 12—行李舱开启按钮

2）应熟悉汽车信息显示屏的各种信息（图 6-15），尤其是与传统汽车不同的信息。

汽车信息显示屏用于显示燃油效率相关信息和各种类型的驾驶相关信息，还可用于更改显示设置和其他设置。左侧为氢燃料计量表，中间为行车 ECU 信息显示区域，右侧为档位指示灯等。当车辆起动后，系统进行自检的同时，各种指示灯将会亮起。

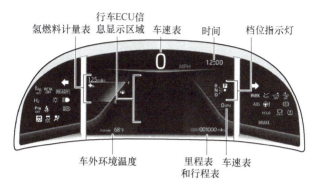

图 6-15　汽车信息显示屏

① 各种指示灯（表 6-3）。

表 6-3　丰田 Mirai 燃料电池电动汽车仪表盘部分信息

标志	内容	标志	内容
H₂	氢气泄漏警告灯	P OFF	丰田驻车辅助传感器 OFF 指示灯
RCTA OFF	RCTA 关闭指示灯		打滑指示灯
RCD OFF	RCD 关闭指示灯	OFF	VSC OFF 指示灯
	LTA 指示灯	OFF	PCS 警告灯
	BSM 外后视镜指示灯		动态雷达巡航控制指示灯
	安全保障指示灯		制动优先系统警告灯
READY	READY 指示灯		机舱盖开启指示灯
	冷却液温度过高警告灯		燃料电池系统过热警告灯
SPORT	动力模式指示灯	SNOW	雪地模式指示灯
ECO	经济模式指示灯	Br	档位指示灯

② 行车 ECU 信息显示区域。通过转向盘左侧的仪表控制按钮对行车 ECU 信息显示的情况进行切换与查看。其信息变化如图 6-16 所示。

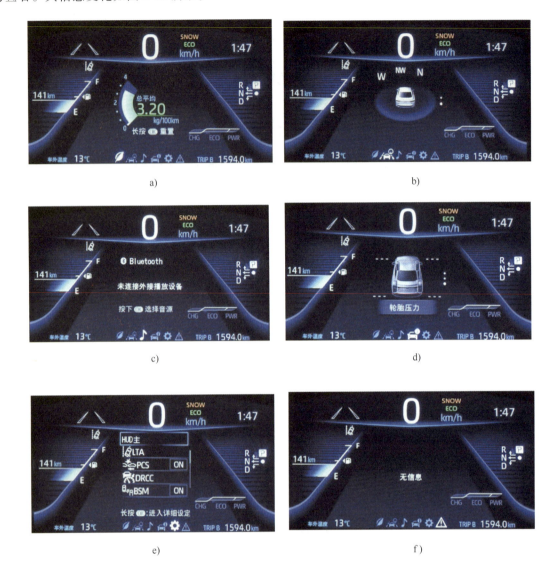

a)

b)

c)

d)

e)

f)

图 6-16　行车 ECU 信息显示区域

a）行驶信息显示　b）行驶支持系统信息显示　c）音频系统链接显示

d）车辆信息显示　e）设置显示　f）警告信息显示

③ 车辆信息显示用于显示燃料电池系统状态（表 6-4）。

表 6-4　显示燃料电池系统状态

电池系统状态	示意图	电池系统状态	示意图
用燃料电池电堆的电行驶时		用燃料电池电堆和驱动电池的电行驶时	

（续）

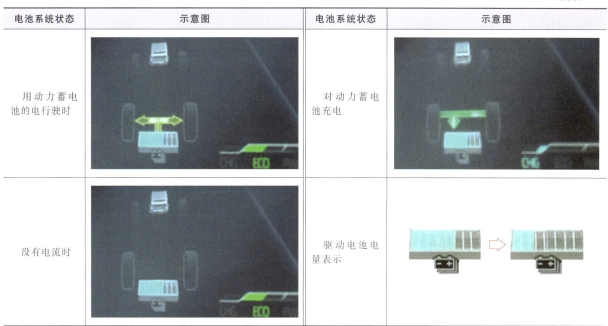

电池系统状态	示意图	电池系统状态	示意图
用动力蓄电池的电行驶时		对动力蓄电池充电	
没有电流时		驱动电池电量表示	

④ 燃料电池系统显示与环保评定（图 6-17）。

2. 燃料电池电动汽车的维护

以丰田 Mirai 燃料电池电动汽车为例，由于它有动力蓄电池，所以凡是纯电动汽车维护的注意事项同时适用于燃料电池汽车。另外，还要注意其不同的要求。

（1）充氢　充氢口在汽车左后方（图 6-18），氢压力为 70MPa，充氢瞬时最高压力为 87.5MPa。充氢注意点如下：

图 6-17　燃料电池系统显示与环保评定

图 6-18　充氢

1）充氢前，车窗和车门关闭，关掉能量按钮，挂行车制动档，关掉灯光。

2）充氢时，禁止香烟等明火靠近。

充氢时，充入的气体很冷，充氢管和汽车充氢口的表面也会变得很冷，甚至表面会结霜，刚充完氢后，不要用手去摸充氢管或者汽车充氢口，手有可能被冻伤。

3）不要使用指定以外的燃料，可能会发生故障。

4）充氢完成后，必须把盖子盖上。若有异物进入燃料充氢口，可能会发生氢泄漏等故障。

（2）充电　丰田 Mirai 燃料电池汽车由燃料电池电堆给动力蓄电池充电，不需要从车外充电，但是，如果车辆长时间放置，电池会有少量的放电，所以至少需要 2~3 个月充电 30min 或者行驶 16km。电池的电全部放完了，燃料电池系统不能启动时，应联系 4S 店。

（3）洗车时的注意点

1）驱动电机舱内不要用水清洗，电器部分接触到水会引发车辆火灾。

2）前风窗玻璃清洗时，刮水器按钮要打在 OFF 档。如果打在 AUTO 档，可能会导致刮水器运动，发生夹手等事故。

3）充燃料口的盖子可以拿下来清洗，但是不能直接用水来冲洗充燃料的口。如果充燃料口有水进入，会引起故障。

4）用高压洗车机洗车时，喷嘴的前端不能接近燃料电池电堆、驱动产品、转向器、悬架、制动部分的连接部，因为如果水压高，产品容易受到损伤。

（4）注意防水

1）车底部、行李舱、动力蓄电池加冷却液的口等不能有水进入，因为如果动力蓄电池和电器产品有水覆盖，可能会引起故障和火灾。

2）安全气囊的构成产品和电器配线不能用水擦拭，如果电器不正常，可能导致气囊开启或者其他地方不正常，或者造成重大伤害。

3）放置充电或者无线电充电器不能用水擦拭。如果发热造成保护膜脱落，可能会造成触电等重大伤害。

（5）维修

1）更改出厂模式时，一定要去 4S 店，因为使用了高压电，可能会导致重大的伤害。

2）要确认驱动电机舱内遗留工具和抹布，一旦检查或者清扫使用的工具或者抹布遗留在驱动电机舱内了，会成为造成故障或者驱动电机舱内的高温引起车辆火灾。

3）更换电池时，应使用车辆要求的专用电池，因为从电池里产生的氢一旦到室内，可能会引起爆炸，如果要更换电池应到销售店。

电池更换要注意：手湿时不要换电池，会造成生锈；换电池时，电池以外的产品不要移动；不要弄弯电极。

（6）车载充电　在中控屏的下方设计有一块手机无线充电面板，中央扶手箱内有两个 USB 电源接口和一个 12V 的点烟器，在后排中间下方有两个 USB 电源接口。在行李舱配备 1 个 1500W 的 220V 交流插座，如图 6-19 所示，其适用多种电器产品，可以满足一般家庭 4 天的供电。

图 6-19　220V 交流插座

五、燃料电池电动汽车供电常见故障

燃料电池电动汽车供电常见故障见表 6-5。

表 6-5　燃料电池电动汽车供电常见故障

故障现象	故障原因	故障处理方法
完全不能供电	外部供电器发生故障	根据外部供电器的说明书处理相应的故障,或者打开外部供电器
	外部供电器打到 OFF 档	
	燃料少	加入燃料后再试
	供电的插接器没有连接好	确认供电的插接器已连接好
	动力蓄电池的温度非常高或非常低	燃料电池系统开始工作时,空调使室内的温度太温暖了,等它冷下来再进行供电。让车行驶让燃料电池系统暖机,慢慢地可以使温度升高
	上次供电时没有正常结束	使燃料电池系统开始工作,能量开关打到 OFF 档,再次供电操作
	其他	按照供电前操作的顺序再次进行供电操作
供电中间停止	外部供电器变成 OFF 档	按照外部供电器的说明书再操作一次
	动力蓄电池的温度非常高或非常低	等一段时间再操作,或者燃料电池系统开始运动时,空调使室内的温度太温暖了,等它冷下来再进行供电。让车行驶让燃料电池系统暖机,慢慢地可以使温度升高
	外部供电器故障	根据外部供电器说明书,进行合适的处理

（续）

故障现象	故障原因	故障处理方法
供电结束后，燃料电池系统不能开始运动	车辆以外的外部供电器被连接	按照外部供电器的说明书把供电插头拔下
	供电口的盖子打开了	将供电口的盖子合上，再次启动燃料电池系统
	外部电源供给系统故障	联系4S店的专业人员
供电结束后供电插头不能拆开	供电插头被锁死	按照说明书进行合适的操作

六、国内、外燃料电池汽车研发、使用现状

当前，国内参与研发氢燃料电池汽车的企业有上汽、长安、福田、东风集团公司等，公告车型主要集中在商用车领域，主要为客车，其次为中型货车、轻客。这种车型分布与氢燃料电池汽车产业发展现状相吻合。其主要依托于国家科技进步项目开展技术研究，还没有形成相对成熟的商业模式。国际上，在氢燃料电池乘用车领域处于领先水平的是日本的丰田、本田，韩国的现代以及美国的通用等公司。FCV的基本性能研发阶段已经完成，突破了若干重要的燃料电池电堆及整车核心技术，其整车性能、可靠性、使用寿命和环境适应性等各方面得到了提升，可媲美传统汽油车。但是因为成本居高不下，基本走租售道路。表6-6给出了国内外氢燃料电池汽车技术现状对比。

表6-6 国内外氢燃料电池汽车技术现状对比

车型	丰田 Mirai	现代 nexo（中国版）	深蓝 SL03 氢电版	上汽大通 MAXUS EUNIQ7
车型图片				
驱动电机最大功率/kW	113	120	160	150
储氢量/kg	5.6	3.99	4.2	6.4
储氢压力/MPa	70	35	70	70
动力系统构型	全功率型	全功率型	Plug-in	Plug-in
售价/（万元：RMB）	74.8	不详	69.9	30~40

从整机角度分析，国内外氢燃料电池汽车技术核心在于电堆。在补贴标准的外部动力和赶超世界先进的内在动力作用下，亿华通、捷氢科技、清能股份、雄韬氢能、神力科技、国鸿氢能、中氢科技、明天氢能等国内主要车用电堆企业在电堆功率等级和功率密度方面都有了长足的进步。目前，在功率密度方面，重塑能源 Prisma 镜星12+与亿华通 G80 Pro 的质量功率密度为702W/kg、550W/kg，国鸿氢能鸿途 H240 的质量功率密度达到了906W/kg。在额定功率方面，上海重塑 Prisma 镜星12+、捷氢科技 PROME P4H 相关产品达到了130kW，龙头企业技术优势明显，见表6-7和表6-8。

表6-7 国内外企业电堆关键性能对比1

类别	企业名称	电堆型号	功率输出/kW	功率密度/(kW/L)	冷起动温度/℃	使用寿命/h	市场推广
国外企业	巴拉德（加拿大）	FCmove™ 模组（FCgen®-LCS 型号）	120	4.1	−28	>30000	与车企合作、技术授权、技术转让
		FCveloCity® 模组（FCvelocity®-9SSL 型号）	30、85和100	4.3	−25	>20000	
	康明斯（美国）	Accelera HD150	150	5	−30	不详	车企合作，参加展会

（续）

类别	企业名称	电堆型号	功率输出/kW	功率密度/(kW/L)	冷起动温度/℃	使用寿命/h	市场推广
国内企业	国鸿氢能	鸿芯 G III 系列	20.4~204	4.5	-35	>30000	与车企合作密切，参加展会
	亿华通	T100	101	4.85	-30	>30000	与车企合作密切，参加展会
	捷氢科技	P4H	130	4.2	-30	>15000	与车企合作密切，参加展会
	神力科技	Gen4 P5X	180~420	4.8	-40	>25000	与车企合作密切，参加展会

表 6-8　国内外企业电堆关键性能对比 2

行业参与者	康明斯（美国）	巴拉德（加拿大）	亿华通	重塑能源	国鸿氢能	捷氢科技
类品	国际领先		国内领先			
产品型号	Accelera HD150	FCmove™ 模组	G80pro/120/20+	镜星 22/18/12+	鸿途 H240/H150	Prome P3X/P4H
额定功率/kW	150	45~120	80.5/120/241	220/180/130	240/150	117/140
质量功率密度/(kW/kg)	0.614	0.6~1.2	0.566/0.713/0.820	0.815/0.606/0.702	0.906/0.750	0.631/0.722
低温起动能力/℃	-30	-28	-30	-30	-35	-30
电堆/膜电极量产	自主生产	自主生产	具有完全自主知识产权	自主设计、开发和生产	自主研发	电堆一级零部件国产化率100%
系统最高效率(%)	60	不详	59.13/58.7/60	60	61/61	60

从核心零部件角度来看，膜电极的催化剂层是氢气和氧气发生电化学反应产生电流的场所，这个材料市场目前被日本田中贵金属、英国庄信万丰、比利时优美科垄断，所以目前比较依赖进口，唯一的催化剂上市公司贵研铂业，还处于实验室研究阶段。膜电极的另一种关键材料"质子交换膜"，丰田 Mirai、现代 NEXO、本田 CLARITY，还有国内大部分企业，用的都是美国戈尔的；国内头部企业是东岳集团，市场份额排在美国戈尔和科慕之后，拥有国内唯一的全氟酸质子膜树脂合成生产线，并且实现了量产，目前产品已经打入了奔驰公司的供应链。

总体来看，国内企业电堆和膜电极可以自己制造，在低温起动和效率方面略有优势。国产电堆已实现批量供应，双极板和膜电极接近国际先进水平，部分指标落后。空气压缩机和氢气循环泵接近或达到国际先进水平，国产质子交换膜进入小批量商用阶段，在氢能重卡、公交等领域开启示范运营。现在催化剂和碳纸材料尚未实现国产化，还处于研发或送样测试验证阶段，还有储氢罐液氢技术，尚未实现大规模民用。

小贴士

我国燃料电池的研发，离不开先行者衣宝廉院士及其团队的努力，坚守对国家发展有用的科研方向，从当初只剩下五六个人的燃料电池研究小组，到如今的中国科学院重点实验室。五十年坚守燃料电池研究，在催化剂、离子交换膜、电堆等方面研究都取得了一系列具有自主知识产权的突破性成果；2008 年他们研制的燃料电池发动机在北京奥运会的新能源示范汽车上成功应用。在燃料电池研究的路上，衣宝廉院士始终怀着一颗不计得失、潜心科研，持之以恒、锲而不舍的科研信念，见证了中国燃料电池研究开拓、发展、追赶、超越的全过程，培养了一代又一代的年轻科研人员。

 **小　结**

1. 燃料电池电动汽车是通过电化学反应将燃料的化学能直接转变为电能的高效率发电装置的汽车。

2. 燃料电池电动汽车一般由燃料罐、燃料电池、控制系统、驱动系统和蓄电池组等部分构成。

3. 单体燃料电池主要由质子交换膜、催化层（催化剂）、气体扩散层、阳极和阴极等组成。

4. 燃料电池工作时，外界不断供给阳极氢气，供给阴极空气，在催化剂（铂、多孔石墨等）的作用下，阳极氢原子中的电子被分离出来，在阴极吸引下，在外电路形成电流，失去电子的氢离子在正极与氧及电子结合为水。

5. 燃料电池电动汽车按照电解质的类型可分为质子交换膜燃料电池、磷酸型燃料电池、熔融碳酸型燃料电池、固体氧化物燃料电池、碱性燃料电池等几种形式。

6. 磷酸燃料电池是当前商业化发展得最快的一种燃料电池，优点是结构简单、稳定，电解质挥发度低等。

7. 燃料电池汽车使用与维护应详细阅读使用说明书。

思考题

1. 与其他新能源汽车相比较，燃料电池电动汽车具备哪些优势？
2. 为什么说丰田 Mirai 汽车不仅是一辆汽车，还可以作为一个移动电站？
3. 为什么氢气的储存和运输都需要将氢气用高压压入氢气罐内？
4. 燃料电池电动汽车在未来会成为电动车发展的主流吗？
5. 为什么以液态氢为燃料的碱溶液型燃料电池在汽车上应用会受到限制呢？
6. 未来燃料电池发展的朝向是什么？

测试题

测试题

其他新能源汽车

学习目标

知识目标	能力目标	素养目标
1）掌握液化石油气汽车的定义、结构及工作原理 2）掌握天然气汽车的定义、结构及工作原理 3）掌握醇类汽车的定义、结构及工作原理 4）了解太阳能汽车的发展现状	1）能现场识别液化石油气汽车、天然气汽车和醇类汽车 2）能正确操作液化石油气汽车 3）能正确操作天然气汽车	1）通过查询资料，养成使用汽车维修手册的自主学习习惯 2）通过完成实训工作任务，培养规范操作意识和安全生产意识

情景导入

一位想进行气体燃料汽车改装的客户到汽车维修改装厂，咨询液化石油气汽车、天然气汽车和醇类汽车各自的结构、原理特点，并想听听对改装气体燃料汽车的建议。假设你是改装技师，请用通俗的语言回答客户提出的问题。

知识提升

一、液化石油气汽车

1. 液化石油气汽车的定义

以液化石油气（LPG）为燃料的汽车称为液化石油气汽车。

液化石油气是一种在常温常压下为气态的烃类混合物，比空气重，有较大的辛烷值，具有混合均匀、燃烧充分、不积炭、不稀释机油等优点，能够延长发动机的使用寿命，而且一次载气量大、行驶里程长。

2. 液化石油气的特性

（1）液化石油气的组成 液化石油气是由含三个或四个碳原子的烃类［如丙烷（C_3H_8）、丙烯

（C_3H_6）、丁烷（C_4H_{10}）、丁烯（C_4H_8）］为主的混合物，分为油气田液化石油气和炼油厂液化石油气。炼油厂液化石油气由于含有大量的烯烃，不能直接作为汽车燃料。油气田液化石油气主要由丙烷和丁烷组成，可直接作为汽车燃料。

（2）密度 液化石油气随着温度和压力的不同而发生变化。液态液化石油气的密度是 580kg/m³，气态的密度是 2.35kg/m³，气态相对密度是 1.686。

丙烷、丁烷的密度分别为 1.548kg/m³ 和 2.071kg/m³，均大于空气密度。因此，当液化石油气从储存容器中泄漏出来后，将挥发成气态在地表附近积聚，缓慢扩散。所以，液化石油气汽车不能长期停留在有凹坑的地方，以免燃气泄漏后积聚。

液化石油气是无色无味的有毒气体，而且密度比空气大，泄漏后不易扩散，为了确保安全使用，在液化石油气中一般加入具有明显臭味的硫醇、硫醚或含硫化合物配制的加臭剂（加入量不超过0.001%），目的是在发生泄漏的时候容易被察觉，以便及时采取消防措施。

（3）沸点 丙烷和丁烷的沸点分别为 -42℃ 和 -0.5℃，因此常温下丙烷和丁烷以气态存在。液化石油气有较好的挥发性，更容易和空气均匀混合。丙烷的含量越大，发动机的冷起动性能越好。

（4）热值 按体积计算，（液态）丙烷、丁烷的低热值分别为 27.00MJ/L 和 27.55MJ/L，汽油为 32.05MJ/L，单位体积液化石油气的热值只是汽油的 90%，所以相同的行驶里程，液化石油气的耗量比汽油大。

（5）饱和蒸气压 20℃ 时汽油的蒸气压几乎为 0，而丙烷、丁烷的蒸气压分别为 0.75MPa 和 0.1MPa。气瓶保持一定的蒸气压能够将液化气通过管路输送到蒸发器，进行减压汽化，而无须像汽油那样需要燃油泵输送燃料。

（6）着火温度 丙烷和丁烷的着火温度（常压下）分别约为 470℃ 和 365℃，比其他可燃气体低，点火能量小，一个火星就能点燃，要注意安全。

（7）空燃比 汽油的理论空燃比为 14.7；丙烷、丁烷的理论空燃比分别为 15.65 和 15.43。可以看出，使相同质量的燃料完全燃烧，液化石油气需要的空气量稍多于汽油。按照体积计算，丙烷和丁烷的理论空燃比分别为 18.7 和 24.8。

汽油点火限值的上、下限分别为 1.0%、7.6%。点火极限之间的浓度范围为燃料的燃烧范围。液化石油气的燃烧范围比汽油宽，可在较大范围内改变混合比。采用稀薄燃烧技术可提高发动机的经济性，改善排放性能。

（8）抗爆性 90 号汽油的辛烷值（RON）为 92，丙烷、丁烷的辛烷值（RON）分别为 111.5 和 95。液化石油气的辛烷值高于汽油，液化石油气可适应更高的压缩比。

（9）气液容积比 15℃ 时，丙烷和丁烷的气液容积比（单位质量的丙烷、丁烷的气态容积和液态容积的比）分别为 273 和 236。因此，容器充装时，需要留出一定空间，一般不能充装超过容积的 80%，否则在温度升高到某一阶段，就会发生气瓶爆炸的严重事故。

3. 液化石油气汽车的分类

液化石油气汽车的分类见表 7-1。

表 7-1 液化石油气汽车的分类

分类		特征
按燃料供给系统特征分类	单燃料液化石油气汽车	仅使用液化石油气作为发动机的燃料，不再使用其他燃油或代用燃料。其发动机为预混、点燃式。单燃料液化石油气汽车专为液用液化石油气而设计，可以充分发挥液化石油气辛烷值高的优势
	液化石油气/汽油两用燃料汽车	可以视情况交替燃用液化石油气或汽油。它具备液化石油气和汽油两套燃料系统，燃用汽油时切断液化石油气的供给，燃用液化石油气时切断汽油的供给。一般汽油车发动机不改动，只是加装一套液化石油气燃料供给装置
	液化石油气/柴油双燃料汽车	同时燃用液化石油气和柴油。与液化石油气/汽油两用燃料汽车的主要优点类似，可以大幅度地降低大负荷工况的微粒排放，小负荷时的 HC 排放有所增加

（续）

分类		特征
按液化石油气的供给方式分类	真空进气式液化石油气汽车	液化石油气在进气管真空度作用下经混合器进入进气管。其燃料供给方式与化油器式发动机类似
	喷气式液化石油气汽车	液化石油气以一定的压力经喷气嘴直接喷入气缸或进气管。其燃料供给方式与汽油喷射式发动机或柴油机相类似
按燃料供给的控制方式分类	机械控制式液化石油气汽车	以机械控制方式为主控制液化石油气供给
	机电联合控制式液化石油气汽车	机电联合控制液化石油气供给
	电控式液化石油气汽车	利用 ECU 控制不同工况下液化石油气的供给量

4. 液化石油气汽车的结构及工作原理

液化石油气汽车的发动机一般由燃料供给系统、电控点火系统和闭环控制系统等组成。

燃料供给系统由加气口、组合阀、液化石油气电磁阀、蒸发器、转换开关和安全开关等组成，如图 7-1 所示。

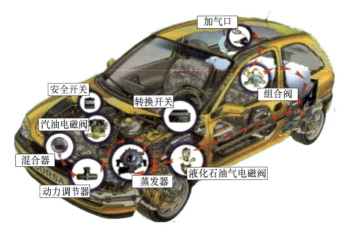

图 7-1　液化石油气汽车燃料供给系统

液态的液化石油气靠其自身的蒸气压力被压出容器，通过高压管路，在流经滤清器时将杂质滤掉，然后经电磁阀流入调节器，在调节器内被降压、汽化、调压，从而变成气态，最后通过混合器与空气混合，进入发动机，如图 7-2 所示。

液化石油气汽车的主要部件的结构与工作原理如下：

（1）加气口组件　加气口组件由接头、锁紧螺母、单向阀、外套、阀体、密封垫、钥匙、旋盖、连接圈和安装盒等组成，如图 7-3 所示。

（2）储气瓶　储气瓶由瓶体、防护盒、支架和组合阀组成，如图 7-4 所示。

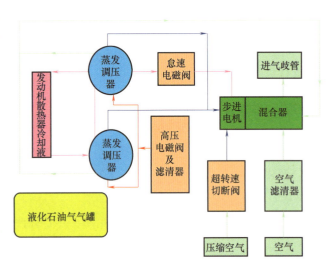

图 7-2　液化石油气汽车燃料供给系统的工作原理图

单个钢瓶容量有 120L、100L、80L 等规格，整车燃气系统钢瓶容量有 340L、320L 等，但最多可加气至钢瓶容量的 80%，因此，整车燃气系统可加液化石油气分别为 270L、256L 等，以给气态液化石油气留出余量，在环境温度升高时，保证钢瓶的安全。储气瓶的结构如图 7-5 所示。

用于客车的液化石油气钢瓶均按国家有关标准制造和进行检测，钢瓶额定工作压力为 2.2MPa，爆破压力>8.8MPa。

图7-3　加气口组件

图7-4　储气瓶组件

钢瓶与组合阀组装后，已按规定进行气密性检测，不允许自行拆卸或更换。液化石油气钢瓶设计使用寿命为15年，每隔5年必须进行定期复查检测。

（3）组合阀　组合阀如图7-6所示，组合阀由进气口单向阀、自动限充阀、出气口手动阀、超流阀、安全阀（限压阀）、气量表及电子显示器插头等组成，有些还装有电磁控制阀。

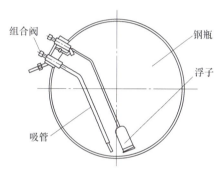

图7-5　储气瓶的结构

图7-6　组合阀

组合阀的功能如下：

组合阀上安装电子变换器，并连成回路，在组合阀上由指针指示液化石油气容量。利用电光/磁感应原理，将指针在仪表上指示，由显示器显示气瓶液化石油气容量。

组合阀具有限量充装功能。在加气过程中，液化石油气由喷嘴喷出，经组合阀进入钢瓶。为确保充装限额，配有一个机械装置，该装置连接一个浮子，在达到充装限额时，自动截断流体，终止充装。装置中的单向阀可确保单向充装及钢瓶间任何状态下都不能相互充装。

钢瓶液位显示器（指针）必须正常工作，否则充装限制功能将失效、钢瓶液位显示器不能正常工作，此时，严禁充装加气。

组合阀具有流量过渡控制功能。流量控制阀位于阀体内部与吸气管连接，当流量超过正常规定限度，瓶内与出气口气压差大于0.35MPa时，过流供给阀自动断开，从而截断流体，停止液态泄漏。

组合阀配有两个旋塞开关，分别切断与阀体连接的加气管与出气管。一般情况下，这两个开关保持打开状态，但在维修、维护时需关闭。

当气瓶内部压力大于额定工作压力1.5倍或温度高于100℃时，安全卸荷阀将自动开启，卸荷瓶内压力，保持系统安全。

安全卸荷阀一经卸荷开启，组合阀将不能继续使用，待钢瓶卸压后由专业人员更换组合阀，由有关专业厂家重新校核卸荷压力。

（4）蒸发调压器　由于发动机功率的需要，有些单燃料发动机液化石油气供气系统采用了两个蒸发调压器。如图7-7所示，蒸发调压器为两级减压，主气路为两级减压后出气，怠速气路为一级减压后出气。蒸发调压器有一个液化石油气入口、一个一级减压出口、一个二级减压出口、两个进出水口、一个二级压力调整螺钉，在蒸发调压器背面有一个连接增压压力的接口，在下部有一个排污口。

两个蒸发调压器的液化石油气进、出都是并联，加热水管路采用串联，进水口连接到发动机节温器座，出水口连接到水泵。取发动机的冷却液是为了提供液态液化石油气蒸发时所需要的热量。

通过调整二级压力调整螺钉可以对二级出口压力进行微调，但不能做大的调整，调整一级出口压力只有调整调压器内部的一级减压室的杠杆。

气瓶内的液态高压液化石油气经高压管路到高压电磁阀，分两路到两个蒸发调压器，其中一个蒸发调压器一级减压后部分气体直接到步进电机，作为怠速供气，两个蒸发调压器二级减压后气体到步进电机作为主供气量，由于连接了增压压力，在二级减压室膜片的控制下，二级减压出口压力随进气管压力增大而增大，如图 7-8 所示。

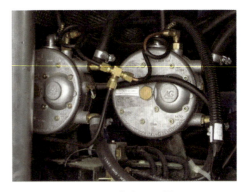

图 7-7　蒸发调压器

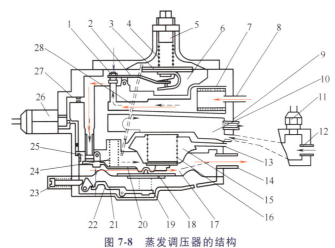

图 7-8　蒸发调压器的结构

1——次压阀门　2——次压杠杆　3——次压膜片　4、16、22、24—弹簧　5——次压力调整螺钉
6——次压室　7—滤网　8—液化石油气进口　9—加热水出口　10—加热水室　11—温控开关
12—加热水入口　13—真空接头（接进气歧管）　14—液化石油气出口　15—真空管　17—二次压室
18—二次压膜片　19—平衡弹簧　20、25—二次压阀门　21—怠速调整杠杆
23—怠速调整螺钉　26—加浓电磁阀　27—加浓量孔　28—压力平衡通道

（5）功率阀　功率阀的作用是自动调节液化石油气的输气量和调整发动机最大功率时的供气量，以满足发动机的需求，如图 7-9 所示。

（6）混合器　混合器的作用是将空气和液化石油气按适当的比例混合，送到发动机气缸燃烧。其主要有文丘里氏式混合器和比例式混合器，如图 7-10 所示。

图 7-9　功率阀

图 7-10　混合器

（7）高压电磁阀 高压电磁阀（图7-11）是发动机燃气控制系统的第一个部件，从液化气瓶过来的液态液化石油气首先到高压电磁阀下部的滤清器。滤清器内部有一个纸质滤芯，需要定期清洗，使用满一定周期后要进行更换。

图7-11 高压电磁阀

电磁阀的开闭受发动机ECU控制，在发动机起动后起动转速超过200r/min时才打开，高压电磁阀出口通过铜管连接到蒸发调压器的入口。液化石油气经高压电磁阀进入调压器。

在液化石油气供气管路中，通常安装有2~3个电磁阀。当发动机熄火时，它切断燃气供应管路。有的电磁阀还具有限制发动机转速的作用。

（8）电控点火系统 电控点火系统主要包括电控点火控制器、点火模块及线圈、高压导线和火花塞。

电控点火控制器由电控点火控制器ECU（图7-12）和高压产生两部分组成，直流电源12V（非开关电源）供电；ECU不断检测转速变送器信号（即点火信号传感器信号），由ECU芯片计算出发动机的当前转速，在当前转速超过100r/min时，根据当前的发动机转速和负载变送器的状态计算准确的点火提前角，并判断出应点火的对应缸，做到正缸正时点火。当发动机的速度超过限定的速度或转速小于100r/min时，ECU将发出限速输出信号，即不会产生高压火。

点火模块及线圈总成由点火模块与三个点火线圈组合，三个点火线圈可以分别拆卸，当一个点火线圈损坏时可以单独更换。如图7-13所示，三个点火线圈分别标明了所连接哪缸的高压导线和火花塞。其中，从左到右，第一个点火线圈连接1、6缸；第二个点火线圈连接3、4缸；第三个点火线圈连接2、5缸。由于是气缸偶点火，一个点火线圈同时点两缸，因此，同属一个点火线圈的两缸高压导线可以互换，即1、6缸可以互换，3、4缸可以互换，2、5缸可以互换。

图7-12 电控点火控制器

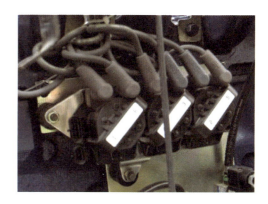

图7-13 点火模块及线圈总成

（9）火花塞 火花塞在使用过程中电极会不断被烧损，从而导致电极间隙不断增大，电极间隙增大会影响发动机的动力性、经济性及排放性，严重时会影响发动机的正常使用。因此，要求当火花塞使用到车辆行驶15000km时进行强制更换，以保证发动机在一个良好的动力性、经济性及排放性能下工作。

（10）控制系统 采用闭环控制系统，主要由闭环控制器、闭环执行器（即步进电机）、氧传感器、气量显示开关和三元催化器等组成。

控制系统的工作原理：由氧传感器感应排气中氧的含量并发出电压信号给闭环控制器，闭环控制器根据氧传感器信号及转速信号、碟阀位置信号经过逻辑运算后发出指令给闭环执行器（步进电机），根据需要调整步进电机阀的开度，满足过量空气系数等于1的要求。

5. 液化石油气汽车使用的注意事项

1）用汽油起动发动机时，只要将转换开关置于"汽油"位置即可，用液化石油气起动时应首先将油路中的汽油燃尽。为此，必须先将转换开关放在中间位置（即既不供气也不供油的位置），待油路中的汽油燃尽后再将它换到"液化石油气"位置。

2）每天至少用汽油工作20min，以保持汽油机的良好状态，否则，气门座的使用寿命会由于长期得不到润滑而缩短。

3）必须注意车用液化石油气的质量，无论是进口液化石油气还是国产液化石油气，其丁二烯和硫的含量都应分别小于0.5%和0.015%（质量百分比）。

4）在汽车行驶中，如果发现液化石油气泄漏，应立即靠边停车，关闭电源和液化石油气储气瓶组合阀上的手动截止阀，然后进行处理。在故障未排除的情况下，汽车应使用汽油行驶。

如果有大量燃气泄漏或无法关闭组合阀上的手动截止阀，应立即切断电源，隔离现场，隔离人员和火源。如果发生火灾，应用灭火器进行灭火或报119等待消防部门处理。

5）如果长期不用液化石油气，则必须将管道和蒸发器中的液化石油气燃尽或排尽，还要将蒸发器排液孔打开，放出污液，再对蒸发器做必要的清洗；否则液化石油气中不易挥发的物质会沉淀在密封件和膜片上，腐蚀密封件和膜片。

6）液化石油气供给系统应经常使用，如果长期停用，应将液化石油气储气瓶内燃气用完；停用半年后再次使用时，应到有资质的液化石油气汽车维护企业进行液化石油气供给系统安全检测和调试，确定安全可靠后才可投入使用。

二、天然气汽车

1. 天然气汽车的定义

以天然气为燃料的汽车称为天然气汽车。天然气汽车外观如图7-14所示。

天然气中甲烷质量分数一般超过90%，排放清洁，环境污染少，是一种较好的汽车发动机燃料，已在全世界得到普遍推广。我国天然气资源丰富，政府十分重视多元化发展新能源汽车，截至2023年年底，全国天然气汽车保有量超过600万辆，连续8年天然气汽车保有量世界第一。

2. 天然气的特性

天然气成分主要以甲烷（CH_4）为主，同时含有少量的丙烷（C_3H_8）和丁烷（C_4H_{10}）等烃类气体，氮、二氧化碳、硫化氢等非烃类气体。

图7-14　天然气汽车外观

高纯度的天然气是无色、无味、无毒、无腐蚀性、易燃、易爆的气体，为保证其泄漏时易于被察觉，常在天然气中添加加臭剂。

天然气的燃烧速度比较慢，其最高燃烧速度只有0.3m/s。燃烧速度是火焰在可燃气体混合物中的传递速度。燃烧速度也称为点燃速度或火焰传播速度。天然气燃烧后排温高，需对排气系统部件进行强化。

天然气在压缩（液化）、储运、减压、燃烧过程中，在严格密封的状态进行，不易泄漏；天然气密度在0℃及1个大气压条件下为$0.7174kg/m^3$，比空气轻，易挥发，不易聚集，安全性能好，如有泄漏，会很快散失，不易着火。天然气的着火温度为650℃，比汽油高约260℃。天然气燃烧范围比较窄，在5%~15%之间，天然气的燃烧下限明显高于其他燃料：柴油为1.58%，汽油为1.3%。

天然气与其他燃料相比，其特性见表7-2。

表 7-2 天然气的特性及比较

燃料种类	天然气(CH₄)	液化石油气	柴油(C₁₆H₃₄为代表)	汽油(C₈H₁₈为代表)
常态下密度/(kg/m³)	0.75~0.8(气态)	580	830	720~750
沸点/℃	−161.5	−100	170~350	30~190
理论空燃比/(kg/kg)	17.2:1	—	14.3:1	14.8:1
低热值/(MJ/kg)	49.81	45.9	42.50	43.90
辛烷值(RON)	130	100~110	23~30	80~99
十六烷值	0	—	40~60	27
燃烧极限(体积)(%)	5~15	1.5~9.5	1.58~8.2	1.3~7.6
自燃温度(常温下)T/℃	537	450	250	390~420
闪点/℃	−43	—	−187	60

3. 天然气汽车的分类

天然气汽车的分类见表 7-3。

表 7-3 天然气汽车的分类

分类方法	分类	特点
按燃料状态分类	压缩天然气汽车(CNGV)	储气瓶内的天然气以高压(通常是 20MPa)气态储存,工作时经降压、计量和混合后进入气缸,也可以直接喷入气缸或进气管
	液化天然气汽车(LNGV)	储气瓶内的天然气以液态储存,工作时液化天然气经升温、计量和混合后进入气缸,也可以直接喷入气缸或进气管。由于天然气液化后的体积仅为标准状况下体积的 1/625,储带方便,应用潜力较大
	吸附天然气汽车(ANGV)	储气瓶内的天然气以吸附方式(压力通常为 3.5~6MPa)储存,工作时经降压、计量和混合后进入气缸,也可以直接喷入气缸或进气管
按燃料供给系统特征分类	单燃料(CNG)汽车	仅使用 CNG 作为发动机的燃料,车辆的发动机在燃料供应系统、工作循环参数、配气机构参数等方面一般都针对 CNG 的物化特性进行了专门设计,因此燃烧热效率较高、经济性好
	CNG/汽油两用燃料汽车(多用)	具有两套燃料供应系统,一套供给天然气,另一套供给天然气之外的燃料,两套燃料供给系统可分别但不可同时向气缸供给燃料。使用中可以在两种燃料之间进行灵活切换。此类汽车与单一燃料汽车相比,由于要兼顾两种燃料的物化特性,发动机结构参数几乎不进行改造,因此燃烧热效率不高、经济性一般
	CNG/柴油双燃料汽车	具有两套燃料供应系统,一套供给天然气,另一套供给天然气之外的燃料,两套燃料供给系统按预定的配比向气缸供给燃料,在缸内混合燃烧。CNG 为主燃料,柴油起引燃作用。此类发动机结构参数几乎不进行改动,可以在单纯燃烧柴油和 CNG 与柴油同时混合燃烧两种工况灵活切换
按燃料供给的控制方式分类	机械控制式天然气汽车	以机械方式为主控制天然气供给
	机电联合控制式天然气汽车	以机电联合控制方式控制天然气供给
	电控式天然气汽车	利用 ECU 来控制不同工况天然气供给。电控式有开环和闭环之分

4. 天然气汽车的结构及工作原理

天然气汽车与传统汽车主要不同在发动机燃料供给系统。天然气汽车发动机与柴油车发动机的区别见表 7-4。

表 7-4 天然气汽车发动机与柴油车发动机的区别

	天然气汽车发动机	柴油车发动机
燃料供给系统	电磁切断阀、稳压器、燃料计量阀等	高压油泵、高压油管、喷油器等
点火方式	点燃	压燃
压缩比	12	17
相位转速信号采集	信号发生器(相位传感器)	油泵及飞轮

（续）

	天然气汽车发动机	柴油车发动机
燃料空气混合	混合器、节气门	无
排温	高	低
国IV后处理装置	催化转化器	SCR后处理系统
电控系统	目前为美国伍德沃德系统	国Ⅲ以上发动机采用博世系统

天然气汽车发动机燃料供给系统主要由燃气控制系统、进气控制系统、点火控制系统和尾气处理系统等组成。

（1）燃气控制系统　燃气控制系统的作用是对气罐压力和混合器压力进行压力管理；有效加热并控制燃气温度在合理范围内；提供稀薄燃烧需要的燃气温度信息，精确控制喷嘴喷射量；燃气电磁阀控制燃气的开断，以确保安全。

燃气控制系统主要由 ECU、LNG（液化天然气）电磁阀、LNG 稳压器、燃气滤清器、减压器、燃料计量阀（FMV）和混合器等组成。

ECU（图 7-15）是计算机管理中心，它以信号（数据）采集为输入，经过计算处理、分析判断、决定对策，然后发出控制指令，指挥执行器工作作为输出，同时给传感器提供稳压电源或参考电压。

图 7-15　ECU

LNG 电磁阀（图 7-16）是 LNG 发动机专用部件，其作用是切断或恢复燃料供给，是燃气管路中的安全保护开关。

LNG 稳压器（图 7-17）是 LNG 发动机专用部件，其作用是将气瓶输送来的燃气压力调节为控制系统需要的喷射压力。

图 7-16　LNG 电磁阀

图 7-17　LNG 稳压器

燃气滤清器（图 7-18）的作用是过滤燃气中的杂质，可过滤燃气中 $0.3 \sim 0.6 \mu m$ 的微粒，过滤效率≥95%。

减压器（图 7-19）是 CNG（压缩天然气）发动机专用部件，其作用是将压缩天然气压力由储存状态调节至 8bar（1bar＝101kPa）左右。

图 7-18　燃气滤清器

图 7-19　减压器

燃料计量阀（图 7-20）由 ECU 调整其喷嘴脉宽占空比，以控制燃气喷射量，保证发动机在设定的空燃比下运行。

混合器（图 7-21）将天然气和中冷后的空气充分混合，使燃烧更充分、柔和，有效降低 NOx 排放量和排气温度。

图 7-20　燃料计量阀

图 7-21　混合器

（2）进气控制系统　进气控制系统主要由电子加速踏板、电子节气门、废气控制阀和传感器等组成，如图 7-22 所示。

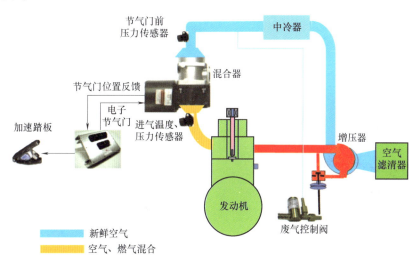

图 7-22　进气控制系统

电子加速踏板采用非接触式传感器，输出 0~5V 的电压信号，ECU 根据加速踏板的信号来控制电子节气门的开度。加速踏板有一个电位计（FPP）和怠速确认开关（IVS），怠速确认开关一端接地，另一端接 ECU。加速踏板踩下到某个位置时，怠速确认开关关闭并发出一个信号通知 ECU，电位计开始起作用。电子加速踏板插头端子及含义分别如图 7-23 所示、见表 7-5。

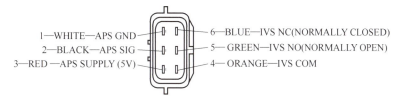

图 7-23　电子加速踏板插头

1、4—信号接地　2—信号　3—5V 供电　5—怠速确认开关常开　6—空位

表 7-5　电子加速踏板线束端子及定义

线束端子	加速踏板端子	定义
33（J1A24）	1	信号接地
51（J1A8）	2	信号

（续）

线束端子	加速踏板端子	定义
34C（J1A11）	3	提供 5V 电压
33D（J1A24）	4	信号接地
52（J1B7）	5	怠速确认开关常开
	6	空位

电子节气门（图 7-24）由 ECU 控制其阀门开度大小，以控制混合气进气量，从而改变发动机的输出功率。节气门集成有执行器、位置传感器和节气阀门等。

根据 ECU 的指令，电子节气门有以下多种工作状态：

1）发动机转速低于怠速值时，节气门进入怠速控制模式，ECU 控制节气门开度，保持发动机转速在怠速目标值附近。

2）发动机转速超过最大额定转速时，节气门进入最大转速控制模式，即转速越高，节气门开度越小。

3）发动机转速在怠速和最大额定转速之间时，节气门进入加速踏板控制模式，即节气门开度随加速踏板位置同步变化。

废气控制阀（图 7-25）与增压器的放气阀连接，控制增压器废气门驱动气室的气体压力，从而控制增压器产生的增压压力。

图 7-24　电子节气门

图 7-25　废气控制阀

ECU 根据进气压力测量值与 ECU 内部设定压力值之间的差值，通过 PID 参数调整废气控制阀的占空比，控制增压器产生增压压力的大小，直到实际增压压力（MAP）等于设定增压压力。

废气控制阀占空比＝0 时，电磁阀关闭，压缩空气推动增压器废气阀完全打开，增压器排气能量减少，最终降低增压压力；废气控制阀占空比＝100% 时，电磁阀处压缩空气泄漏量最大，增压器废气阀在弹簧力的作用下趋向关闭，增压器工作的排气能量增多，增压压力升高，如图 7-26 所示。

（3）点火控制系统　点火控制系统主要由信号发生器总成和相位传感器、点火线圈、高压线、火花塞等组成，如图 7-27 所示。

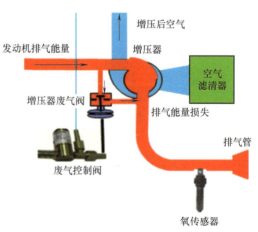

图 7-26　增压压力控制

信号发生器总成和相位传感器测量发动机的凸轮轴位置和发动机转速，传递给 ECU。ECU 获取准确的转速信号后控制进气量、燃料量和点火提前角等。这些参数的控制要求发动机控制模块精确地知道发动机的凸轮轴位置（如应知道哪一缸点火）和发动机转速。

ECU 对点火时刻进行开环控制，当触发信号上升时，点火模块打开点火驱动并寻找相应的点火线圈，一次电流上升到 6.5A，给点火线圈充电，在触发信号下降前一次电流保持在 6.5A；当触发信号

图 7-27 点火控制系统部件

下降时，点火线圈驱动电流降低到一次电流；点火线圈二次侧产生高压电，火花塞产生电火花点燃混合气。

初级线圈匝数少，次级线圈匝数多，从而产生变压器功能（电压升高），可以更好地使火花塞产生高质量的电火花。

5. CNG 汽车燃气供给系统的使用注意事项

1）使用前，应认真阅读 CNG 系统"使用手册"和"保养手册"。

2）出车前的例行检查。每次出车前，除进行通常的车辆检查外，还必须检查压缩天然气供给系统管路、接头组件是否泄漏（闻有无臭味，因为天然气已加臭）以及系统中有无其他异常现象。若发现有天然气泄漏、管路损坏及供给系统中有其他异常现象，要及时修复和排除。

3）检查充气量。接通全车电源，打开点火开关，将油气转换开关按至"气"的位置，检查气量显示器指示的气量。

4）发动机起动。如果用 CNG 起动，应将油气转换开关置于"气"的位置，按一般操作程序用 CNG 起动汽车。起步时，发动机冷却液温度应在 60℃ 以上，档位以低档为宜。如果用汽油起动，则将转换开关按到"油"的位置，按一般操作程序起动。

5）燃料转换。根据所装用的转换开关形式，使用不同的方法进行操作。如果出现打开转换开关指示灯不亮的现象，应先关闭点火开关，等待 30s 以上再重复操作。进行燃料转换时，会出现燃料供给的过渡期，此时发动机可能出现转速下降或轻微停顿的现象。为避免燃料转换时发动机熄火，应尽量在发动机中、高速工况下进行转换，同时不要在交通拥挤、上下坡、转弯或视线不好的地方进行转换。

6）燃油箱内汽油保有量的要求。当车辆使用天然气时，为保证车辆正常起动，同时保证燃气系统出现故障时能够使用汽油正常行驶，建议在燃油箱中有 10L 以上的汽油。为保持汽油系统的正常状态，使用 CNG 每行驶 3000km 左右，建议转换使用汽油连续行驶 50km 以上。

7）停车时，应选择阴凉通风处，防止暴晒，且远离火源、热源。

8）出现事故时的处理。在汽车行驶中如果发生轻微的天然气泄漏，应立即停车，关闭电源和储气瓶出口的手动阀，等天然气挥发、确保安全后，再转用汽油行驶到服务站维修；如果有大量天然气泄漏，应立即停车，关闭电源和储气瓶上的手动阀，在现场严格控制并隔离火源。在对系统进行检查、确定无泄漏事故隐患后，转用汽油行驶到服务站进行维修。

如果发生撞车事故，应先关闭电源和储气瓶上的手动阀，检查汽油和压缩天然气系统以及各部分支架是否完好，确认无任何问题和泄漏后，才可继续行驶。

9）车辆的充气。充气前，让乘客在加气区外下车，不能载客加气；检查有无泄漏，是否符合加气条件；充气结束后，应先关闭充气阀手动截止阀，再拔出充气枪接头，插入防尘塞。检查高压管路、接头有无漏气现象。天然气充装气瓶内的压力不得超过 20MPa。

10）停放。车辆停放时，必须检查系统有无漏气和损坏等现象。必须关闭电源开关，关闭天然气储气瓶截止阀，用完管道里的余气。长期停放时，必须关闭电源开关和天然气储气瓶开关，将天然气用完，按汽油车的停放规定对车辆进行停放。若停在停车场或车库里，应保证通风效果良好，必须有防火、防爆等安全设备和措施。严禁在封闭的车库、厂房内拆卸、维修天然气供气系统。

三、醇类燃料汽车

1. 醇类燃料汽车的定义

醇类燃料汽车是指用醇类燃料作为能源驱动的汽车。

醇类燃料是指甲醇（CH_3OH）和乙醇（C_2H_5OH），都属于含氧燃料。以甲醇为燃料的汽车称为甲醇汽车，以乙醇为燃料的汽车称为乙醇汽车。

2. 醇燃料的特性

醇燃料（甲醇、乙醇）的特性与汽油的比较见表7-6。

表 7-6 汽油、甲醇和乙醇理化指标比较

项目	汽油	甲醇	乙醇
分子式	C_4-C_{12} 烃	CH_3OH	C_2H_5OH
密度/(g/cm^3)(20℃时)	0.69~0.80	0.7912	0.789
气味	汽油气味	轻微酒精气味,有毒	酒精气味
热值/(kJ/kg)	44390	20100	27370
闪点/℃(闭口)	−43	11.1	12.8
氧的质量分数(%)	0	50	35
蒸发潜热/(kJ/kg)	349	1101	913
辛烷值(RON/MON)	80~97/70~88	122/93	121/97
自燃点/℃	495	464	423
着火极限(体积分数%)	1.4~7.6	6.7~36.0	4.3~19.0

甲醇和乙醇燃料的上述理化指标，决定了醇类汽车的以下特点：

1）燃烧充分，排放少。燃烧产物为二氧化碳和水，甲醇燃烧方程式为

$$2CH_3OH+3O_2 = 2CO_2+4H_2O$$

在排放的尾气中，CO、CH 和 HO 的含量比汽油减少30%~50%，有利于净化空气。

2）原料来源广泛。甲醇是从天然气和煤炭中提取的衍生产品，价格低廉，产量很大；乙醇可以用植物的茎杆生产，属于可再生能源，成本较低。

3）抗爆性好。甲醇和乙醇的辛烷值远高于汽油，抗爆性好，可适当提高发动机的压缩比，从而提高发动机的热效率和动力性。

4）燃油消耗率会增加。甲醇、乙醇的热值比汽油低。

5）冷起动困难。醇燃料蒸发潜热大，甲醇的蒸发潜热是汽油的3倍多，乙醇的蒸发潜热是汽油的2倍多，导致蒸发时所吸收的热量多，发动机温度下降，恶化了进气蒸发条件，起动困难。

6）容易产生气阻。醇类的沸点较低，在夏季使用时，容易在油管中大量蒸发形成气阻，使供油中断。

7）发动机磨损大。醇类燃料是种有机溶剂，未燃醇类会沿缸壁渗入机油中，冲刷了活塞和气缸间的润滑油膜，使活塞和气缸间的磨损增大。进入曲轴箱的醇类会对机油产生稀释作用，降低机油的润滑性能，加剧发动机磨损。

8）醇类燃料对人体有害。如果甲醇进入人体，会被氧化成甲醛和甲酸，造成甲醇中毒；乙醇对人体中枢神经有抑制作用，所以使用时要特别注意醇燃料外泄。

3. 醇燃料在汽车上的应用方式

醇燃料在汽车上的应用方式如下：

1）掺烧。掺烧指甲醇或乙醇和汽油掺和应用。在混合燃料中，醇燃料占容积比例以"E"表示，如乙醇占10%，则用E10来表示。目前，掺烧在醇燃料汽车中占主要地位。

2）纯烧。纯烧即单烧醇燃料，可用E100%表示，目前应用并不多，属于试行阶段。

3）变性燃料乙醇。乙醇脱水后，再添加变性剂而生成的乙醇，属于试验应用阶段。

4）灵活燃料。燃料既可以用汽油，又可以使用乙醇或甲醇与汽油比例混合的燃料，还可以用氢气，并随时可以切换。福特、丰田汽车均在试验灵活燃料汽车（FFV）。

4. 醇燃料汽车的基本结构与工作原理

醇燃料汽车与传统汽车的主要不同在于燃料供给系统，其燃料供给系统主要由燃油箱、燃油泵总成（燃油泵、粗细滤清器等）、油管和喷油器等组成如图7-28所示。

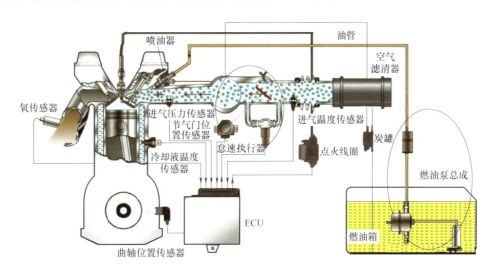

图7-28 醇燃料汽车电控燃料供给系统的组成

燃油箱需采用与甲醇或乙醇相容的材料制造，如不锈钢、钝化或阳极氧化处理的铝合金、氟化高密度聚乙烯、氟橡胶或者其他与甲醇相容的合成橡胶、纤维加强塑料等。由于醇燃料的比容积热值低，为了使甲醇燃料汽车一次加油后的续驶里程和汽油车基本一样，燃油箱的容积应该加大。

醇与汽油的混合燃料在低温状态会分离，解决的办法之一是在燃油箱中设置一个电动搅拌器，需要时用机械搅拌法使其不分离。

由于醇燃料的润滑性差，所以需要向喷油泵供给专用机油，或在醇燃料中加0.5%~1%（容积比）的蓖麻油。

需要增加一个燃料切换控制器，用以切换燃料供给模式，同时应智能改变发动机点火系统参数，使醇燃料在气缸内充分燃烧，一般是与发动机ECU集成在一起。

喷油器采用电磁阀式，其结构如图7-29所示。用不锈钢制造喷油器本体，各处密封件的材料使用氟化橡胶，中小型甲醇滤清器用能与甲醇相容的金属粉末烧结而成，孔隙较小。喷油器的流量范围既要能满足全负荷时甲醇循环供应量的要求，又要满足使用汽油时运转小流量的要求。其工作原理与电喷汽油机类似。

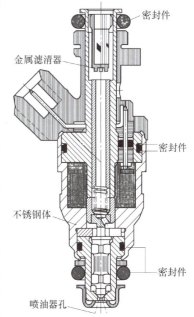

图7-29 醇燃料汽车燃油喷油器

5. 醇燃料汽车的使用注意事项

1）首次使用前，要对车辆内部进行清洗。由于醇燃料具有较强的溶解清洗特性，会将燃油箱、油路中沉淀、积存的各类杂质（如铁锈、污垢、胶质颗粒等）软化溶解下来，混入油中，造成油路不畅。因此，一般行驶里程在 3 万 km 以上以及确认供油系统较脏的车辆，在使用乙醇汽油前都应当进行清洗。清洗作业应当在具有二类以上资质的汽车维修厂严格按照规范进行，重点对燃油箱、燃油滤清器、油泵、喷油嘴、油路及油路滤网逐项进行清洗，排出燃油箱底部积存的水分。对一些与醇燃料不相适应的橡胶和塑料部件进行更换。

2）防止醇燃料吸水。醇燃料是亲水性液体，易与水互溶，而且能将潮湿空气中的水分吸入，因此甲醇燃油箱要注意密封。

3）夏季气温较高，醇燃料的挥发性增大，易造成油路气阻，使油路不畅，所以夏季加油时不要加得太满，要留有一定的膨胀和汽化空间。

4）醇燃料对橡胶有影响。试验表明，绝大多数橡胶件均能适应醇燃料，有少数几种不适应，改装醇燃料的汽车应该予以更换。

5）按压缩比选择醇燃料。一般情况下，压缩比在 7.5~8.0 的发动机应选用 E90 号车用乙醇汽油，压缩比在 8.0~8.5 的发动机应选用 E93 号车用乙醇汽油，压缩比在 8.5~9.0 的发动机应选用 E95 号车用乙醇汽油，压缩比在 9.0 以上的发动机应选用 E97 号车用乙醇汽油。

四、太阳能汽车

1. 太阳能汽车的定义及意义

太阳能汽车是一种靠太阳能来驱动的汽车。它使用太阳电池把太阳的光能转化成电能，用来驱动电动机，推动汽车行驶，所以不会放出有害物，是真正的零排放。据估计，如果由太阳能汽车取代燃气车辆，每辆汽车的二氧化碳排放量可减少 43%~54%。但其驱动力小，行驶里程短，价格昂贵，仍需继续研究改善。

2. 太阳能汽车的基本结构与工作原理

太阳能汽车由太阳电池板在向日自动跟踪器的控制下始终正对太阳，接收太阳光，并转换成电能，向电动机供电，再由电动机驱动汽车行驶。它实际上是一种电动汽车，其工作原理与串联式混合动力汽车（SHEV）基本相同，如图 7-30 所示。

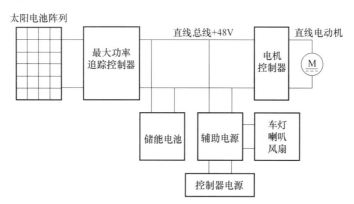

图 7-30 太阳能汽车工作原理示意图

由于太阳电池的能量较小，而且受天气的影响，在阴天、下雨时，太阳电池的转换效率降低或停止，所以太阳能汽车往往与蓄电池组共同组成太阳能混合动力电动汽车。当太阳较强时，由太阳电池板将太阳能转换为电能后，通过充电器向动力蓄电池组充电，也可以由太阳电池板直接提供电能，通过电流变换器将电流输送到驱动电动机，驱动汽车行驶。当太阳较弱或阴天时，则靠蓄电池组对外供电。一般采用智能控制系统来控制其运行。

太阳能汽车一般由太阳电池方阵、电力系统、电力控制系统和电动机等组成。

太阳电池方阵是太阳能汽车的动力源。方阵是由许多硅电池板（接近 1000 个）组成的，工作电压在 50~200V 范围内，并能提供 1000W 的电力。方阵输出功率的大小受到太阳、云层的覆盖度和温度的影响。

一般情况下，车辆在运动时，被转换的太阳能被直接送到发动机控制系统。有时提供的能量要大于发动机需求的电力，多余的能量就会被蓄电池储存，以备后用；当太阳电池方阵不能提供足够的能量来驱动发动机时，蓄电池内被储存的备用能量将会自动补充。当太阳能汽车开始减速时，发动机将变成一个发电机，能量通过发动机控制器反向进入蓄电池内进行储存。

电力系统控制器管理全部电力的供应和收集工作。太阳能汽车上所用的蓄电池主要有铅酸蓄电池、镍镉蓄电池、锂离子蓄电池和锂聚合物电池。蓄电池组由几个独立的模块连接起来，并形成系统所需的电压，一般为84~108V。

电力控制系统包括峰值电力监控仪、发动机控制器和数据采集系统，其最基本的功能是控制和管理整个系统中的电力。当太阳能光伏阵列正在给蓄电池充电时，蓄电池组电力监控仪会保护蓄电池组避免过充而被损坏。峰值电力监控仪由轻质材料制成，一般转换效率能达到95%以上。发动机控制器控制发动机的起动，而发动机起动信号来自驾驶人的加速装置，对发动机控制器电力管理是通过程序来完成的。数据采集系统通过精确数据检测来管理整个太阳能汽车的电力系统，其中，包括太阳能光伏阵列、蓄电池组、发动机控制器和发动机，用来解决太阳能汽车出现的问题。

电动机直接驱动太阳能汽车，大多数电动机是双线圈直流无刷电机，在额定转速时可达到98%的使用效率。

温馨提示：太阳能电池的工作原理请扫视频7.1二维码观看。

3. 太阳能汽车的发展历史与现状

世界上第一辆太阳能汽车是1978年在英国研制成功的，其车速达到13km/h。

近年来，世界各大汽车厂商积极探索太阳能在汽车上的量产化应用。2017年7月，德国SONO汽车初创公司在慕尼黑发布了首款接近量产的太阳能汽车"Sion"，车身周围被330片单晶硅太阳电池板覆盖，最高车速可达到140km/h。2019年6月，荷兰电动汽车光年（Lightyear）公司，公布了名为"Lightyear One"的首款量产汽车（图7-31），续驶里程为625km。2019年11月，2020款现代Sonata Hybrid（图7-32）在韩国正式上市，这是全球首款配备车顶太阳能充电系统的量产汽车。

视频7.1

图7-31 Lightyear One 太阳能汽车

图7-32 现代 Sonata Hybrid

我国太阳能汽车的研究开始于20世纪80年代。1984年9月，我国首次研制的"太阳号"太阳能汽车试验成功，汽车车顶上安装了2808块单晶硅片，车速达到20km/h，可连续行驶100km。其后国内诸多企业都进行了研发。例如2017年，中国汉能控股集团推出四款全太阳能动力汽车。2018年，中国万向集团推出了一款太阳能混动式电动汽车。

2022年6月24日，我国首辆纯太阳能汽车"天津号"（图7-33）亮相第六届世界智能大会。这是一款完全依靠太阳能驱动，不使用任何化石燃料和外部电源，真正实现零排放的智能网联汽车。它集成了镁合金、钙钛矿、碳纤维、高阻燃降噪材料等47项先进技术，其中16项达到国际或国内领先水平。该车的最高车速可达79.2km/h，续驶里程可达74.8km。它还具备L4级以上的自动驾驶能力，可以

图7-33 "天津号"纯太阳能汽车

实现智能避障、自适应巡航和自动泊车等功能。

 小 结

　　1. 以液化石油气为燃料的汽车称为液化石油气汽车，具有燃烧充分、排污少、不积炭、不稀释机油等优点。其发动机一般由燃料供给系统、电控点火系统和闭环控制系统等组成。

　　2. 以天然气为燃料的汽车称为天然气汽车。天然气汽车发动机主要由燃气控制系统、进气控制系统、点火控制系统和尾气处理系统等组成。

　　3. 醇类燃料汽车是指用醇类燃料作为能源驱动的汽车。醇类燃料是可再生资源，资源广泛，易于储运，发动机排污少。

　　4. 液化石油气汽车、天然气汽车和醇类燃料汽车使用时应严格按照操作规程进行。

　　5. 太阳能汽车是一种靠太阳能来驱动的汽车。它是真正的零排放汽车，能够有效降低全球环境污染。太阳能汽车使用太阳电池把光能转化成电能，电能会在蓄电池中存起备用，用来驱动汽车的电动机。

📝 思考题

　　1. 液化石油气燃料有哪些特性？

　　2. 简述液化石油气汽车的结构及工作原理。

　　3. 天然气燃料有哪些特性？

　　4. 简述天然气汽车的结构及工作原理。

　　5. 醇类燃料有哪些特性？

　　6. 目前太阳能汽车的关键技术有哪些？

　　7. 检索太阳能汽车的资料，谈谈你对太阳能汽车发展趋势的看法。

📝 测试题

测试题

项目八 智能网联汽车的基本结构与工作原理

学习模块一 智能网联汽车概述

 学习目标

知识目标	能力目标	素养目标
1）掌握智能网联汽车的定义与意义 2）掌握我国智能网联汽车的技术分级 3）掌握智能网联汽车的基本组成和工作原理	1）能检索国内外智能网联汽车的发展史和现状 2）能现场识别智能网联汽车的三大基本组成	1）通过查询资料，养成使用汽车维修手册的自主学习习惯 2）通过完成实训工作任务，培养规范操作意识和安全生产意识

 **情景导入**

张女士在互联网上看到广州开始无人驾驶汽车体验活动，她想参加体验并了解这方面知识。假如你是无人驾驶汽车平台的专业人员，应该如何给她进行介绍。

知识提升

一、智能网联汽车的含义及技术分级

1. 智能网联汽车的含义

智能网联汽车（Intelligent Connected Vehicle，ICV）是指通过搭载先进传感器、控制器和执行器等装置，融合现代通信、网络、人工智能等新技术，实现车与X（车、路、人、云端等）智能信息交换、共享，具备复杂环境感知、智能决策和协同控制等功能，可实现"安全、高效、舒适、节能"行驶，并最终可实现替代人来操作的新一代汽车。

智能网联汽车具有两个层面：一是智能化，二是网联化。在智能化层面，汽车配备了多种传感器（摄像头、雷达等），实现对周围环境的自主感知，通过一系列传感器信息识别和决策操作，汽车按照预定控制算法的速度与预设定交通路线规划的寻径轨迹行驶；在网联化层面，车辆采用新一代移动通信技术（LTE-V、5G等），实现车辆与车辆、道路、行人、服务平台等的全方位连接和数据交互，并由控制器进行计算，通过决策模块计算后控制车辆按照预先设定的指令行驶，进一步增强车辆的智能化程度和自动驾驶能力。

2. 发展智能网联汽车的意义

智能网联汽车可以保证汽车"安全、高效、舒适、节能"行驶。

智能网联汽车通过移动互联网和卫星定位，将汽车、道路监测设备和运用监控中心等进行联网，可有效保障汽车行驶安全、提高效率、改善环境、节约能源的综合效果。从我国2025年发展目标看，基本建成智能网联交通系统，可减少交通事故80%，交通效率提高30%，油耗与排放均降低20%。其潜在经济市场也非常大。

3. 智能网联汽车的技术分级

我国智能网联汽车根据《汽车驾驶自动化分级》GB/T 40429—2021，将驾驶自动化系统划分为六个等级，见表8-1。

表8-1 我国汽车驾驶自动化分级

等级	等级名称	各级名称定义	持续的车辆横向和纵向运动控制	目标和事件探测与响应	动态驾驶任务后援	设计运行范围
0	应急辅助	系统不能持续执行动态驾驶任务中的车辆横向或纵向运动控制，但具备持续执行动态驾驶任务中的部分目标和事件探测与响应的能力	驾驶人	驾驶人和系统	驾驶人	有限制
1	部分驾驶辅助	系统在其设计运行条件下持续地执行动态驾驶任务中的车辆横向或纵向运动控制，且具备与所执行的车辆横向或纵向运动控制相适应的部分目标和事件探测与响应的能力	驾驶人和系统	驾驶人和系统	驾驶人	有限制
2	组合驾驶辅助	系统在其设计运行条件下持续地执行动态驾驶任务中的车辆横向和纵向运动控制，且具备与所执行的车辆横向和纵向运动控制相适应的部分目标和事件探测与响应的能力	系统	驾驶人和系统	驾驶人	有限制
3	有条件自动驾驶	系统在其设计运行条件下持续地执行全部动态驾驶任务	系统	系统	动态驾驶任务后援用户	有限制
4	高度自动驾驶	系统在其设计运行条件下持续地执行全部动态驾驶任务并自动执行最小风险策略	系统	系统	系统	有限制
5	完全自动驾驶	系统在任何可行驶条件下持续地执行全部动态驾驶任务并自动执行最小风险策略	系统	系统	系统	无限制*

注：*—排除商业和法规因素等限制。

二、智能网联汽车的基本结构与工作原理

智能网联汽车的车身、底盘和动力部分与传统汽车类似，区别在于增加了智能和网联部分，其主要由环境感知系统、中央决策系统和运动控制系统等组成（图8-1）。

环境感知系统相当于人的眼睛（视觉）、耳朵（听觉）、身体（触觉），汽车则是依靠各类传感器、GPS和雷达等，结合近距离通信技术，实时准确地探测车辆自身状态和周围环境的信息。

中央决策系统相当于人的大脑，根据传感器等环境感知系统输入数据，依靠芯片与算法，取代驾驶人主动发出控制指令，控制车辆运行。

运动控制系统相当于人的手与脚，智能汽车利用电子装置取代传统机械设备，根据行车ECU指令

图 8-1　智能网联汽车的系统构成

实施速度和方向等的控制。

智能网联汽车的工作原理如图 8-2 所示。在一个控制周期内，环境感知系统（传感器等）负责感知周围环境及自身状态，并将信号传送给中央决策系统（计算机等）；计算机中的软件系统收集传感器和卫星等多方面信息，负责环境建模、决策与规划，并向运动控制系统（执行器等）发送指令；执行器负责执行指令，控制车辆行驶，并反馈结果给计算机。控制周期一般为毫秒级，由各种传感器采样频率、软件算法复杂度、计算机性能以及执行器频率决定。

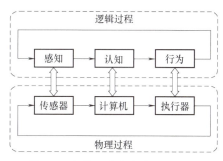

图 8-2　智能网联汽车的工作原理

温馨提示：智能网联汽车的结构认知请扫视频 8.1 二维码观看。

三、智能网联汽车的发展动态

1. 国外智能网联汽车的发展历程

视频8.1

国外从 20 世纪 70 年代就开始系统布局和研究智能网联汽车。例如 1984 年 9 月美国国防部与陆军合作发起的 ALV 战略计划；欧盟 1984 年开始实施研发框架计划（Framework Program，FP）；日本从 1991 年开始支持先进安全汽车（ASV）项目，1994 年成立了由建设省、运输省、警察厅、通产省、邮政省组成的联席会议，共同推进 ITS（智能交通系统）的研发与应用。

21 世纪初，各国家及企业都制定了智能汽车的发展战略及目标，投入了大量的资金及资源。如 2010 年，美国交通运输部提出《ITS 战略计划 2010—2014》，2014 年，又提出《ITS 战略计划 2015—2019》。2016 年 9 月，美国交通部发布了一项《联邦自动驾驶汽车政策》。2017 年 9 月，美国众议院一致通过了《自动驾驶法案（SELF DRIVE ACT，H. R. 3388）》。美国交通部分别于 2017 年、2018 年和 2020 年推出"自动驾驶系统 2.0：安全愿景""为未来的交通做准备：自动驾驶汽车 3.0"和"自动驾驶 4.0——确保美国在自动驾驶技术方面的领导地位"，为自动驾驶技术的安全和创新提供指导原则。

欧盟 2010 年制定了《ITS 发展行动计划》，2012 年制定了《欧盟未来交通研究与创新计划》，提出在 2020 年高速公路实现自动驾驶，2030 年进入完全自动驾驶社会。2017 年，欧盟新车安全评鉴协会（E-NCAP）将速度辅助系统（SAS）、自动紧急制动（AEB）、车道偏离预警/车道偏离辅助（LDW/LKD）纳入新车安全加分项，要求装车率达到 100%。2018 年 5 月，欧洲联盟委员会公布了《通往自动化出行之路：欧盟未来出行战略》。在网联运用方面，到 2022 年，所有新的欧洲汽车都具备了通信能力。2021 年 5 月德国通过了《自动驾驶法》，自 2022 年开始，允许自动驾驶汽车在无须驾驶人的情况下在全国范围内的公共道路交通的特定区域运行。

日本 2010 年制定了《下一代汽车战略 2010》，2013 年提出了"世界最顶尖的 IT 国家创造宣言"，2014 年制定了《SIP（战略性创新创造项目）自动驾驶系统研究开发计划》。在 2017 年的官民 ITS 构想及线路图中，明确了自动驾驶技术的推广计划：2020 年左右实现高速公路上的 L2、L3 自动驾驶和特定区域的 L4 自动驾驶；到 2025 年，将实现高速公路上的 L4 自动驾驶。2018 年 9 月日本发布了《自动驾驶汽车安全技术指南》等。日本政府于 2019 年 5 月通过了《道路运输车辆法》修订案和《道路交通法》修订案，明确自 2020 年开始，在一定条件下实现在高速公路上的 L3 级自动驾驶，在人口稀少等限定地区实现 L4 级自动驾驶的实用化。

目前，美国、欧盟、日本在智能汽车领域已形成三足鼎立的局面。美国重点在网联化，形成了基于车-X 通信的网联化汽车产业化能力；欧洲具有世界领先的汽车电子零部件供应商和整车企业，自主式自动驾驶技术相对领先；日本交通设施基础较好，自动驾驶方面技术水平在稳步推进。大部分车企已经实现了一些 L2 级自动驾驶汽车的批量生产，一些高端品牌率先推出 L3 级自动驾驶汽车，以谷歌为代表的新技术力量也在积极进行全自动驾驶技术 L4 级、L5 级的开发和测试。

2. 中国智能网联汽车的发展历程

中国智能网联汽车的发展历程如图 8-3 所示。

图 8-3　中国智能网联汽车的发展历程

我国从 20 世纪 90 年代中期开始进行无人驾驶汽车的研究，例如国防科技大学等在 1992 年研制出我国第一辆无人驾驶汽车（图 8-4），2011 年成功进行了 286km 的无人驾驶路试。

2000 年，我国成立了全国智能交通系统（ITS）协调指导小组及办公室。2015 年，国务院发布了《中国制造 2025》，出台了智能网联汽车一系列相关法规标准，提出中国智能网联汽车目标：2020 年 DA、PA、CA 新车装备率超过 50%；2025 年 DA、PA、CA 新车装备率达到 80%（其中，PA、CA 新车装备率达到 25%），HA、FA 开始进入市场；2030 年 DA、PA、CA 新车装备率以及汽车网联率均接近 100%，HA、FA 新车装备率达到 10%。

图 8-4　国防科技大学无人
驾驶汽车

2018 年 1 月，国家发展和改革委员会发布了《智能汽车创新发展战略》计划。2018 年 5 月，工业和信息化部、公安部、交通部联合发布了《智能网联汽车道路测试管理规范（试行）》。2020年2月10日，国家11部委联合发布了"关于印发《智能汽车创新发展战略》的通知"，提出到2025年，实现有条件自动驾驶的智能汽车达到规模化生产，2035—2050年，中国标准智能汽车体系全面建成。

2021年1月，交通运输部发布了《关于促进道路交通自动驾驶技术发展和应用的指导意见》。工业和信息化部统计数据显示，2022年我国搭载辅助自动驾驶系统的智能网联乘用车新车销量达700万辆，同比增长45.6%，L2装机率非常高，达到30%。新能源车辅助自动驾驶系统搭载比例达到48%，呈快速增长态势。

2023年7月，工业和信息化部、国家标准化管理委员会联合印发《国家车联网产业标准体系建设指南（智能网联汽车）（2023版）》。通知提出，第一阶段到2025年，系统形成能够支撑组合驾驶辅助和自动驾驶通用功能的智能网联汽车标准体系，制修订100项以上智能网联汽车相关标准。目前，我国智能网联汽车无论是技术水平还是产业发展都在与欧盟、美国和日本等汽车强国并跑，部分领域处于领跑的态势。

我国的百度公司在智能网联汽车研发方面取得了骄人的成就。2018年2月15日，百度28辆Apollo无人车亮相中央电视台春节晚会，在港珠澳大桥开跑，并在无人驾驶模式下完成"8"字交叉跑的高难度动作（图8-5），为全国人民和全球华人献上了一份振奋人心的新春厚礼，也向世界展示了中国的崛起决心、力量、速度与自信。2018年7月4日，百度全球首款L4级量产自动驾驶巴士第100辆"阿波龙"量产下线（图8-6）。

图8-5 百度无人驾驶汽车在港珠澳大桥开跑画面

图8-6 百度第100辆"阿波龙"量产下线

2023年6月17日，百度公司萝卜快跑在深圳开启了全国首个L4级无人驾驶汽车商业化收费运营（图8-7），可运营区域188km^2，覆盖了早晚高峰的运营时间。用户可以通过百度萝卜快跑App/小程序、百度地图、百度App等平台直接呼叫无人驾驶车辆，车辆将自动驶向输入的目的地。在乘客上车后，只需要单击"开启行程"按钮，车辆便会平稳起步，不需要驾驶人手动操作。继深圳之后，2023年7月7日，百度萝卜快跑在北京进行了自动驾驶"车内无人"商业化试点（图8-7）。

图8-7 深圳开放无人驾驶汽车商业化收费运营

📖 小结

1. 智能网联汽车是指通过搭载先进传感器、控制器和执行器等装置，并融合现代通信、网络和人工智能等新技术，实现车与X（车、路、人、云端等）智能信息交换、共享，具备复杂环境感知、智能决策、协同控制等功能，可实现"安全、高效、舒适、节能"行驶，并最终可实现替代人来操作的新一代汽车。

2. 我国智能网联汽车划分为应急辅助（0 级）、部分驾驶辅助（1 级）、组合驾驶辅助（2 级）、有条件自动驾驶（3 级）、高度自动驾驶（4 级）和完全自动驾驶（5 级）六个等级。

3. 智能网联汽车主要由环境感知系统、中央决策系统和运动控制系统三大部分组成。

4. 智能网联汽车的基本工作原理：环境感知系统负责感知周围环境及自身状态，并将信号传送给中央决策系统；中央决策系统根据收集到的各方面信息，负责环境建模、决策与规划，并向运动控制系统发送指令；运动控制系统负责执行指令，控制车辆行驶。

5. 目前在国外美国、欧盟、日本在智能网联汽车领域已形成三足鼎立的局面。

6. 目前，我国智能网联汽车无论是技术水平还是产业发展都在与欧盟、美国、日本等汽车强国并跑，部分领域处于领跑的态势。

1. 发展智能网联汽车有什么实际意义？

2. 我国智能网联汽车技术分级与美国有何异同？

3. 智能网联汽车主要由哪些系统组成？其基本工作原理如何？

4. 检索资料，说说目前国外智能网联汽车的发展现状。

5. 检索资料，说说目前我国智能网联汽车的发展现状。

测试题

学习模块二　智能网联汽车环境感知系统

学习目标

知识目标	能力目标	素养目标
1）掌握智能网联汽车环境感知系统的作用与基本组成 2）掌握传感识别系统的组成与工作原理 3）掌握定位导航系统的组成与工作原理 4）掌握无线通信技术的组成与工作原理	1）能现场识别智能网联汽车环境感知系统的各主要部件 2）能拆装视觉传感器、超声波传感器、毫米波雷达、激光雷达 3）会使用卫星定位导航、地图匹配定位导航和惯性定位导航等技术 4）会使用移动网络通信和物联网无线通信等技术	1）通过查询资料,养成使用智能网联汽车使用说明书和维修手册的自主学习习惯 2）通过完成实训工作任务,培养规范操作意识和安全生产意识

情景导入

　　王先生乘坐广州无人驾驶公交车，发现没有驾驶员，不知道汽车是如何辨别道路和行人的，想了解这方面知识。假设你是无人驾驶汽车平台的专业人员，应该如何给他进行介绍？

知识提升

一、环境感知系统的作用

驾驶传统汽车靠驾驶人的眼睛和耳朵感知周围环境情况（道路、车辆、行人等情况），智能网联汽车则依靠各种传感器、GPS、雷达等，结合各种通信技术，实时、准确地探测车辆自身状态和周围环境的信息，并对信息进行处理，传送给中央决策系统处理器，为智能网联汽车提供决策依据。

感知周围环境包括行驶路径识别、周边物体识别、驾驶状态检测和驾驶环境检测等。

（1）行驶路径识别 对于结构化道路（路面上有明显的道路标记）的行驶路径识别包括道路交通标线、行车道边缘线、路口导向线、导向车道线、人行横道线、道路出入口标线、道路隔离物识别等，对于非结构化道路（路面上无明显的道路标记）的行驶路径识别主要是可行驶路径的确认。

（2）周边物体识别 周边物体识别主要包括车辆、行人、地面上可能影响车辆通过和安全行驶的其他各种移动或静止物体的识别，各种交通标志的识别，交通信号灯的识别。

（3）驾驶状态检测 驾驶状态检测主要包括驾驶人自身状态、车辆自身行驶状态和周边车辆行驶状态的检测。

（4）驾驶环境检测 驾驶环境检测主要包括路面状况、道路交通拥堵情况和天气状况的检测。

二、环境感知系统的组成与工作原理

智能网联汽车驾驶环境感知系统主要有传感识别系统、定位导航系统和无线通信（移动网络通信、物联网无线通信等）系统，如图8-8所示。

图 8-8 智能网联汽车驾驶环境感知系统

1. 传感识别系统

传感识别系统主要包括视觉传感器、超声波传感器、毫米波雷达、激光雷达等。

（1）视觉传感器 视觉传感器又称为成像装置或摄像装置（图8-9），是直观获取环境信息的装置。它可以检测可见光、紫外线、X射线和近红外光等，实现视觉功能的信息采集和处理，主要用于车牌、道路边界、车道线、交通信号、交通标志、车辆/行人等交通参与者、

图 8-9 车载前视摄像头

自由行驶空间等对象的感知，可实现车道偏离警告、前方碰撞预警、行人碰撞预警、交通标志识别、盲点监控、驾驶人注意力监控、全景环视、泊车辅助和车道保持辅助等功能。

视觉传感器主要由光源、镜头、图像传感器、模-数变换器、图像处理器和图像存储器等组成（图8-10）。把光源、摄像机、图像处理器、标准的控制与通信接口等集成一体的视觉传感器常称为一个智

能图像采集与处理单元（图8-11），内部程序存储器可存储图像处理算法，并能使用计算机，利用专用组态软件编制各种算法并下载到视觉传感器的程序存储器中。

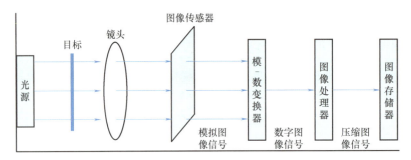

图 8-10　视觉传感器的组成

视觉传感器的感知核心是电荷耦合元件（Charge-coupled Device，CCD）（图8-12）。它是一种半导体器件，能够把光学影像转化为数字信号，再传输到计算机处理，即可实现对车辆周围路况的识别。

图 8-11　智能图像采集与处理单元

图 8-12　电荷耦合元件

温馨提示：视觉传感器的结构与工作原理请扫视频8.2二维码观看。

视觉传感器按安装位置分有前视、后视、侧视和内视四种（图8-13）；按镜头类型分有长焦、鱼眼两和；按摄像头方式分有单目摄像头、双目摄像头、三目摄像头和环视摄像头等多种类型（图8-14），它们各自的特点见表8-2。

视频8.2

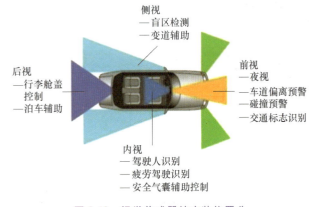

图 8-13　视觉传感器按安装位置分

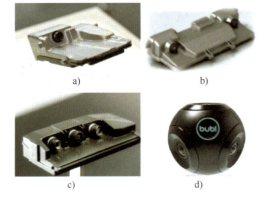

图 8-14　摄像头方式
a）单目摄像头　b）双目摄像头
c）三目摄像头　d）环视摄像头

表 8-2　摄像头的特点

分类	摄像头数量/个	特点
单目摄像头	1	优点是成本低廉，识别准确；缺点是无法识别没有明显轮廓的障碍物，工作准确率与外部光线条件有关，并且受限于数据库，没有自学习功能
双目摄像头	2	没有识别率的限制，无须先识别，可直接进行测量；直接利用视差计算距离，精度较高；无须维护样本数据库

（续）

分类	摄像头数量/个	特点
三目摄像头	3	感知范围更大,但需同时标定三个摄像头,工作量大
环视摄像头	≥4	实现360°环境感知

视觉传感器对环境识别原理和流程根据不同事物有所不同。

1）道路识别：主要是车道线识别（图8-15）。它是通过对视觉传感器图像进行车道线检测和提取来获取道路上的车道线位置和方向，提供车辆在当前车道中的位置。

2）车牌识别：利用摄像头对监控路面过往的每一辆机动车的特征图像和车辆全景图像进行实时记录，利用图像处理的分析方法提取出车牌区域，进而对车牌区域进行字符分割和识别。其识别流程如图8-16所示。

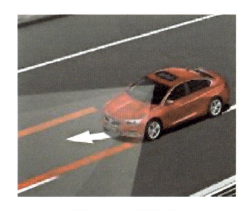

图 8-15 车道线识别

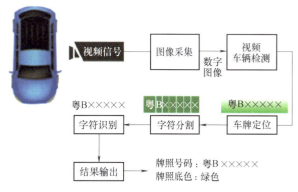

图 8-16 车牌识别流程

3）行人识别：通过摄像头采集前方场景的图像信息，通过一系列复杂的算法分析处理这些图像信息实现对行人的识别（图8-17），其流程一般由预处理、分类检测和决策报警三部分组成，如图8-18所示。

图 8-17 行人识别

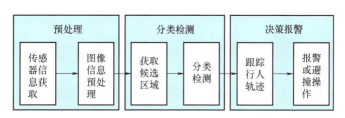

图 8-18 行人识别流程

4）交通标志识别：我国交通标志主要有禁令标志、警告标志和指示标志，其识别流程如图8-19所示。

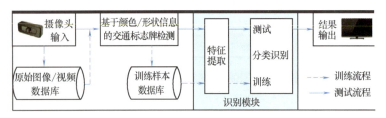

图8-19　交通标志识别流程

5）交通信号灯识别：交通信号灯按颜色分有红色、黄色和绿色三种，按安装方式分有横放和竖放两种，按功能分有人行、车辆、转向、掉头、警告等信号灯。交通信号灯识别流程如图8-20所示。

图8-20　交通信号灯识别流程

6）红外夜视系统：一种利用红外成像技术辅助驾驶人在黑夜中看清道路、行人和障碍物等，减少事故发生，增强主动安全的系统，如图8-21所示。

自然界中一切温度高于绝对零度的物体，每时每刻都会向外辐射红外线（是一种波长从 $0.78 \sim 1000\mu m$ 的电磁波），如图8-22所示。红外夜视就是基于红外热成像原理来实现的。

按照工作原理不同，汽车夜视辅助系统可以分为主动夜视辅助系统和被动夜视辅助系统两种。主动夜视辅助系统是采用主动红外成像技术，把目标物体反射或自身辐射的红外辐射图像转换成人眼可观察的图像，这种系统本身必须具备光源，不发出热量的物体也可以被看到，通过图像处理提高清晰度可使道路标志清晰可见。被动夜视辅助系统仅依靠对物体本身发出的光线进行识别，不发出热量的物体看不清或不能被看到。智能网联汽车主要采用主动夜视辅助系统。

图8-21　红外夜视系统

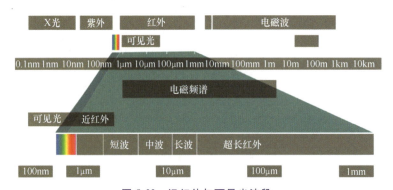

图8-22　远红外与可见光波段

主动夜视辅助系统主要由红外发射单元、红外成像单元、ECU和图像显示单元等组成，如图8-23所示。

红外夜视系统的工作原理：红外发射单元位于两个前照灯内，当它被激活时，产生的红外线用于照射车辆前方区域,由一个红外感应摄像头记录交通状况并将该信息发送至 ECU;ECU 对视频图像进行处理,然后发送到仪表盘上的显示屏,驾驶人可以通过显示屏看到一个灰度图像,相当于在远光灯开启时通过风窗玻璃观察车辆前方。

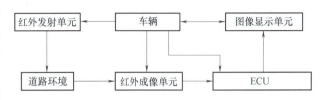

图 8-23 主动夜视辅助系统的组成

(2) 超声波传感器 声音以波的形式传播称为声波。频率大于 20000Hz 的声波称为超声波,频率小于 20Hz 的声波称为次声波,频率在 20~20000Hz 范围内的声波就是人能够听见的声波。超声波传感器是将超声波信号转换成其他能量信号(通常是电信号)的传感器,主要被用于探测周边存在的物体。

超声波传感器结构简单,体积小,成本低,信息处理简单可靠,易于小型化与集成化,并且可以进行实时控制。其有效探测距离一般为 5~10m,但会有一个最小探测盲区,一般为几十毫米(图 8-24)。超声波对色彩和光照度不敏感,可适用于识别透明、半透明及漫反射差的物体;对外界光线和电磁场不敏感,可用于黑暗、有灰尘或烟雾、电磁干扰强、有毒等恶劣环境中。

超声波传感器有一个发射头和一个接收头,安装在同一平面上(图 8-25)。在有效的检测距离内,发射头发射特定频率的超声波,遇到检测面反射部分超声波。接收头接收返回的超

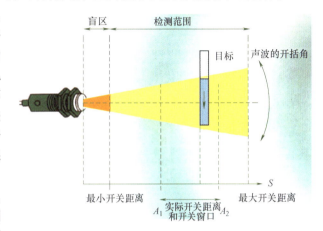

图 8-24 超声波传感器有效检测距离

声波,由芯片记录声波的往返时间,并计算出距离值(图 8-26)。超声波测距传感器可以通过模拟接口和 IIC 接口两种方式将数据传输给控制单元。

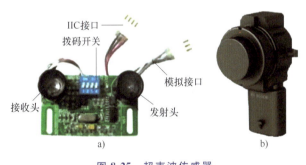

图 8-25 超声波传感器
a) 内部结构 b) 外形

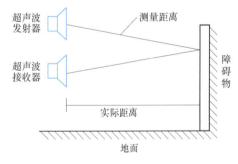

图 8-26 超声波传感器测距原理图

超声波传感器的核心部件是压电超声发生器,它内部有两个压电晶片和一个共振板(图 8-27)。当对压电晶片两极施加电压脉冲且脉冲信号的频率与压电晶片的振荡频率相等时,压电晶片将产生共振并驱动谐振器板振动,压电超声发生器产生超声波;如果两个电极之间没有施加电压,当共振板接收到超声波时,压电晶片振动,机械能被转换成电信号,此时压电超声发生器就成为超声波接收器。超声波属于声波,通常使用在 15℃ 的空气中声音的传播速度(340m/s)作为超声波距离计算中的速度值。发射点与障碍物表面之间的距离 s 可以根据计时器记录的时间 t 进行计算,其计算公式为

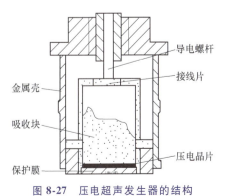

图 8-27 压电超声发生器的结构

$$s = 340t/2$$

常用探头的工作频率有 40kHz、48kHz 和 58kHz 三种。一般来说，频率越大灵敏度越高，但水平与垂直方向的探测角度就越小。目前应用比较广泛的是 40kHz 的超声波探头。

温馨提示：超声波雷达的结构认知请扫视频 8.3 二维码观看。

（3）毫米波雷达 雷达是利用电磁波探测目标的电子设备。毫米波雷达是工作在毫米波频段的雷达。毫米波是指波长为 1~10mm 的电磁波，对应的频率范围为 30~300GHz，在智能汽车环境识别中主要被用于行人检测和盲区监测等。

视频8.3

毫米波雷达具有探测距离远（最远可超过 250m）、响应速度快（传播速度与光速一样）、适应能力强（有很强的穿透能力，在雨、雪、大雾等恶劣天气依然可以正常工作，而且不受颜色与温度的影响）等优点，缺点是覆盖区域呈扇形，有盲点区域，无法识别道路标线、交通标志和交通信号灯等。

毫米波雷达主要包括天线、收发系统、信号处理系统、收发芯片和天线等，如图 8-28 所示。

毫米波雷达的工作过程如图 8-29 所示。它通过天线向外发射毫米波，接收机接收目标反射信号，发射信号与回波信号相比形状相同，时间上存在差值，经信号处理器处理后快速准确地获取汽车周围的环境信息，如汽车与其他物体之间的相对距离、相对速度、角度和行驶方向等；然后，根据所探知的物体信息进行目标追踪和识别，进而结合车身动态信息进行数据融合，最终通过中央处理单元（ECU）进行智能处理；经合理决策后，以声、光及触觉等多种方式告知或警告驾驶人，或及时对汽车做出主动干预，从而保证汽车行驶的安全性和舒适性，减小事故发生率。

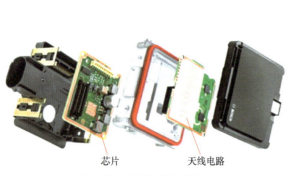

图 8-28 毫米波雷达的结构

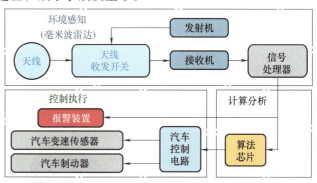

图 8-29 毫米波雷达的工作过程

毫米波雷达按工作原理分为脉冲式毫米波雷达与调频式连续毫米波雷达两类；按探测距离可分为近距离雷达（SRR）、中距离雷达（MRR）和远距离雷达（LRR）三类；按频段划分为 24GHz、60GHz、77GHz 和 79GHz，频率越大，探测距离越远，检测精度更高，但成本也更高。

温馨提示：毫米波雷达的结构认知请扫视频 8.4 二维码观看。

（4）激光雷达 激光雷达是工作在光频波段的雷达。它利用光频波段的电磁波先向目标发射探测信号，然后将其接收到的同波信号与发射信号相比较，从而获得目标的位置（距离、方位和高度）、运动状态（速度、姿态）等信息，实现对目标的探测、跟踪和识别。车载激光雷达普遍采用多个激光发射器和接收器，建立三维点云图，从而达到实时环境感知的目的。激光雷达的组成如图 8-30 所示。

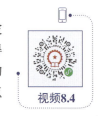
视频8.4

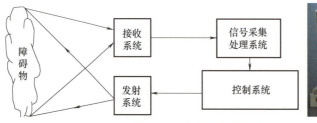

图 8-30 激光雷达的组成

激光雷达具有分辨率高（角分辨率不低于 0.1mrad，即可以分辨 3km 距离上相距 0.3m 的两个目标，并可同时跟踪多个目标；距离分辨率可达 0.1m；速度分辨率能达到 10m/s 以内）、探测范围广（300m 以上）、信息量丰富（可直接获取探测目标的距离、角度、反射强度和速度等信息，生成目标多维度图像）、可全天候工作等优点；缺点是产品体积大，成本高，不能识别车道线和交通标志等。

激光雷达按照安装位置的不同分为两大类，一类安装在汽车的四周，另一类安装在车顶，如图 8-31 所示。

激光雷达按照激光线束多少分为单线束激光雷达与多线束激光雷达。单线束激光雷达扫描一次只产生一条扫描线，其获得的数据为 2D 数据，因此无法区别有关目标物体的 3D 信息。由于单线束激光雷达具有测量速度快和数据处理量少等特点，多被应用于安全防护和地形测绘等领域。多线束激光雷达扫描一次可产生多条扫描线，目前市场上多线束激光雷达产品包括 4 线束、8 线束、16 线束、32 线束、64 线束等。

图 8-31 激光雷达的安装位置

按有无机械旋转部件，激光雷达可分为机械旋转式激光雷达、固态激光雷达和混合固态激光雷达。机械旋转式激光雷达（图 8-32）带有控制激光发射角度的旋转部件，在高速旋转的电动机壳体带动下，可实现水平角度 360° 的全覆盖，体积较大，价格昂贵，测量精度相对较高，一般置于汽车顶部。固态激光雷达依靠电子部件来控制激光发射角度，无须机械旋转部件，所以尺寸较小，可安装于车体内。混合固态激光雷达没有大体积旋转结构，采用固定激光光源，通过内部玻璃片旋转的方式改变激光光束方向，实现多角度检测的需要，并且采用嵌入式安装。

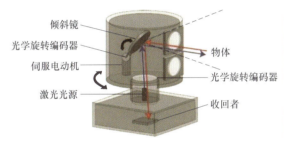

图 8-32 机械旋转式激光雷达

上述的激光雷达、毫米波雷达、超声波传感器和视觉传感器各有其优缺点，性能比较见表 8-3。

表 8-3 激光雷达、毫米波雷达、超声波传感器和视觉传感器的比较

传感器类型	激光雷达	毫米波雷达	超声波传感器	视觉传感器
远距离探测	强	强	弱	较强
探测角度/(°)	150~360	10~70	120	30
夜间环境	强	强	强	弱
全天候	强	强	弱	弱
不良天气环境	弱	强	一般	弱
温度稳定性	弱	强	强	强
车速测量能力	强	弱	一般	弱
路标识别	×	×	×	√
主要应用	实时建立车辆周边环境的三维模型	自适应巡航控制系统、自动制动辅助系统	泊车辅助	车道偏离预警、车道保持系统、盲区监测系统、前车防撞预警、交通标志识别、交通信号灯识别、全景泊车
成本	高	适中	低	适中

智能网联汽车为了达到最好的环境识别效果，一般都是联合配置使用。典型智能网联汽车传感器的基本配置见表8-4，各种传感器组合应用的效果如图8-33所示。

表8-4　典型智能网联汽车传感器的基本配置

传感器	数量/个	最小感知范围	备注
环视摄像头（高精）	4	8m	1）前、侧向毫米波雷达信息处理策略有差异，不能互换 2）毫米波雷达和激光雷达互为冗余 3）不同供应商的传感器探测范围有差异，表中数据仅供参考
前视摄像头（单目）	1	50°/150m	
超声波传感器	12	5m	
侧向毫米波雷达（24GHz）	4	110°/60m	
前向毫米波雷达（77GHz）	1	15°/170m	
激光雷达	1	110°/100m	

图8-33　各种传感器组合应用的效果

温馨提示：激光雷达的结构认知请扫视频8.5二维码观看。

2. 定位导航系统

智能网联汽车的高效安全运行离不开准确的定位导航系统。汽车通过定位导航系统可获得汽车的位置信息（如经纬度坐标、航向角等）、姿态信息（如速度、加速度等）、环境信息（如路况、车流等）和导航信息（如最佳路线推荐等）。

视频8.5

目前，常用的定位导航技术有卫星定位导航技术、惯性定位导航技术、地图匹配定位导航技术等。

（1）卫星定位导航技术　卫星定位导航技术是指采用导航卫星对地面、海洋、空中和空间用户进行导航定位的技术。目前，全球有四大卫星导航系统，分别是美国的全球定位系统（GPS）、中国的北斗卫星导航系统（BDS）、俄罗斯的格洛纳斯系统（GLONASS）和欧盟的伽利略卫星导航系统，其标识如图8-34所示，其定位导航系统的性能参数比较见表8-5。

美国的GPS　　中国的北斗　　俄罗斯的GLONASS　　欧洲的伽利略
卫星导航系统　　　　　　　　　　　卫星导航系统

图8-34　全球四大卫星导航系统

表8-5　全球四大卫星导航系统的性能参数比较

系统	北斗卫星导航系统	GPS	GLONASS	伽利略卫星导航系统
研制国家	中国	美国	俄罗斯	欧盟
标配卫星数量	35颗	33颗	26颗	30颗

（续）

系统	北斗卫星导航系统	GPS	GLONASS	伽利略卫星导航系统
在轨卫星数量	33 颗	31 颗	23 颗	24 颗
定位精度	北斗二代：3.6m（亚太地区 2.6m）	0.3～5m	2.8～7.38m	0.8m
测速精度	0.05m/s	0.3m/s	0.01m/s	
授时精度	9.8ns	10ns	20～30ns	10ns
覆盖范围	全球	全球	全球	全球
组网完成时间	2020 年	1993 年	1995 年数目达标 2010 年正常运行	预计 2020 年
竞争优势	短报文通信	成熟	抗干扰能力强	精确度高

我国自主研制的北斗卫星导航系统与其他卫星定位导航系统相比有以下特点：

1）系统空间段采用三种轨道卫星组成的混合星座，与其他卫星定位导航系统相比，高轨卫星更多，抗遮挡能力强，尤其低纬度地区性能特点更为明显。

2）提供多个频点的导航信号，能够通过多频信号组合使用等方式提高服务精度。

3）创新融合了导航与通信能力，具有实时导航、快速定位、精确授时、位置报告和短报文通信服务五大功能。北斗卫星导航系统用户终端系统最多可容纳 54 万/h 的用户，具有双向消息通信功能，用户可一次发送 40～60 个汉字的短消息信息。北斗系统具有精确的定时功能，可以为用户提供 20～100ns 的时间同步精度。

北斗卫星导航系统的研制，发扬了中国人民自力更生、艰苦奋斗的精神，克服了重重技术封锁，突破了种种核心关键技术，造福了人类，服务了全球，也避免受制于人。

各种卫星定位导航原理基本类似，以 GPS 为例，卫星不断地传送轨道信息和卫星上的原子钟产生的精确时间信息，GPS 接收机上有一个专门接收无线电信号的接收器，同时有自己的时钟。当接收机收到一颗卫星传来的信号时，接收机可以测定该卫星离用户的空间距离，用户就位于以观测卫星为球心、以观测距离为半径的球面与地球表面相交的圆弧的某一点；当 GPS 接收机观测到第二颗卫星的信号时，以第二颗卫星为球心、以第二个观测距离为半径的球面与地球表面相交为一个圆弧，上述两个圆弧在地球表面会有两个交会点，还不能确定出用户唯一的位置；当 GPS 接收机观测到第三颗卫星的信号时，以第三颗卫星为球心、以第三个观测距离为半径的球面与地球表面相交为一个圆弧，上述三个圆弧在地球表面相交于一点，该点即为 GPS 用户所在的位置。由于 GPS 接收机的时钟有误差，会使测得的距离有误差，所以定位时要求接收机至少观测到四颗卫星的距离观测值才能准确确定出用户所在空间位置及接收机时钟差，如图 8-35 所示。

GPS 一般由导航卫星、地面监控设备和 GPS 用户组成，如图 8-36 所示。

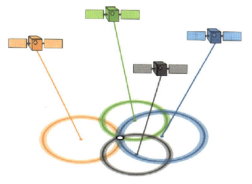

图 8-35　四颗卫星定位原理图

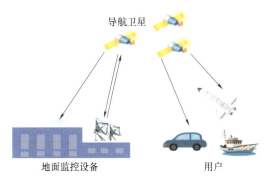

图 8-36　GPS 的组成

导航卫星分布在 20000km 高空的不同位置（图 8-37），每 12h 环绕地球一圈，不断接收和存储来自地面监控设备发送的导航定位控制指令，微处理器进行数据处理，以原子钟产生基准信号和精确的时间为基准向用户连续发送导航定位信息。

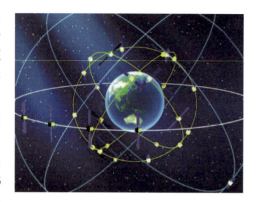

图 8-37　北斗定位卫星星座

地面监控设备由一个主控站、四个注入站和六个监测站组成，它们的任务是实现对导航卫星的控制。

GPS 用户主要由 GPS 接收机和 GPS 数据处理软件组成。GPS 接收机接收、追踪和放大卫星发射的信号，GPS 数据处理软件对数据进行处理，计算出用户所在位置的三维坐标、速度、方向和精确时刻等。

全球卫星导航系统的应用也存在易受干扰、动态环境可靠性差、数据输出频率低、高层建筑卫星信号闭塞等问题。如果将卫星定位导航和惯性导航系统结合起来，两个导航系统可以相互补充，形成一个有机的整体。

温馨提示：GPS 的组成与原理请扫视频 8.6 二维码观看。

（2）惯性定位导航技术　惯性定位导航技术是利用惯性测量单元（IMU）的角度和加速度信息来计算车辆相对位置的一种定位导航技术。IMU 包括陀螺仪或加速度传感器等惯性传感器，它们具有体积小、重量轻、可靠性高、量程大、功耗低、使用寿命长、成本低、易于数字化和智能化、实用性广等优点。

视频8.6

1）陀螺仪：陀螺仪有多种类型，一般由转子（旋转轮）、内框和外框等组成（图 8-38）。当它在高速运行时，可以直立地立在地面上而不会倾倒，这表明高速旋转的物体具有保持其旋转轴方向恒定的特性。陀螺仪在工作时要给它一个力，使它快速旋转起来，一般能达到每分钟几

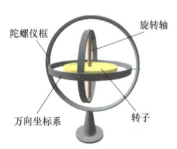

图 8-38　陀螺仪

十万转，可以工作很长时间，但稍微增加一点其他方向的力，它就会受到影响。陀螺仪就是通过分析这些变化，来判断物体移动的方向和角度，然后用多种方法读取轴所指示的方向，并自动将数据信号传给控制系统。

2）加速度传感器：实际上是用尺寸在几毫米乃至更小的微机电系统（Micro-Electro-Mechanical System，MEMS）（图 8-39），将检测惯性力造成微小形变的机械结构集成在芯片中，采集惯性力产生的电信号测量惯性力，进而根据测量惯性力的大小应用牛顿第二运动定律计算运动物体的线加速度。与传统加速度传感器相比，MEMS 加速度传感器具有体积小、重量轻、成本低、功耗低、可靠性高等优点。

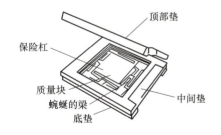

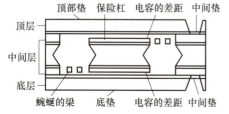

图 8-39　MEMS 加速度传感器的结构示意图

惯性导航系统的优势是不依赖外界环境，靠自身就可以实现定位。但存在的问题是长时间推算存在一个累计误差，随着时间越来越长，如果没有办法给它提供校正，这个误差就会越来越大，需要和其他各种定位传感器配合，来满足智能网联汽车的高精度定位需求。惯性导航系统的另一功能是辅助激光雷达和摄像头等车载环境感知系统，获取车辆与环境的高精度空间位置和姿态（车辆行驶过程的侧倾、俯仰、横摆等），建立准确的环境感知。

（3）地图匹配定位导航技术　在传统的导航系统（由驾驶人来观察环境并进行控制的车辆导航）中，数字地图根据起始位置、目标位置为使用者规划行驶路径，导航地图通常仅需描述一些典型的道路交通特征（限速、测速、红绿灯等）、路口指引（左转、右转、直行等）等道路级的导航信息，有 10m 级的定位精度即可满足系统要求。对于自动驾驶的汽车，则需要提供高精度、精细化定义的高精度地图，其精度需要达到分米级。两者的区别如图 8-40 所示，R_1 相当于车道 1、车道 2、车道 3，R_2 相当于车道 4、车道 5、车道 6、车道 7，R_3 相当于车道 8、车道 9，R_4 相当于车道 10。

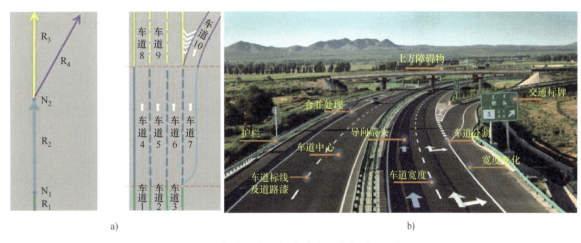

a)　　　　　　　　　　　　　　　　　　b)

图 8-40　高精度地图与传统地图信息对比示意图

a）传统地图　b）高精度地图

高精度地图采集的内容如图 8-41 所示，高精度三维地图还要增加动态交通信息（如道路交通拥挤、施工条件、交通事故、交通管制条件、天气条件等）。高精度地图信息来源一种是实地数据采集、后期加工和后续更新，这种方法存在更新周期长，生产维护困难，受到各类政策法规的限制等问题；另一种是采用实时定位与地图构建，即使用激光、视觉和红外线等传感器，将检测到的环境信息进行拼接和完整描述，构建高精度地图。

图 8-41　高精度地图综合数据内容采集

3. 无线通信系统

（1）无线通信技术及应用 无线通信技术就是不用导线、电缆和光纤等有线介质，而是利用电磁波信号在自由空间中传播的特性进行信息交换的一种通信方式。

智能网联汽车的定位导航和智能安全行驶，离不开无线车载通信技术。车载通信即车辆对外界的信息交换（Vehicle to Everything，V2X），包括车辆与车辆信息交换（Vehicle to Vehicle，V2V）、车辆与基础设施信息交换（Vehicle to Infrastructure，V2I）、车辆与行人信息交换（Vehicle to Pedestrian，V2P）、车辆与道路信息交换（Vehicle to Road，V2R）、车辆与应用平台信息交换（Vehicle to Network，V2N），如图8-42所示。

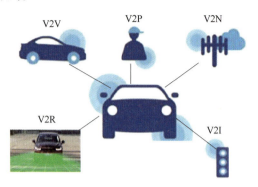

图 8-42 智能网联汽车 V2X 通信

（2）无线通信系统的组成 无线通信系统一般由发射设备、传输介质（电磁波）和接收设备组成，如图8-43所示。

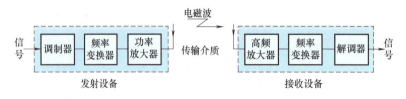

图 8-43 无线通信系统的组成框图

发射设备将原始的信号源转换成适合在给定传输介质上传输的信号，其中，包括调制、频率变换和功率放大等。调制器将低频信号加到高频载波信号上，频率变换器进一步将信号变换成发射电波所需要的频率，如短波频率、微波频率等，经功率放大器放大后，通过天线发射出去进行传输。

接收设备将收到的信号还原成原来的信息送至接收端。接收设备把天线接收下来的射频载波信号，经过信号放大和频率变换，最后经过解调将原始信息恢复出来，完成无线通信。

（3）无线通信的分类 无线通信的分类见表8-6。

表 8-6 无线通信的分类

分类依据	类别	分类依据	类别
按传输信号形式分	模拟无线通信	按电磁波波长分	超短波无线通信
	数字无线通信		微波无线通信
按无线终端状态分	固定无线通信	按传输方式分	红外线通信
	移动网络无线通信		可见光通信
按电磁波波长分	长波无线通信		微波中继通信
	中波无线通信		卫星通信
	短波无线通信	按通信距离分	短距离无线通信
			远距离无线通信

（4）移动网络通信技术 移动网络通信技术是指通过移动网络信号系统，沟通移动用户与固定点用户或移动用户之间的通信技术。移动网络通信技术系统主要由空间系统（如卫星等）和地面系统（如地面基站、交换中心等）两大部分组成，如图8-44所示。

截至目前，移动网络通信在技术上已经历经了5次更新换代，其比较见表8-7。

图 8-44 移动网络通信技术系统的组成

表 8-7 移动网络通信技术的比较

技术名称	出现年份	最高传输速率	通信与应用特点
第一代移动网络（1G）	1980	2.4kbit/s	模拟信号,实现移动语音通话功能,应用案例如"大哥大"
第二代移动网络（2G）	1990	150kbit/s	数字信号,典型应用案例如短信和手机铃声
第三代移动网络（3G）	2000	6Mbit/s	数字信号,典型应用案例如语音、图片、视频等的数据传输
第四代移动网络（4G）	2010	100Mbit/s	数字信号,利用射频技术的无线局域网,广泛应用到家庭与企业中
第五代移动网络（5G）	2019	至少1Gbit/s	观看超高清视频或进行虚拟现实,大规模的物联网和智能网联汽车和对机器远程控制的可靠性、安全性和低延迟性

由于 5G 通信具有高速率（网络速度达到 Gbit/s，是 4G 的 100 多倍）、低时延（人类眨眼的时间为 100ms，而 5G 的时延为 1ms）和大容量（提供千亿设备的连接能力，是 4G 的 10 倍），能很好满足智能网联汽车，尤其是无人驾驶汽车的驾驶需要，实现车辆与车辆之间、车辆与道路、车辆与行人、车辆与公共设施之间的多通道即时通信，自动开启环境感知功能、自动开启数据处理的决策功能、自动开启车辆的控制功能，大大提高车辆运输的安全性。例如，转弯后，有一辆车停在路上，通过摄像头和雷达等传感器可能会出现无法感知的情况，转弯后，即使立即做出决定和行动，也很难避免事故的发生；而 5G 技术可以通过通信网络的信息共享，快速感知，从而提前采取更安全的决策控制行为。

小贴士

值得称赞的是，我国 5G 网络建设居于全球领先地位。根据工业和信息化部公布的数据，截至 2024 年 2 月末，中国 5G 基站总数达 350.9 万个，占全球 5G 基站总数的 60% 以上。根据全球领先的数据分析公司 GlobalData 评估报告显示，华为在 5G 技术与产品性能（基带容量、射频产品组合、部署简易度和技术演进能力）方面都处于全球遥遥领先的地位。

面向无人驾驶汽车的 5G 架构，主要包括接入网、传输网、核心网和应用层，如图 8-45 所示。

接入网包括终端设备和接入设备。终端设备指车的传感器网络、路的传感器网络和人的传感器网络。接入设备主要负责对终端设备感知信息的无线发送和接收、空口无线资源管理、接入网侧移动性管理和空口通信的安全等。

传输网为车与车（V2V）、车与路（V2I）、车与网（V2N）、车与人（V2P）等的信息传输提供传输通道，在功能和性能上保障实时性和可服务性。

核心网是提供自动驾驶业务的网络，包括移动管理实体（MME）、归属用户服务器（HSS）和网关（X-GW），以及V2X控制功能。

应用层的自动驾驶云平台支持自动驾驶应用服务与大数据处理，用于分析计算路况、大规模车辆路径规划和智能交通调度等，实现对车辆数据的存储分发、维护、信息融合

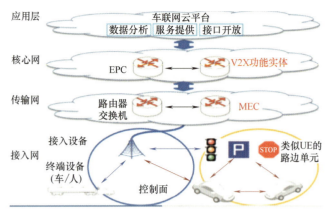

图 8-45　面向无人驾驶汽车的 5G 架构

和中央决策、下发决策结果，负责应用服务器功能，单播与多播模式的选择，以及业务分发功能。

（5）物联网无线通信技术　物联网无线通信技术是指车辆、硬件设备、家用电器、公共设施与电子产品、应用软件、控制器、传感器等，分别连接到互联网中，并通过无线网络技术进行信息交换的技术，如图8-46所示。

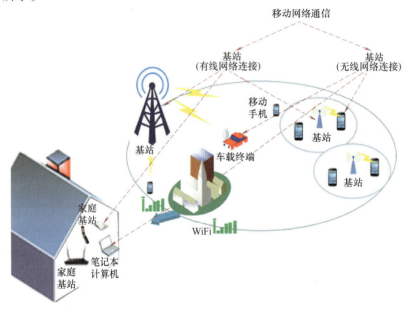

图 8-46　物联网无线通信技术

根据不同的需求，物联网无线通信技术大致可分为短距离无线通信技术和低功耗广域网通信技术（LPWAN）两类。

1）短距离无线通信技术：适用于物联网的短距离通信，主要包括 WiFi、蓝牙、射频识别、DSRC 技术、LTE-V 技术以及 ZigBee 等通信技术。

WiFi 是无线上网（Wireless Fidelity）的英文缩写，其通信的必要条件是无线路由器和具有无线网卡的硬件设备。WiFi 通信技术的优势在于无线数据传播模式，无线电波覆盖范围较广，在室内覆盖距离可达 100m 左右，室外覆盖距离可达 400m 左右；传输速率较高。其缺点是安全性较低、易受干扰、功耗较高、组网能力低。

蓝牙（Bluetooth）是一种适用于短距离（一般 10m 内）的无线通信标准。其优点是功耗低、低延时、具有较高的安全性、有效范围内可无视障碍物进行连接。其缺点是传输距离较短、传输速率不高。蓝牙通信在汽车领域的应用有蓝牙免提通信、车载蓝牙娱乐系统、蓝牙车辆远程状况诊断和汽车蓝牙防盗等。

　　射频识别（Radio Frequency Identification，RFID）是一种较为常用的短距离通信技术，它通过无线电信号对目标物体进行自动识别以及数据信息的读取工作。RFID通信由电子标签、读写器和应用软件三部分构成，如图8-47所示。电子标签进入阅读器后，接收阅读器发出的射频信号，凭借感应电流获得的能量发送出存储在芯片中的产品信息（无源标签或被动标签），或者由标签主动发送某一频率的信号（有源标签或主动标签），阅读器读取信息并解码后，送至中央信息系统进行有关数据处理。RFID通信技术具有超强的抗干扰性，电子标签具有较高的存储空间（最高可扩充至1MB以上），可通过编程技术对电子标签的数据信息进行动态修改，具有较长的使用寿命，对障碍物的穿透能力较强，可对RFID产品设置密码，具有较高的安全性，可同时对多个RFID产品进行快速扫描及数据信息的读取等。

　　RFID技术在汽车上的应用有交通信息采集（车流量、车辆平均车速、道路拥堵状况等），智能交通控制（交通信号优化控制、特定区域出入管理等），违章、违法行为检测（与视频监控、视频抓拍系统配合，通过RFID设备对过往车辆进行检测、抓拍和身份判别等）。

　　专用短程通信（Dedicated Short Range Communications，DSRC）技术是一种高效的短程无线通信技术。它可以实现在特定小区域内对高速运动的移动目标的识别和双向通信，例如车辆与车辆（V2V）、车辆与基础设施（V2I）双向通信，实时传输图像、语音和数据信息，将车辆和道路有机连接。DSRC的有效通信距离为数百米，车辆通过DSRC以10次/s的频率向路上其他车辆发送位置、车速和方向等信息；当车辆接收到其他车辆所发出的信号，在必要时（例如道路转角有其他车辆驶出，或前方车辆突然紧急制动、变换车道）车内装置会以闪烁信号、语音提醒或是座椅、转向盘振动等方式提醒驾驶人注意，如图8-48所示。

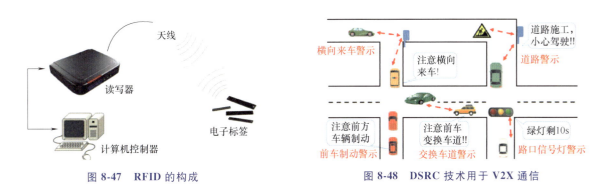

图8-47　RFID的构成　　　　　图8-48　DSRC技术用于V2X通信

　　LTE-V（Long Term Evolution-V2X）技术是我国具有自主知识产权的V2X技术。它按照全球统一规定的体系架构及其通信协议和数据交互标准，全面支持智能网联汽车的行驶安全、信息娱乐和后台监控等多种业务，如图8-49所示。

　　ZigBee通信技术是一种小范围、低功耗、低速率、低成本、高可靠的无线自组织网络技术。

　　ZigBee是一个由可多到65535个无线数传模块组成的无线数传网络平台。在整个网络范围内，每一个ZigBee网络数传模块之间可以相互通信，每个网络节点间的距离可以从标准的75m到几百米、几千米，并且支持无限扩展。无线数据传输广泛运用于车辆监控、遥控、遥测中。ZigBee按照网络拓扑结构，可以划分为星状网络、树状网络和网状网络，如图8-50所示。

　　2）低功耗广域网通信技术：该技术可分为两类，一类是在未获得授权频段下使用的技术，如Lo-Ra通信技术；另一类是在授权频段下使用的技术，如NB-IoT通信技术。

　　LoRa（Long Range）通信技术即远距离大范围无线通信，又称为劳拉。LoRa通信技术主要对工业、科学以及医学机构进行开放，其最大的特点是无须进行授权或缴纳任何费用。LoRa网络由LoRa终端设备、基站、应用服务器和云服务器构成，如图8-51所示。LoRa通信技术的特点是远距离通信（最远可达20km）、低功耗、多节点（网络节点可达十万级），但频段易受到干扰，需重新建设网络信号塔和基站。

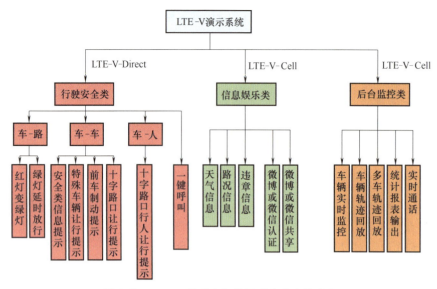

图 8-49　LET-V 技术在智能网联汽车上的应用

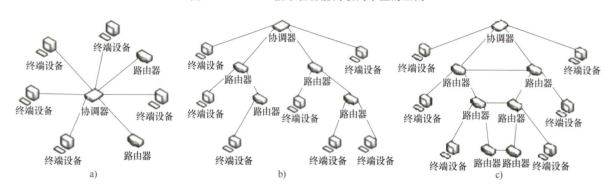

图 8-50　ZigBee 的网络拓扑结构

a）星状网络拓扑结构　b）树状网络拓扑结构　c）网状网络拓扑结构

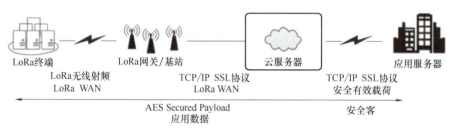

图 8-51　LoRa 网络的构成

NB-IoT（Narrow Band Internet of Things）通信技术属于物联网领域的一种新技术，它具有广覆盖、成本低、功耗低、支持海量连接等特点。其应用架构由 NB-IoT 终端、NB-IoT 信息邮局、NB-IoT 人机交互系统三部分组成，如图 8-52 所示。

图 8-52　NB-IoT 的应用架构

LoRa 通信技术与 NB-IoT 通信技术的重要参数之间的数据对比见表 8-8。

表 8-8　LoRa 通信技术与 NB-IoT 通信技术的重要参数之间的数据对比

技术参数	NB-IoT	LoRa
技术特点	蜂窝网络	线性扩频
网络部署	可复用现有蜂窝基站	需重新建设信号塔和基站
使用频段	运营商频段	ISM 频段
传输距离	远距离	1~20km
速率	小于 200kbit/s	0.3~50kbit/s
连接数量	每小区 20 万个连接	每基站 20 万~30 万个连接
终端电池持续工作时间	约 10 年	约 10 年
终端设备中模块的成本	约 40~100 元人民币	约 10~50 元人民币

三、环境感知系统的常见故障

环境感知系统的常见故障见表 8-9。

表 8-9　环境感知系统的常见故障

常见故障	故障现象	故障可能的原因	故障的排除方法
视觉传感器故障	图像模糊、颜色失真、无信号或者死角	1）传输信号的电路损坏 2）视觉传感器本身损坏 3）数据处理部分元器件损坏	1）检查传输信号的电路是否损坏 2）检测视觉传感器是否正常工作 3）尝试重启数据处理系统，如异常，应检测数据处理元器件
超声波传感器故障	通电后不工作或显示异常、异响	1）接线错误或工作电压太低 2）仪器安装不当（如太歪斜） 3）仪器损坏	1）检查电路电压 2）重新安装 3）与经销商联系
	输出电流不正常（偏高、偏低、跳动）	1）负载电阻过大 2）输出参数调整不当 3）电源整流、滤波不好	1）减小负载电阻 2）重新调整参数 3）更换容量更大的直流稳压电源
	串口不能通信	1）串口接反、串口地址不正确 2）串口参数或方式不正确	1）更改接线 2）重设参数
毫米波雷达故障	系统不工作，无显示	1）相关线束故障（断路、短路、虚接） 2）毫米波雷达仪器故障 3）毫米波雷达与显示系统总线通信故障	1）检查线束 2）检查毫米波雷达仪器本身 3）检查总线通信
	数据不准确	1）毫米波雷达安装不当 2）毫米波雷达校正不当 3）毫米波雷达控制单元故障	1）重新正确安装毫米波雷达 2）重新正确校正毫米波雷达 3）检查毫米波雷达控制单元
激光雷达故障	系统不工作，无显示	1）相关线束故障（断路、短路、虚接） 2）激光雷达自身故障（接收、发射等部件问题） 3）激光雷达与相关系统总线通信故障	1）检查线束 2）检查激光雷达仪器本身 3）检查相关系统通信
	数据不准确	1）激光雷达安装不当 2）激光雷达校正不当 3）激光雷达和控制盒故障	1）重新正确安装激光雷达 2）重新正确校正激光雷达 3）检查激光雷达和控制盒
汽车导航系统故障	卫星信号丢失	1）高楼大厦、隧道等障碍物阻挡 2）地图数据错误或更新问题 3）显示屏幕故障 4）软件故障	1）避开高楼大厦、隧道等障碍物阻挡 2）更新地图数据 3）检修显示屏幕 4）更新软件

（续）

常见故障	故障现象	故障可能的原因	故障的排除方法
汽车无线通信系统故障	无法接收或发送信号	1）环境干扰（如高楼大厦等障碍物阻挡） 2）软件故障 3）无线通信系统本身故障 4）第三方服务器故障	1）避开高楼大厦、隧道等障碍物阻挡 2）重启系统或更新软件 3）检修无线通信系统 4）检修服务器

小 结

1. 智能网联汽车环境感知系统用于实时准确地探测车辆自身状态和周围环境的信息，并对信息进行处理，传送给中央决策系统处理器，为智能网联汽车提供决策依据。

2. 智能网联汽车环境感知系统主要由传感识别系统、定位导航系统和无线通信技术等组成。

3. 智能网联汽车传感识别系统包括视觉传感器、超声波传感器、毫米波雷达、激光雷达等。为了达到最好的环境识别效果，一般都联合配置使用。

4. 智能网联汽车定位导航系统主要有卫星定位导航技术、惯性定位导航技术、地图匹配定位导航技术等。

5. 无线通信技术是利用电磁波信号在自由空间中传播的特性进行信息交换的一种通信方式，主要有移动网络通信技术和物联网无线通信技术等。

6. 目前，全球有四大卫星导航系统，分别是美国的全球定位系统（GPS）、中国的北斗卫星导航系统（BDS）、俄罗斯的格洛纳斯（GLONASS）系统和欧洲的伽利略系统。我国的北斗卫星导航系统有诸多突出的优点。

思考题

1. 智能网联汽车驾驶环境感知系统主要有哪几类？各有什么特点？

2. 高精度地图与普通导航地图有何区别？它是如何采集信息的？

3. 卫星定位测量原理是什么？北斗定位与GPS定位有何不同？

4. 智能网联汽车V2X包括哪些功能？5G网络在V2X中有哪些具体应用？

5. 移动网络通信技术和物联网无线通信技术有什么异同？

测试题

测试题

学习模块三　智能网联汽车中央决策系统

学习目标

知识目标	能力目标	素养目标
1）掌握智能网联汽车中央决策系统的主要功能和组成 2）掌握智能网联汽车车载网络的特点 3）掌握中央决策系统常见的软件功能模块	1）能进行中央处理单元总成的拆装 2）能正确进行中央决策系统软件的安装与调试 3）能列出中央决策系统的常见故障，并分析故障原因	1）通过查询资料，养成使用汽车维修手册的自主学习习惯 2）通过完成实训工作任务，培养规范操作意识和安全生产意识

一辆大众辉腾汽车到店维修，车主反映汽车启用路径规划功能后，发现功能失效，希望分析、排除故障。假设你是维修技师，请完成检修任务，并回答客户提出的问题。

一、中央决策系统的功用与组成

1. 中央决策系统的功用

中央决策系统的主要功能是接收环境感知系统的信息并进行融合，对道路、车辆、行人、交通标志和交通信号等进行识别、决策分析和判断车辆驾驶模式及将要执行的操作，并向运动控制系统输送指令。

2. 中央决策系统的组成

中央决策系统由硬件和软件两部分组成。硬件主要由车载网络和中央处理单元等组成，软件由各种功能模块（如环境预测、路径规划、行为决策、动作规划等）组成。

二、中央决策系统的结构与工作原理

1. 车载网络系统

车载网络是以车内总线通信为基础的车内网络，是基于 CAN、LIN、FlexRay、MOST、以太网等总线技术建立的标准化整车网络，实现智能网联汽车接收到的所有外部信息和车内各传感器、电器、电子单元间的状态信息和控制信号在车内网上的传输，使车辆具有状态感知、故障诊断和智能决策和控制等功能。

智能网联汽车网络的 CAN、LIN、MOST、FlexRay、TTP/C、LVDS、AVB、Ethernet 等基本概念和组成原理与目前电控汽车车载网络类似。不同的是，智能网联汽车搭载了大量的传感器和处理器，需要及时处理大量信息。常见车载网络的对比见表 8-10。

表 8-10　常见车载网络的对比

协议	最高带宽	传输介质	最大载荷/Byte	拓扑	实时	成本	应用
CAN	1Mbit/s	双绞线	8	多主	否	低	车上控制数据传输
LIN	19.2kbit/s	单线	8	单主	否	低	车门、天窗、座椅控制等
TTP/C	10Mbit/s	双绞线/光纤	128	单主	是	高	汽车各系统电子线控
FlexRay	10Mbit/s	双绞线/光纤	254	单主	是	中	线控转向和线控制动等
LVDS	850Mbit/s	双绞线串/并行		多主	否	低	屏幕和摄像头的数据传输
MOST	150Mbit/s	双绞线/光纤	3072	多主单主	否	高	多媒体流数据传输
AVB	100Mbit/s	非屏蔽双绞线	1500		否	高	网络音视频实时传输
Ethernet	10Gbit/s	非屏蔽双绞线	1500		否	低	智能网联汽车

以太网（Ethernet）是一种计算机局域网技术。

以太网有两类：第一类是经典以太网，速度从 3~10Mbit/s 不等；第二类是交换式以太网，使用交换机连接不同的计算机，可运行在 100Mbit/s、1000Mbit/s 和 10000Mbit/s 的高速率。以太网因其通用性、开放性、高带宽、易扩展、易互联等特性，成为智能网联汽车的车载网络骨干。它集成了动力总

成、底盘、车身、多媒体、辅助驾驶、自动驾驶等控制，如图 8-53 所示。辅助驾驶系统可以采用以太网传输高清摄像头和高精度雷达数据，娱乐系统可以使用以太网传输视频和音频数据，车辆相关数据（车辆状态数据、道路环境高清视频数据、雷达数据）可以通过远程信息处理模块或 V2X 传输到外部云端平台、基站和数据控制中心等，车载娱乐系统控制器可以通过 4G/5G/WiFi、蓝牙等方式下载音频和视频。

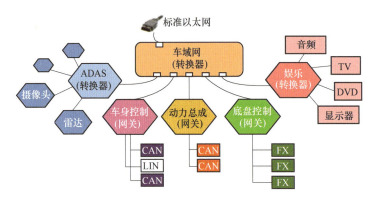

图 8-53　车载以太网域级别架构

2. 中央处理单元

中央处理单元（Central Processing Unit，CPU），也称为中央处理器，一般由逻辑运算单元、控制单元和存储单元组成。在逻辑运算单元和控制单元中包括一些寄存器，这些寄存器用于 CPU 在处理数据过程中数据的暂时保存，简单地讲是由控制器和运算器两部分组成的。

车载网络的控制中心是 CPU，它精确地储存每条公路和环境的各种信息，系统处理速度快且具有自主学习功能。例如百度无人驾驶汽车的 CPU，形状如一个行李箱大小，被安装在汽车的行李舱内（图 8-54），里面包括感知、定位、规划、决策、控制和高精地图等软件，以及 CPU 等各种计算所需硬件。

图 5-54　百度无人驾驶汽车 CPU

3. 软件功能模块

软件功能模块包括各种环境预测、行为决策、动作规划、路径规划等模块。

（1）环境预测模块　环境预测模块的主要作用是对感知层识别到的物体进行行为预测，并且将预测的结果转化为时间、空间维度的轨迹传递给后续模块。通常，感知层输出的物体信息包括位置、速度和方向等物理属性。

利用这些输出的物理属性，可以对物体做出"瞬时预测"。环境预测模块不局限于结合物理规律对物体做出预测，而是可结合物体和周边环境以及积累的历史数据信息，对感知到的物体做出更为"宏观"的行为预测。如图 8-55 所示，通过识别行人在人行道的历史行进动作预测出行人可能会在人行道上穿越路口，而通过车辆的历史行进轨迹可判断其会在路口右转。

（2）行为决策模块　行为决策模块在整个自动驾驶决策规划控制软件系统中扮演着"副驾驶"的角色。这个层面汇集了所有重要的车辆周

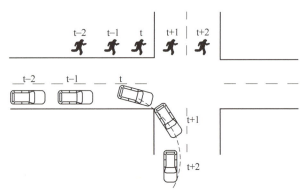

图 8-55　行人行走路线预测

边信息，不仅包括了自动驾驶汽车本身的实时位置、速度和方向，还包括车辆周边一定距离以内所有的相关障碍物信息以及预测的轨迹。行为决策层需要解决的问题就是在知晓这些信息的基础上，决定

自动驾驶汽车的行驶策略，供后续的规划模块去具体地执行。图 8-56 所示为基于有限状态机 FSM 决策算法原理图。

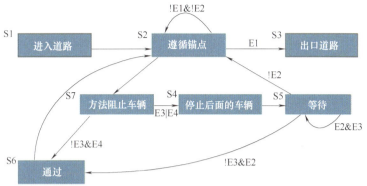

图 8-56 基于有限状态机 FSM 决策算法原理图

（3）动作规划模块 动作规划模块主要是对短期甚至是瞬时的动作进行规划，例如转弯、避障和超车等动作。图 8-57 所示为汽车发生行驶偏离时的动作变更。自动驾驶系统的设计思路是建立若干个行驶状态，通过不同的条件触发行驶状态切换。

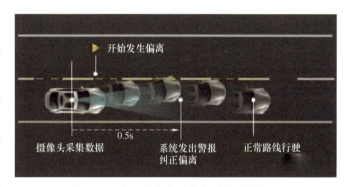

图 8-57 汽车发生行驶偏离时的动作变更

（4）路径规划模块 路径规划是指在一定环境模型的基础上，给定汽车的起始点与目标点后，按照某一性能指标规划出一条安全到达目标点的最佳路径。路径规划可分为全局路径规划方法、局部路径规划方法和混合路径规划方法三种。

全局路径规划方法可以视为一种离线规划方法，根据获取的环境信息为车辆规划一条道路，规划路径的准确性取决于获取外部环境信息的准确性。全局路径规划方法通常会找到最优路径，但需要预先知道整个环境的准确信息和行驶目标。

局部路径规划方法是一种在线规划方法，主要考虑车辆当前的局部环境信息，使车辆在局部环境中能够安全行驶。局部路径规划依靠安装在车身上的传感装置来获取局部信息，感知评判环境的实时变化，做出相应的路径规划决策。与全局路径规划方法相比，局部路径规划方法具有实时性。

混合路径规划方法为上述两者的综合。混合式路径规划体系的结构如图 8-58 所示。

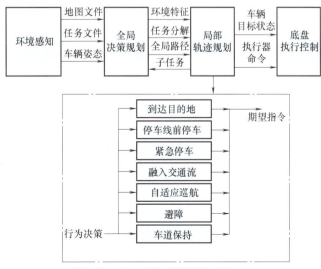

图 8-58 混合式路径规划体系的结构

4. 规划与决策方法模型

目前，各种规划决与策方法模型众多，如基于深度学习/神经网络的模型、决策树模型、机器学习算法、基于因果推理的决策模型、状态机模型、马尔可夫的决策过程等。图 8-59 所示为基于机器学习的非结构化道路检测框架。对于乡村公路和野外土路等非结构化道路的情况，采用基于机器学习的道路探测，结合探测到的环境信息和先验知识库中的模型，对图像和数据进行处理；同时，根据环境的不同来修正预测模型，实现模型不断更新的效果。

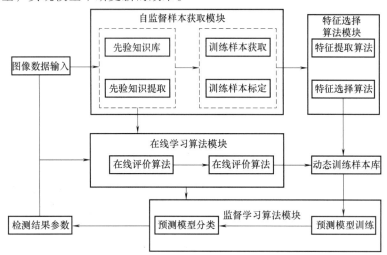

图 8-59　基于机器学习的非结构化道路检测框架

三、中央决策系统的常见故障

中央决策系统的常见故障见表 8-11。

表 8-11　中央决策系统的常见故障

常见故障	故障现象	故障可能的原因	故障的排除方法
车载网络故障	详见《汽车构造与原理（汽车电气与电子）》车载网络常见故障部分		
CPU 故障	CPU 不工作	1）线束接口接触不良 2）熔断器、电路故障 3）软件损坏 4）CPU 或元器件损坏	1）重新安装线束接口 2）检查熔断器和电路 3）重新启动，检查软件 4）检查或更换 CPU 和元器件
	部分功能失效	1）电路局部损坏 2）相关软件损坏 3）相关的 CPU 或元器件损坏	1）检查相关电路 2）检查相关软件 3）检查相关的 CPU 或元器件
规划决策故障	规划决策失效	1）环境感知系统传感器损坏、安装不当或电路问题导致传输数据缺失 2）车载网络故障引起数据传送缺失 3）规划与决策功能模块损坏	1）见环境感知系统常见故障 2）见车载网络故障 3）更新规划决策功能模块
	规划决策不准	1）环境感知系统传感器损坏，安装、标定不当或电路问题导致传输数据不准 2）车载网络故障引起数据传送不准 3）规划与决策功能模块局部损坏	1）见环境感知系统常见故障 2）见车载网络故障 3）更新规划与决策功能模块

 **小 结** ●

1. 中央决策系统的主要功能是接收环境感知系统的信息并进行融合，对道路、车辆、行人、交通

标志和交通信号等进行识别、决策分析和判断车辆驾驶模式及将要执行的操作,并向运动控制系统输送指令。

2. 中央决策系统由硬件和软件两部分组成。硬件主要由车载网络和中央处理单元等组成,软件则由各种功能模块(如环境预测、路径规划、行为决策、动作规划等)组成。

3. 车载网络实现车内各电器、电子单元间的状态信息和控制信号在车内网上的传输,是基于CAN、LIN、FlexRay、MOST、以太网等总线技术建立的标准化整车网络。

4. CPU由逻辑运算单元、控制单元和存储单元组成。它精确地储存大量的环境信息,能快速处理各种数据,且具有自主学习功能。

5. 中央决策系统常见的软件功能模块有环境预测、行为决策、动作规划和路径规划等模块。

6. 目前,各种规划决策方法模型众多,如基于深度学习/神经网络的模型、决策树模型、机器学习算法、基于因果推理的决策模型、状态机模型、马尔可夫的决策过程等。

 **思考题**

1. 中央决策系统的主要功能是什么?
2. 智能网联汽车的车载网络与传统汽车的车载网络有什么异同?
3. 智能网联汽车 CPU 的存储单元一般存储哪些数据?
4. 检索资料,简述智能网联汽车中央决策系统是如何进行路径规划的。
5. 检索资料,分析对比目前各种规划决策方法模型的优缺点。

 **测试题**

测试题

学习模块四 智能网联汽车运动控制系统

学习目标

知识目标	能力目标	素养目标
1)掌握智能网联汽车运动控制系统的功能与组成 2)掌握线控转向系统、线控制动系统、电驱动系统、纵向控制系统和侧向控制系统的基本结构和工作原理 3)掌握先进驾驶辅助系统的分类及自动紧急制动的基本组成和工作原理	1)能进行线控转向系统、线控制动系统、电驱动系统主要部件的拆装 2)能正确检查与调整离合器踏板的自由行程 3)能列出汽车线控转向系统、线控制动系统、电驱动系统的常见故障,并分析故障原因	1)通过查询资料,养成使用汽车维修手册的自主学习习惯 2)通过完成实训工作任务,培养规范操作意识和安全生产意识

情景导入

一辆奥迪 A6L 汽车到店维修,车主反映启动 ADAS 失败,车辆在行驶中无法实现预警、避障和自动紧急制动功能，要求服务站给予分析、排除故障。假设你是维修技师，请完成检修任务，并回答客户提出的问题。

知识提升

一、智能网联汽车运动控制系统的功能与组成

智能网联汽车运动控制系统的主要功能是按照中央决策层的指令，对车辆进行操作和协同控制，以保障汽车安全行驶和舒适驾驶。

运动控制系统的组成包括线控底盘（线控转向系统、线控制动系统、电驱动系统等）和动力学控制部分（纵向控制、侧向控制、协同控制等）。

二、智能网联汽车运动控制系统的基本结构与工作原理

1. 线控转向系统

汽车线控转向系统由转向盘总成、转向执行总成和主控制器（ECU）三个主要部分以及自动防故障系统、电源等辅助系统组成（图 8-60）。

转向盘总成包括转向盘、转向盘转角传感器、力矩传感器和转向盘回正力矩电动机。转向盘总成的主要功能是将驾驶人的转向意图（通过测量转向盘转角）转换成数字信号，并传递给主控制器；同时接收主控制器送来的力矩信号，产生转向盘回正力矩，以提供给驾驶人相应的路感信息。

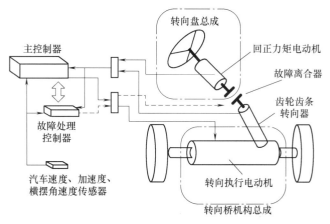

图 8-60　线控转向系统的结构

转向执行总成包括前轮转角传感器、转向执行电动机、转向电动机控制器和前轮转向组件等。转向执行总成的功能是接收主控制器的命令，通过转向电动机控制器控制转向轮转动，以实现驾驶人的转向意图。

主控制器对采集的信号进行分析处理，判别汽车的运动状态，向转向盘回正力矩电动机和转向电动机发送指令，控制两个电动机的工作，保证各种工况下都具有理想的车辆响应，以减少驾驶人对汽车转向特性随车速变化的补偿任务，减轻驾驶人负担。同时，控制器可以对驾驶人的操作指令进行识别，判定在当前状态下驾驶人的转向操作是否合理。当汽车处于非稳定状态或驾驶人发出错误指令时，线控转向系统会将驾驶人错误的转向操作屏蔽，而自动进行稳定控制，使汽车尽快地恢复稳定状态。

自动防故障系统是线控转向系统的重要模块。它包括一系列的监控和实施算法，针对不同的故障形式和故障等级做出相应的处理，以求最大限度地保持汽车的正常行驶。

传统汽车转向系统是机械系统，汽车的转向运动是由驾驶人操纵转向盘，通过转向器和一系列的杆件传递到转向车轮而实现的。线控转向系统取消了转向盘与转向车轮之间的机械连接，完全由电能实现转向，摆脱了传统转向系统的各种限制，大大提高了转向的安全性和舒适性。其工作原理是用传感器检测驾驶人的转向数据，然后通过数据总线将信号传递给车上的 ECU，并从转向控制系统获得反馈命令；转向控制系统从转向操纵机构获得驾驶人的转向指令，并从转向系统获得车轮情况，从而指挥整个转向系统的运动。转向系统控制车轮转到需要的角度，并将车轮的转角和转动转矩反馈到系统的其余部分（例如转向操纵机构），以使驾驶人获得路感，这种路感的大小可以根据不同的情况由转向控制系统控制。

2. 线控制动系统

（1）线控制动系统的分类　线控制动系统分为电子机械制动（EMB）系统、电子液压制动（EHB）系统和混合线控制动（HBBW）系统三类。

EMB系统（图8-61）与常规的液压制动系统截然不同，EMB系统以电能为能量源，通过驱动电机驱动制动垫块，由导线传递能量、数据线传递信号。整个系统中没有连接制动管路，结构简单，体积小，信号通过电传播，反应灵敏，制动距离小，工作稳定，维护简单，没有液压油管路，不存在液压油泄漏的问题，通过ECU直接控制，易于实现ABS、TCS、ESP、ACC等功能。

EHB系统（图8-62）是在传统液压制动系统的基础上发展而来的，用一个综合的制动模块（电动机、泵、高压储能器等）来取代传统制动系统中的压力调节系统和ABS模块等，产生并储存制动压力，并可分别对四个车轮的制动力矩进行单独调节。与传统的液压制动系统相比，EHB系统有了显著进步，其结构紧凑，改善了制动效能，控制方便可靠，制动噪声明显减小，不需要真空装置，有效减轻了制动踏板的抖动，提供了更好的踏板感觉。

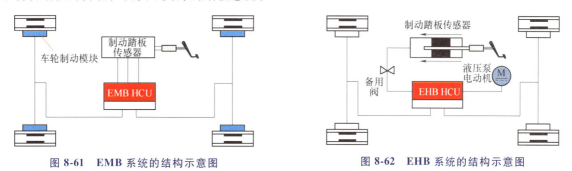

图8-61　EMB系统的结构示意图　　　　　图8-62　EHB系统的结构示意图

混合线控制动（HBBW）系统的主流布置方式为前轴采用电子液压制动（EHB）系统，后轴采用电子机械制动（EMB）系统。

（2）HBBW系统的基本结构（图8-63）　以常用的EHB系统为例，其主要由液压控制模块、制动踏板模块、控制单元（HCU）、制动器和各类传感器等组成。

液压控制模块主要包括电动机、电机泵、蓄能器、单向阀、溢流阀、四套结构相同的增/减压电磁阀等。

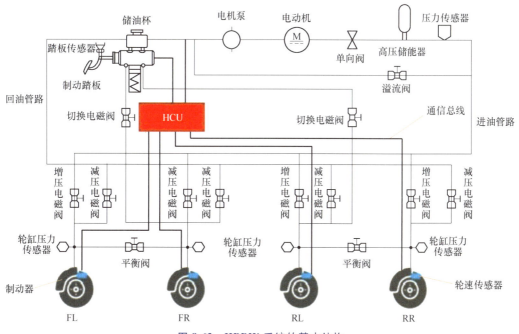

图8-63　HBBW系统的基本结构

踏板制动模块主要包括制动踏板、踏板力传感器、踏板行程模拟器、主缸、电磁阀、储油杯等。

控制单元接收制动踏板发出的信号、各类车辆状态信号以及反馈信号等，对其进行综合分析和判断，对进、出液电磁阀分别进行调节，通过输入 PWM 控制信号给高速开关阀，从而控制各车轮上的制动压力。

（3）EHB 系统的工作原理（图 8-64）　EHB 系统的工作过程主要是对压力供给单元和高速开关阀的控制，产生并储存制动压力，并可分别对四个车轮的制动力矩进行单独调节。

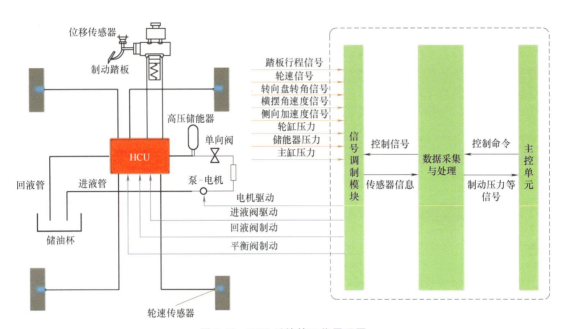

图 8-64　EHB 系统的工作原理图

当驾驶人踩下制动踏板时，数据采集系统将踏板行程传感器、踏板力传感器的信息会同车辆的行驶状态（转向盘转角、轮速、车速、横摆角速度等）信息采集到 HCU 中进行综合分析和判断。当得知系统需要增压时，HCU 输出 PWM 控制信号，对电磁阀进行控制，使进液阀输入流量增大、出液阀输出流量减小，直到达到所需的制动压力；当得知系统需要保压控制时，HCU 通过对电磁阀进行控制，使增压电磁阀和减压电磁阀输出的流量保持不变；当得知系统需要减压时，HCU 使进液阀输入流量减小、出液阀输出流量增大，直到所需的制动压力；当某几个高速开关阀控制回路失效时，HCU 将切换成应急控制模式，制动踏板的液压管路与应急制动管路连通，踏板力直接通过液压管理加载在制动器上，以实现制动。

3. 电驱动系统

电驱动系统是较早实现线控驱动系统的。例如电子节气门就采用了线控驱动控制方式，它主要由加速踏板、加速踏板位置传感器、ECU、数据总线、伺服电动机和加速踏板执行机构组成。

电子节气门系统取消了加速踏板和节气门之间的机械结构，通过加速踏板位置传感器检测加速踏板的绝对位移，ECU 计算得到最佳的节气门开度后，输出指令驱动电动机控制节气门保持最佳开度，如图 8-65 所示。

电动汽车的线控驱动系统控制原理图如图 8-66 所示。由于电动汽车整车控制单元（VCU）的主要功能是通过接收车速信号、加速度信号以及加速踏板位移信号，实现转矩需求的计算，然后发送转矩指令给驱动电机控制单元，进行

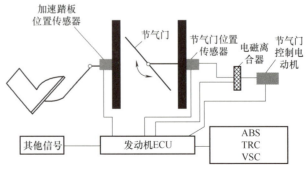

图 8-65　电子节气门的结构示意图

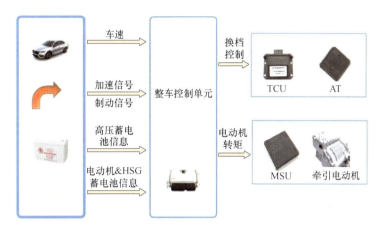

图 8-66　电动汽车的线控驱动系统控制原理图

驱动电机转矩的控制，所以通过整车控制单元的速度控制接口来实现线控驱动控制。

各类线控驱动控制系统的核心是整车控制器。整车控制器的结构如图 8-67 所示。它通过加速踏板、档位以及汽车运动状态，判断驾驶人或者自动驾驶系统的操纵或者控制意图，然后通过对自动变速器、发动机（或电动机，或发动机与电动机的组合）的动力控制，实现主动驱动控制。

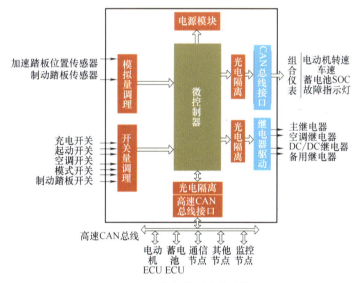

图 8-67　整车控制器的结构

4. 车辆纵向控制系统

汽车底盘线控系统为自动驾驶提供了有效的执行机构，可以有效地实现纵向、侧向控制。

车辆纵向控制是在行车速度方向上的行驶控制，即车速以及自车与前、后车或障碍物距离的自动控制。巡航控制和紧急制动控制都是典型的自动驾驶纵向控制案例。这类控制问题可归结为对发动机或电动机、传动和制动系统的控制。此外，针对轮胎作用力的滑移率控制是纵向稳定控制中的关键部分。典型的纵向控制系统的工作原理图如图 8-68 所示，通过各类传感器获取驾驶人的意图和环境信息，结合车辆的目标跟随特征，调整车速、与前方目标的距离等控制参数，由驱动系统、传动系统、制动系统控制车辆，保证安全、舒适、节能等性能，完成预定的纵向控制相关的驾驶任务。

5. 车辆侧向控制系统

车辆侧向控制是指垂直于运动方向上的控制，其目标是控制汽车自动保持期望的行车轨迹，并在不同的车速、载荷、风阻和路况下有很好的乘坐舒适性和稳定性。其基本工作原理与纵向控制类似，如图 8-69 所示。

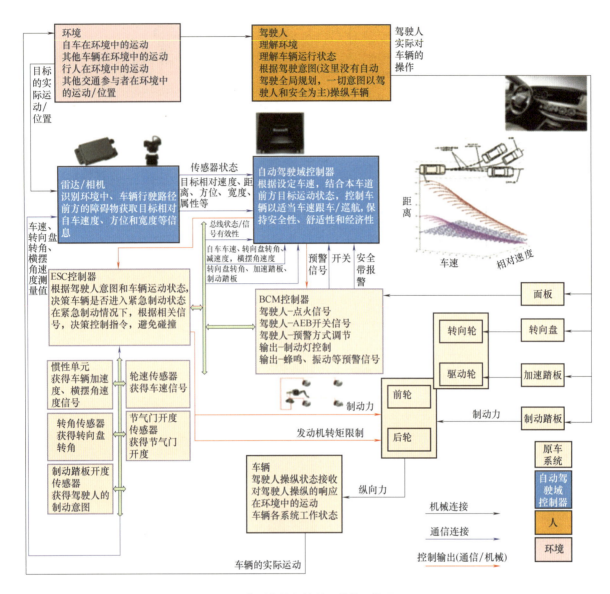

图 8-68　典型的纵向控制系统的工作原理图

三、智能网联汽车先进驾驶辅助系统

1. 先进驾驶辅助系统与分类

先进驾驶辅助系统（Advanced Driver Assistance Systems，ADAS）是指利用安装在车辆上的传感、通信、决策及执行等装置，监测驾驶人、车辆及其行驶环境，并通过影像、灯光、声音、触觉提示/警告或控制等方式，辅助驾驶人执行驾驶任务，或主动避免/减轻碰撞危害的各类系统的总称，如图 8-70 所示。

从对驾驶人辅助的方式角度，汽车先进驾驶辅助系统可以分为预警类、控制类和视野改善类等。

预警类先进驾驶辅助系统可自动监测车辆可能发生的危险并提醒驾驶人，从而防止发生危险或减轻事故伤害。其可以实现的主要功能见表 8-12。

控制类先进驾驶辅助系统可自动监测车辆可能发生的危险并提醒驾驶人，必要时系统会主动介入，从而防止发生危险或减轻事故伤害。其主要功能见表 8-13。

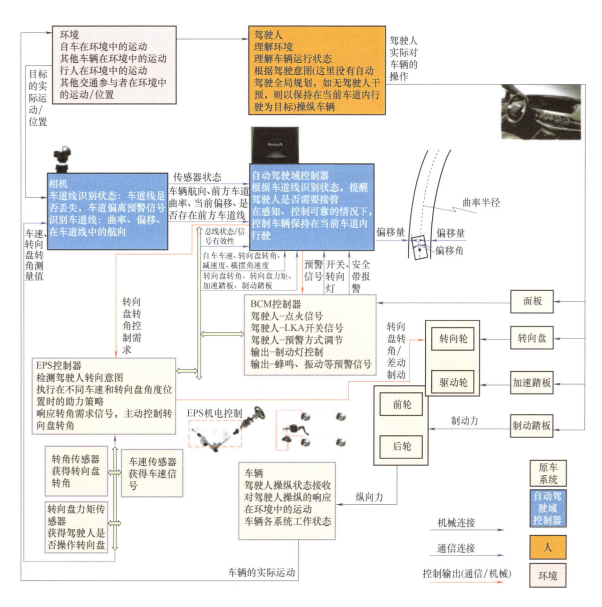

图 8-69　车辆侧向控制系统的基本工作原理图

图 8-70　汽车先进驾驶辅助系统

表 8-12　预警类先进驾驶辅助系统的主要功能

系统名称	图示	功能介绍	使用车型
前车防撞预警系统		识别潜在的危险情况并通过提醒帮助驾驶人避免或减缓碰撞事故	日产楼兰、纳智捷大 7 SUV
车道偏离预警系统	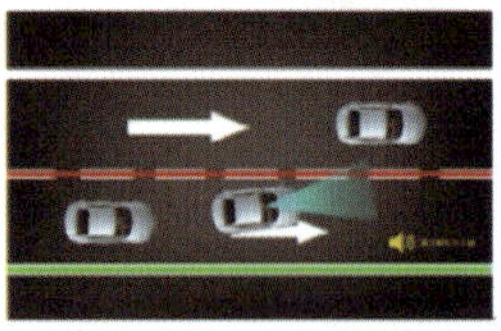	可能偏离车道时给予驾驶人提示,减少因车道偏离而发生的事故	现代全新胜达、陆风 X7
盲区监测系统		检测盲区内行驶车辆或行人	沃尔沃 XC60、奥迪 Q5
驾驶人疲劳预警系统	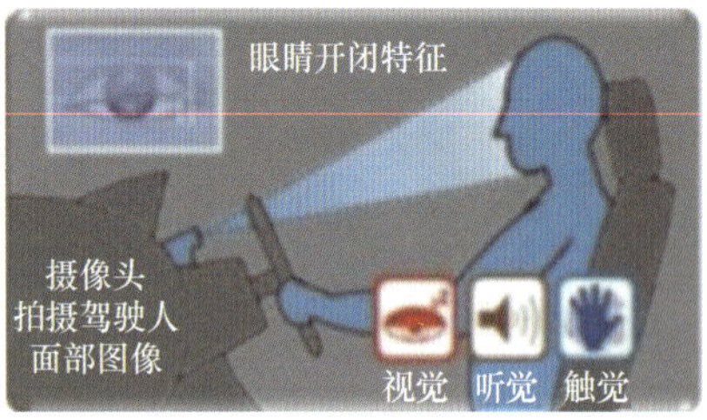	推断驾驶人的疲劳状态,进行报警提示或者采取相应措施	哈弗 H9、大众途观

表 8-13　控制类先进驾驶辅助系统的主要功能

系统名称	图示	功能介绍	使用车型
车道保持、辅助系统		修正即将越过车道标线的车辆,使车辆保持在车道线内	奥迪 Q3、JEEP 自由光
自动制动辅助系统		当车辆与前车处于危险距离时,主动产生制动效果让车辆减速或紧急停车,减少因距离过短而发生的事故	丰田汉兰达、日产逍客
自适应巡航控制系统		使车辆始终与前车保持安全车距	福特锐界、丰田汉兰达

（续）

系统名称	图示	功能介绍	使用车型
自动泊车辅助系统		自动泊车入位	福特翼虎、日产奇骏

视野改善类先进驾驶辅助系统可提高在视野较差环境下的行车安全。其主要功能见表8-14。

表 8-14 视野改善类先进驾驶辅助系统的主要功能

系统名称	图示	功能介绍	使用车型
汽车自适应前照明系统		自动调节前照明系统的工作模式	丰田 RAV4、沃尔沃 XC60
汽车夜视辅助系统		晚上使用热成像呈现行人或动物	纳智捷优 6、纳智捷大 7 SUV
汽车平视显示系统		将汽车驾驶辅助信息、导航信息、先进驾驶辅助系统信息等以投影方式显示在前方，方便阅读	宝马 7、大众辉昂
全景泊车系统		四周 360°全景提示	哈弗 H8、吉利豪情 SUV

2. 先进驾驶辅助系统的应用实例

（1）自动紧急制动 自动紧急制动（Autonomous Emergency Braking，AEB）可以预知潜在的碰撞危险并及时通知驾驶人，而且在必要的情况下，此系统会自动控制制动踏板完成制动操作，以避免或减轻碰撞伤害，如图 8-71 所示。目前，全球主流的汽车厂商都有自己的预碰撞安全系统，不过名称各

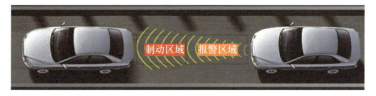

图 8-71 自动紧急制动

不相同，功能的实现效果及技术细节也有所不同，如大众 Front Assist 预碰撞安全系统、沃尔沃 CWAB 系统、奔驰 Pre-safe 安全系统、斯巴鲁 Eye Sight 安全系统等。

自动紧急制动系统主要由行车环境信息采集单元、ECU 和执行单元等组成，如图 8-72 所示。

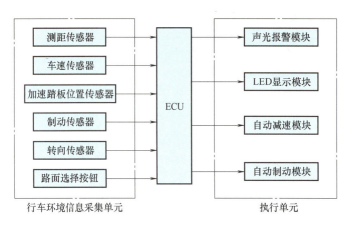

图 8-72　自动紧急制动系统的组成

自动紧急制动系统采用测距传感器测出与前车或者障碍物的距离，然后通过 ECU 将测出的距离与报警距离、安全车距等进行比较，小于报警距离时就进行报警提示，而小于安全车距时即使驾驶人没有踩制动踏板，自动制动辅助系统也会启动，使汽车自动制动，从而保障行车安全。

（2）自动泊车辅助系统（APS）　自动泊车辅助系统是利用车载传感器探测有效泊车空间并辅助控制车辆完成泊车操作的一种汽车先进驾驶辅助系统，如图 8-73 所示。

自动泊车辅助系统主要由感知单元、中央控制器、转向执行机构和人-机交互系统组成，如图 8-74 所示。

图 8-73　自动泊车辅助系统

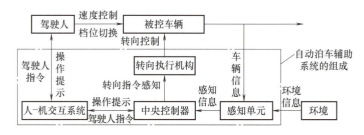

图 8-74　自动泊车辅助系统的组成

自动泊车辅助系统的工作原理是通过车载传感器扫描汽车周围环境，通过对环境区域的分析和建模，搜索有效泊车位；当确定目标车位后，系统提示驾驶人停车并自动启动自动泊车程序，根据所获取的车位大小和位置信息，由程序计算泊车路径，然后自动操纵汽车泊车入位。

（3）自适应前照明系统　汽车自适应前照明系统（Adaptive Front-lighting System，AFS）可以根据天气情况、外部光线、道路状况以及行驶信息自动控制前照灯的照射距离和角度，避免直射迎面车辆驾驶人。

汽车自适应前照明系统主要由传感器单元、CAN 总线传输单元、控制单元（ECU）和执行单元等组成，如图 8-75 所示。传感器单元采集车辆当前信息（如车速、车辆姿态、转向角度等）和外部环境（如弯道、坡度和天气等）的变化信息。CAN 总线传输单元负责把各种传感器采集的信息传输给控制单元，实现内部控制与各种传感器检测以及执行机构之间的数据通信。控制单元需要对车辆行驶状态做出综合判断，输出脉冲变量给执行单元的执行电动机，调节前照灯的照射距离和角度，保障行车安全。

汽车自适应前照明系统能够根据道路和天气环境的变化适时地开启相应的照明模式（基础照明模

式、弯道照明模式、市区道路照明模式、高速公路照明模式、乡村公路照明模式和恶劣天气照明模式等）。图 8-76 所示为自适应前照明系统不同工作模式下的照射光形。

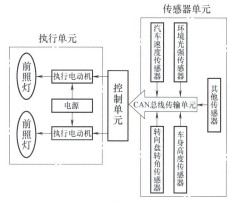

图 8-75　汽车自适应前照明系统的组成

基础照明模式：道路状况及环境气候均处于正常状况时，自适应前照明系统的工作模式相当于传统的汽车照明系统，前照明系统不做任何调整。

弯道照明模式：当汽车进入弯道时，转向盘转角传感器和车速传感器共同作用采集数据，控制单元根据传感器采集的数据计算出车灯需要偏转的角度，驱动步进电动机转动，以调节前照灯角度。

市区道路照明模式：根据市区道路车速较低、车流量和人流量都很大、外界照明条件好、十字路口多、发生随机性事故的可能性较大的特点，行车要求视野清晰，防止眩光。

图 8-76　自适应前照明系统不同工作模式下的照射光形

高速公路照明模式：汽车行驶在高速公路上时，当车速传感器检测到车速超过 70km/h，并根据 GPS 判断其为高速行驶模式时，系统自动开启高速公路照明模式。汽车前照灯照射光线随着车速的加快在垂直方向上抬高，以使光线能够照射更远，保证驾驶人能够在安全车距之外发现前方的车辆。

乡村公路照明模式：汽车行驶在乡村公路时，系统通过增大左、右前照灯的输出功率，增强光照亮度来补充照明。

恶劣天气照明模式：主要针对的是阴雨天气。此时地面的积水会将前照灯照在地面上的光线反射至对面会车驾驶人的眼睛中，使其眩目，进而可能造成交通事故。在阴雨天气行驶的车辆，自适应前照明系统根据检测路面湿度、轮胎滑移以及雨量传感器判断系统状态为雨天模式，自适应前照明系统驱动垂直调高电动机，降低前照灯垂直输出角，并调节其照射强度，避免反射眩光在 60m 范围内对迎面行车驾驶人造成眩目。

（4）驾驶人疲劳预警系统　驾驶人疲劳预警系统也称为驾驶人注意力监测系统、防疲劳预警系统、疲劳识别系统、注意力警示辅助系统和驾驶人安全警告系统等。

驾驶人疲劳预警系统会在驾驶人精神状态下滑或进入浅层睡眠时，依据驾驶人精神状态指数分别给出视觉、听觉和触觉等警示，警告驾驶人已经进入疲劳状态，需要休息，如图 8-77 所示。

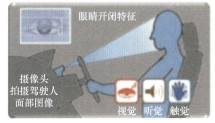

图 8-77　驾驶人疲劳预警系统

驾驶人疲劳预警系统一般由信息采集单元、ECU 和预警显示单元等组成。信息采集单元主要利用传感器采集驾驶人信息和汽车行驶信息，驾驶人信息包括驾驶人的面部特征、眼部信号和头部运动性等；汽车行驶信息包括转向盘转角、行驶速度和行驶轨迹等。ECU 接收信息采集单元送来的信号，进行运算分析，判断驾驶人疲劳状态；如果经计算分析发现驾驶人处于一定的疲劳状态，则向预警显示单元发出信号。预警显示单元根据 ECU 传递的信息，通过语音提示、振动提醒、电脉冲警示等方式对驾驶人疲劳进行预警。

四、智能网联汽车运动控制系统的常见故障

运动控制系统的常见故障见表 8-15。

表 8-15　运动控制系统的常见故障

常见故障	故障现象	故障可能的原因	故障的排除方法
汽车线控转向系统故障	系统停止工作	1）线束以及机械故障 2）系统控制器故障 3）执行电动机故障（机械或电气故障） 4）CAN 通信故障 5）蓄电池故障	1）检查线束以及机械部件 2）检测系统控制器 3）检查执行电动机 4）检测 CAN 通信 5）检测蓄电池
	系统失控（参数欠准）	1）线束以及机械故障 2）传感器故障（卡死、损坏、性能变化等） 3）系统控制器故障 4）执行电动机故障（机械或电器故障） 5）CAN 通信故障 6）蓄电池故障	1）检查线束以及机械部件 2）检查传感器 3）检测系统控制器 4）检查执行电动机 5）检测 CAN 通信 6）检测蓄电池
汽车线控制动系统故障	制动失效或失灵	1）线束以及机械故障 2）传感器故障 3）系统控制器故障 4）执行电动机故障 5）CAN 通信故障 6）蓄电池故障 7）液压泵故障	1）检查线束以及机械部件 2）检查传感器 3）检测系统控制器 4）检查执行电动机 5）检测 CAN 通信 6）检测蓄电池 7）检查液压泵
电驱动系统故障	电驱动失效或失灵	1）线束以及机械故障 2）传感器故障 3）系统控制器故障 4）驱动电动机故障 5）CAN 通信故障 6）蓄电池故障	1）检查线束以及机械部件 2）检查传感器 3）检测系统控制器 4）检查驱动电动机 5）检测 CAN 通信 6）检测蓄电池
车辆纵向或侧向控制故障	车辆纵向或侧向控制失效或失灵	1）线束以及机械故障 2）传感器故障 3）系统控制器故障 4）驱动电机故障 5）CAN 通信故障 6）蓄电池故障	1）检查线束以及机械部件 2）检查传感器 3）检测系统控制器 4）检查驱动电动机 5）检测 CAN 通信 6）检测蓄电池

小 结

1. 智能网联汽车运动控制系统的主要功能是按照中央决策层的指令，对车辆进行操作和协同控制，保障汽车安全行驶和舒适驾驶。

2. 智能网联汽车运动控制系统的组成包括线控底盘（线控转向系统、线控制动系统、电驱动系统等）和动力学控制部分（纵向控制、侧向控制、协同控制等）。

3. 汽车线控转向系统由转向盘总成、转向执行总成和主控制器（ECU）三个主要部分以及自动防故障系统、电源等辅助系统组成。

4. 线控制动系统分为电子机械制动（EMB）系统、电子液压制动（EHB）系统和混合线控制动（HBBW）系统三类。EHB系统主要由液压控制模块、制动踏板模块、控制单元（HCU）、制动器和各类传感器等组成。

5. 电驱动系统取消了加速踏板和节气门之间的机械结构，通过加速踏板位置传感器检测加速踏板的绝对位移。ECU计算得到最佳的节气门开度后，输出指令驱动电动机控制节气门保持最佳开度。

6. 先进驾驶辅助系统（ADAS）是指利用安装在车辆上的传感、通信、决策及执行等装置，辅助驾驶人执行驾驶任务，或主动避免/减轻碰撞危害的各类系统的总称。

 **思考题**

1. 什么是汽车线控转向系统？其基本结构和工作原理各是如何？
2. 什么是汽车线控制动系统？其基本结构和工作原理各是如何？
3. 什么是汽车电驱动系统？其基本结构和工作原理各是如何？
4. 什么是车辆纵向、侧向控制系统？其基本结构和工作原理各是如何？
5. 简述自动泊车辅助系统的功能和工作原理。

测试题

测试题

参 考 文 献

[1] 王会杰，等. 我国智能网联汽车发展现状及策略分析［J］. 汽车实用技术，2023，6：53-57.

[2] 华国栋，等. 国内外智能网联汽车法规发展现状和立法路径探索［J］. 道路交通科学技术，2023，1：14-17.

[3] 罗克研. 盘点 2019 新能源汽车产业十大政策［J］. 中国质量万里行，2020，1：86-87.

[4] 蔡兴旺. 新能源汽车结构与维修［M］. 2 版. 北京：机械工业出版社，2019.

[5] 瑞佩尔. 新能源汽车结构与原理［M］. 北京：化学工业出版社，2019.

[6] 申荣卫. 纯电动汽车整车控制系统检测与修复［M］. 北京：机械工业出版社，2019.

[7] 李妙然，邹德伟. 智能网联汽车技术概论［M］. 北京：机械工业出版社，2019.

[8] 崔胜民. 一本书读懂智能网联汽车［M］. 北京：化学工业出版社，2019.

[9] 蔡兴旺. 电动汽车与燃气汽车故障诊断与维修［M］. 北京：机械工业出版社，2018.

[10] 何亿斌，侯志华. 新能源汽车驱动电机技术［M］. 2 版. 北京：机械工业出版社，2021.

[11] 何洪文. 电动汽车原理与构造［M］. 北京：机械工业出版社，2018.

[12] 谭婷. 新能源汽车电池及管理系统检修［M］. 北京：机械工业出版社，2018.

[13] 王章杰. 电动汽车维修训练［M］. 北京：机械工业出版社，2018.

[14] 赵振宁. 电动汽车构造原理与检修［M］. 北京：机械工业出版社，2018.

[15] 节能与新能源汽车技术路线图战略咨询委员会，中国汽车工程学会. 节能与新能源汽车技术路线图［M］. 北京：机械工业出版社，2017.

[16] 曹砚奎. 电动汽车技术 100 问［M］. 北京：机械工业出版社，2018.

[17] 张敏. 新能源汽车驱动电机技术工作页［M］. 北京：机械工业出版社，2017.

汽车构造与原理
（新能源汽车与智能网联汽车）
实 训 工 单

学号 _____

姓名 _____

机 械 工 业 出 版 社

目　　录

项目一 新能源汽车概述

任务 新能源汽车认知

学习情境	有客户到比亚迪 4S 店购买新能源汽车，你是客户经理，任务是为客户介绍新能源汽车的特点、分类及发展趋势。
学习任务	➤ 解释新能源汽车的相关名词术语。 ➤ 描述新能源汽车的分类、特点与基本工作原理。 ➤ 辨识不同类型的新能源汽车。 ➤ 检索国内外新能源汽车的发展动态。
能力目标	• 能够为客户介绍新能源汽车的分类、特点与基本工作原理。 • 能够辨识纯电动汽车、混合动力电动汽车、燃料电池电动汽车和气体燃料汽车。 • 能够利用手机检索国内外新能源汽车的发展动态、我国生产的新能源汽车主流品牌和车型，并发表自己的看法。
任务时间	90min。
主要设备、工具和资料	◇ 新能源汽车（纯电动、混合动力、燃料电池、气体燃料等类型）六台。 ◇ 分解的纯电动汽车或混合动力电动汽车各一辆。 ◇ 智能手机 1 部/人。 ◇ 实训室及相关的教具、录像片和教学挂图。

子任务一：解释新能源汽车的相关名词术语。

纯电动汽车：

混合动力电动汽车：

燃料电池电动汽车：

气体燃料汽车：

插电式混合动力汽车：

增程式混合动力汽车：

子任务二：观看拆解的纯电动汽车或混合动力电动汽车，并写出与传统燃油汽车的不同点。

子任务三：列表描述下列新能源汽车的特点，并将实训室陈列的典型车型型号填入表中。

新能源汽车类型	特点	典型车型
纯电动汽车		
混合动力电动汽车		
燃料电池电动汽车		
气体燃料汽车		

子任务四：利用手机检索一下我国新能源汽车的发展现状（含政策法规、新能源汽车产量、主流品牌等），并谈谈你对新能源汽车发展趋势的看法。

子任务五：教师先播放新能源汽车视频，学生根据老师指引完成新能源汽车的识别和介绍。任务完成后，写出简要总结和心得体会。

教师评价	
	教师签名：　　　　　　　　　　年　　月　　日

项目二 纯电动汽车的结构与工作原理

任务一 检测动力蓄电池

学习情境	电动汽车维修小组遇到动力蓄电池故障，团队分工协作，你的任务是使用诊断仪读取动力蓄电池的数据流并分析，为动力蓄电池故障排除提供依据。
学习任务	➤ 描述纯电动汽车动力蓄电池及其管理系统的主要组成与工作原理。 ➤ 测量动力蓄电池预充接触器线圈电阻和正、负极接触器线圈电阻。 ➤ 采用仪器检测动力蓄电池数据流，并进行分析。
能力目标	• 能够说出纯电动汽车动力蓄电池及其管理系统的主要组成与作用。 • 能够测量动力蓄电池预充接触器线圈电阻和正、负极接触器线圈电阻。 • 能够使用专用仪器检测动力蓄电池的数据流并分析、判断故障。
任务时间	90min。
主要设备、工具和资料	◇ 纯电动汽车六辆，维修手册六套。 ◇ 动力蓄电池实训台六台。 ◇ 比亚迪 VDS1000 诊断仪六套，数字万用表六套。 ◇ 常用维修工具箱、车辆防护用品六套。

子任务一：写出图中序号的比亚迪 e5 纯电动汽车动力蓄电池及其管理系统主要组成的名称与作用。

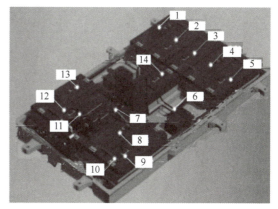

子任务二：测量动力蓄电池预充接触器线圈电阻和正、负极接触器线圈电阻，并分析是否有故障。

序号	接触器名称	对应的端子号	线圈电阻
1	预充接触器		
2	负极接触器		
3	正极接触器		

子任务三：采用比亚迪 VDS1000 诊断仪读取动力蓄电池数据流，填写下表，并进行分析。

分析项目	数值	分析项目	数值
当前 SOC 值		当前总电压	
当前总电流		动力蓄电池组总容量	
单体蓄电池最大电压		单体蓄电池最小电压	
单体蓄电池最高温度		单体蓄电池最低温度	
当前绝缘电阻值		当前累积充电电能	
当前累积放电电能		当前累积充电电量	
当前累积放电电量		性能初步判断	
互锁 1 状态		互锁 2 状态	

子任务四：教师先播放操作视频或进行示范操作，学生根据维修手册的指引完成动力蓄电池的测试。任务完成后，写出简要总结和心得体会。

教师评价	
	教师签名：　　　　　　　年　　月　　日

任务二　拆装动力蓄电池

学习情境	电动汽车维修小组遇到动力蓄电池的更换任务，团队分工协作，你的任务是使用相关设备更换动力蓄电池，为动力蓄电池更换提供流程和注意事项。
学习任务	➤ 描述动力蓄电池更换的注意事项。 ➤ 排空动力蓄电池冷却液。 ➤ 标定动力蓄电池 SOC 值。
能力目标	● 能够进行动力蓄电池的更换。 ● 能够排空动力蓄电池冷却液。 ● 能够对动力蓄电池进行 SOC 值标定。
任务时间	90min。
主要设备、工具和资料	◇ 纯电动汽车六辆。 ◇ 比亚迪 VDS1000 诊断仪六套。 ◇ 升降机、电池升降台、工具箱各六套。 ◇ 动力蓄电池实训台六台。

子任务一：更换动力蓄电池，并写出操作步骤和注意事项，填写作业扣分表。

1. 动力蓄电池更换步骤和注意事项。

2. 更换动力蓄电池作业扣分表（每项满分 5 分）。

项目	扣分	项目	扣分
未下电		未拆蓄电池负极电缆	
未佩戴绝缘手套		未打开膨胀水箱盖	
未拔维修开关		举升高度不适	
未设隔离带		未装三件套	
升降台放置不适		未拆卸水管	
未用仪器接水		未拆卸高压插件	
选用工具不当		操作不规范	
掉螺钉		安装孔未对准	
未用合适扭力		漏装螺钉	
未安装水管		未插上高压插件	
未装高压开关启动		未装蓄电池负极电缆	

子任务二：排空与添加动力蓄电池冷却液，并写出操作步骤和注意事项。

子任务三：对动力蓄电池进行 SOC 值标定，并写出操作步骤和注意事项。

子任务四：教师先播放操作视频或进行示范操作，学生根据维修手册的指引完成动力蓄电池的更换和相关检测。任务完成后，写出简要总结和心得体会。

教师评价	
	教师签名：　　　　　　　　　　　年　　月　　日

任务三　检测与更换驱动电机

学习情境	客户反映电动汽车驱动电机温升过高，你是维修组技师，本次任务是检测与更换驱动电机，并向客户解释电机检测过程、结果和更换原因。
学习任务	➤ 驱动电机波形测量。 ➤ 正确拆装驱动电机并检验。 ➤ 执行高压作业安全规定。
能力目标	● 能够根据维修手册进行驱动电机波形测量。 ● 能够正确拆装驱动电机并检验。 ● 能够根据维修手册的指引，严格执行高压作业安全规定。
任务时间	90min。
主要设备、工具和资料	◇ 纯电动汽车六辆，使用维修手册六套。 ◇ 车辆拆装工具和防护套装各六套。 ◇ 汽车用示波器六台。

子任务一：利用示波器检测驱动电机在不同转速、相位和档位下的波形，并填写下列内容。

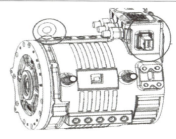

1. 检测步骤。

2. 画出波形。

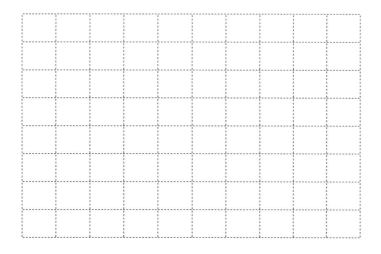

3. 数值分析与结论。

子任务二：拆装更换驱动电机，并填写下列内容。

1. 执行高压作业安全规定。

序号	作业流程	执行情况		
1	将变速杆置于 P 位	是 ☐	否 ☐	无此项 ☐
2	拉起驻车制动器	是 ☐	否 ☐	无此项 ☐
3	关闭点火开关	是 ☐	否 ☐	无此项 ☐
4	将钥匙妥善保存	是 ☐	否 ☐	无此项 ☐
5	断开辅助蓄电池负极	是 ☐	否 ☐	无此项 ☐
6	检查安全防护装备	是 ☐	否 ☐	无此项 ☐
7	断开维修开关	是 ☐	否 ☐	无此项 ☐
8	放置高压作业维修标识	是 ☐	否 ☐	无此项 ☐
9	使用放电仪放电	是 ☐	否 ☐	无此项 ☐
10	使用万用表测量系统电压	实测电压_____ V		

2. 驱动电机拆装更换步骤。

3. 检验新驱动电机。

子任务三：教师先播放操作视频或进行示范操作，学生根据维修手册的指引完成驱动电机的检测与更换。任务完成后，写出简要总结和心得体会。

教师评价	
	教师签名： 年 月 日

任务四 检测与更换电机控制器

学习情境	车维修小组遇到电机控制系统疑难故障，你是快修组技师，本次任务是进行电机控制器检测与更换，并向客户解释电机控制器的作用与更换原因。
学习任务	➤ 检测电机控制器数据流、故障码和波形。 ➤ 正确拆装电机控制器。 ➤ 执行高压作业安全规定。
能力目标	• 能够根据维修手册进行电机控制器数据流、故障码和波形检测。 • 能够正确拆装电机控制器。 • 能够根据维修手册的指引，严格执行高压作业安全规定。
任务时间	90min。
主要设备、工具和资料	◇ 纯电动汽车六辆，维修手册六套。 ◇ 车辆拆装工具和防护套装各六套。 ◇ 示波器六台。 ◇ 故障诊断仪六台。

子任务一：检测电机控制器数据流、故障码和波形，并填写下列内容。

1. 采用故障诊断仪检测电机控制器数据流，记录结果并分析。

2. 采用故障诊断仪读取电机控制器故障码。

3. 采用示波器检测电机控制器波形，画在下面并分析：

4. 综合分析、判断电机控制器技术状况。

　　子任务二：拆装更换电机控制器，并写出拆装步骤及注意事项。

　　子任务三：教师先播放操作视频或进行示范操作，学生根据维修手册的指引完成驱动电机控制器的检测与更换。任务完成后，写出简要总结和心得体会。

教师评价		
	教师签名：	年　月　日

任务五　检测与更换整车控制器

学习情境	电动汽车维修小组遇到整车控制器疑难故障，你是快修组技师，本次任务是进行整车控制器的检测与更换，并向客户解释整车控制器的作用与更换原因。
学习任务	➢ 检测整车控制器数据流与故障码。 ➢ 正确拆装更换整车控制器。 ➢ 执行高压作业安全规定。
能力目标	• 能够根据维修手册进行整车控制器数据流和故障码检测。 • 能够正确拆装更换整车控制器。 • 能够根据维修手册的指引，严格执行高压作业安全规定。
任务时间	90min。
主要设备、工具和资料	◇ 纯电动汽车六辆，维修手册六套。 ◇ 车辆拆装工具和防护套装各六套。 ◇ 故障诊断仪六台。

子任务一：读取整车控制器的数据流和故障码，并填写下面内容。

1. 仪器连接顺序。

2. 在车辆未上电时，故障诊断盒上指示灯亮灭情况。

3. 进行通信时，故障诊断盒上指示灯亮灭情况。

4. 读取整车控制器故障码。

5. 静态下读取以下整车控制器数据信息。

整车状态		驱动电机目标转矩命令	
里程读数		驱动电机目标转速命令	
供电电压		驱动电机当前转矩	
节气门开度		驱动电机当前转速	
制动踏板位置信号		直流母线电压实际值 U_1	
档位信号		直流母线电压实际值 U_2	
整车模式变量		直流母线电压实际值 U_3	
母线电流		车速	
真空泵使能状态		真空泵工作电流	
真空压力			

6. 踩下制动踏板，对应的数据信息变化情况。

7. 连续踩下制动踏板，整车控制器数据信息发生哪些变化？并解释其原因。

子任务二：教师先播放操作视频或进行示范操作，学生根据维修手册的指引完成整车控制器的检测与更换。任务完成后，写出简要总结和心得体会。

教师评价

教师签名：　　　　　　　　　　　　　年　　　月　　　日

任务六　测试车辆状态

学习情境	客户过来提车，你是销售经理，本次任务是组织团队进行车辆的静态测试和动态测试，并向客户解释静态测试和动态测试的内容。
学习任务	• 完成车辆静态测试。 • 完成车辆动态测试。 • 解释静态测试和动态测试出现的现象。
能力目标	• 能够解释车辆静态测试和动态测试的作用。 • 能够完成车辆静态测试和动态测试。 • 能够解释静态测试和动态测试出现的现象。
任务时间	90min。
主要设备、 工具和资料	◇ 纯电动汽车六辆。 ◇ 维修手册六套。 ◇ 车辆拆装工具和防护套装各六套。

子任务一：团队成员通过分工合作，完成纯电动汽车静态测试任务，并回答下列问题。

1. 仪表盘静态测试。

1）将起动开关置于"ON"位，观察仪表盘是否显示"READY"：是□　否□。

2）观察仪表盘是否有故障灯亮：是□　否□。

3）记录续驶里程：_____记录剩余电量SOC：_____记录平均电耗：_____。

4）踩住制动踏板，换档旋钮旋置"D"位，观察仪表盘档位显示：_____档。

2. 中控信息娱乐系统功能测试。

1）测试收音机功能是否正常：是□　否□。

2）测试蓝牙功能是否正常：是□　否□。

3）测试机屏互联功能是否正常：是□　否□。

3. 辅助用电设备功能测试。

1）测试空调制冷系统是否工作正常：是□　否□。

2）测试空调供暖系统是否工作正常：是□　否□。

子任务二：团队成员通过分工合作完成车辆行驶测试实训任务，并填写下列内容。

1. 车辆行驶测试。

1）车辆起步时，观察车辆起步响应是否迅速：

2）车辆起动过程中是否出现抖动、异响等情况：

3）车辆行驶过程中，踩下加速踏板，感觉加速能力是否良好：

4）车辆行驶过程中，踩下制动踏板，感觉制动性能是否良好：

2. 车辆换档测试。

1）车辆行驶时，进行换档操作，D 位换至 E 位，车辆运行是否平稳：

2）E 位时，通过按键 "E+" 和 "E-"，调节制动能量回收力度。当按下 "E+" 时，松开加速踏板，车辆减速情况：

3）行驶中由 "D" 位换至 "R" 位，车辆运行状态：

3. 车辆转向测试。

1）车辆低速行驶转向时，转向轻便性：

2）保持转向时，转向盘有无抖动现象：

子任务三：教师先播放操作视频或进行示范操作，学生根据维修手册的指引完成车辆的静态测试和动态测试。任务完成后，写出简要总结和心得体会。

教师评价	
	教师签名：　　　　　　　　　　　年　　月　　日

项目三 混合动力电动汽车的结构与工作原理

任务一 检测加速踏板位置传感器

学习情境	新能源汽车维修小组遇到加油无法运行的故障，团队分工协作，你的任务是检测加速踏板位置传感器是否良好。
学习任务	➢ 加速踏板位置传感器信号电压的测量。 ➢ 加速踏板位置传感器信号波形的测量。 ➢ 数据流的读取与分析。
能力目标	• 能够描述加速踏板位置传感器的工作原理。 • 能够进行加速踏板位置传感器信号电压的测量。 • 能够进行加速踏板位置传感器信号波形的测量。
任务时间	90min。
主要设备、工具和资料	◇ 比亚迪秦混合动力电动汽车六辆。 ◇ 比亚迪 VDS2000 诊断仪六台。 ◇ 数字万用表、示波器、工具箱各六套。

子任务一：检测加速踏板位置传感器电压信号，并把测量结果填入下表。

加速踏板位置	加速踏板位置信号 1	加速踏板位置信号 2
0		
50%		
100%		

子任务二：检测加速踏板位置传感器信号波形，并画出波形。

子任务三：读取数据流并分析。

项目	数据	项目	数据
OK 灯状态		真空泵状态	
制动踏板状态		EPB 状态	
冷却液温度值		无级风扇请求状态	
加速踏板位置(%)		制动踏板位置(%)	
加速踏板位置信号 1 电压		加速踏板位置信号 2 电压	
制动踏板位置信号 1 电压		制动踏板位置信号 2 电压	
档位状态		与 FMCU 通信状态	

子任务四：教师先播放操作视频或进行示范操作，学生根据维修手册的指引完成加速踏板位置传感器的检测。任务完成后，写出简要总结和心得体会。

教师评价	
	教师签名：　　　　　　　　　　　　　　年　　　月　　　日

任务二　检测混合动力电动汽车通信网络波形

学习情境	新能源汽车维修小组遇到模块失去通信故障，团队分工协作，你的任务是检测混合动力电动汽车网络通信的波形，为车辆模块通信故障提供依据。
学习任务	➢ 动力网正常波形的检测与分析。 ➢ 动力网 CAN-H 与 CAN-L 接反波形的检测。 ➢ 动力网 CAN-L 对地波形的检测。
能力目标	• 能够进行动力网正常波形的检测与分析。 • 能够测量动力网 CAN-H 与 CAN-L 接反的波形。 • 能够用示波器测量动力网 CAN-L 对地波形检测。
任务时间	90min。
主要设备、工具和资料	◇ 比亚迪秦混合动力电动汽车六辆。 ◇ 比亚迪 VD2000 诊断仪六台。 ◇ 数字万用表、绝缘测试仪、示波器、绝缘工具箱各六套。 ◇ 交流充电枪六支。

子任务一：检测动力网正常波形，画在下面并分析。

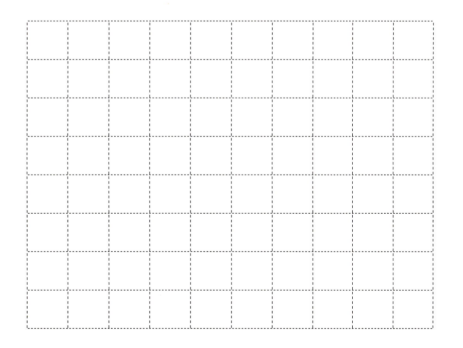

子任务二：检测动力网 CAN-H 与 CAN-L 接反的波形，画在下面并分析。

子任务三：检测动力网 CAN-L 对地波形，画在下面并分析。

子任务四：教师先播放操作视频或进行示范操作，学生根据维修手册的指引完成动力网波形的检测。任务完成后，写出简要总结和心得体会。

教师评价	
	教师签名：　　　　　　　　　　　年　　月　　日

项目四　新能源汽车辅助系统

任务一　拆装电动压缩机与 PTC 水加热器总成

学习情境	一辆新能源汽车在行驶中发生追尾，导致前机舱变形，空调系统主要部件受到挤压，车主要求服务站给予检修。你是新能源维修组成员之一，本次分配的任务是拆装空调电动压缩机和 PTC 水加热器总成。
学习任务	➢ 解释电动压缩机变频器的工作原理。 ➢ 解释 PTC 水加热器的制热原理。 ➢ 描述电动压缩机与 PTC 水加热器拆装的步骤。 ➢ 根据维修手册的指引完成电动压缩机与 PTC 水加热器总成的拆装。
能力目标	● 能够解释电动压缩机变频器的工作原理。 ● 能够解释 PTC 水加热器制热工作过程及工作原理。 ● 能够查阅维修手册梳理电动压缩机、PTC 水加热器拆装步骤和要点。 ● 能够根据维修手册的要求正确对电动压缩机、PTC 水加热器总成进行拆装。
任务时间	90min。
主要设备、工具和资料	◇ 汽车整车或可运行电动空调台架六台。 ◇ 电动压缩机和 PTC 水加热器六套及其他耗材（根据车型要求）。 ◇ 常用维修工具六套。 ◇ 电击防护用具六套。 ◇ 空调维修手册和电路图六套。

子任务一：根据电动压缩机结构示意图及其变频器电路，填写各代号的名称，并解释变频器的工作原理。

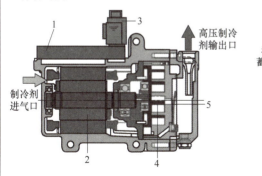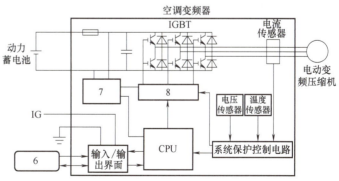

1. 代号的名称：

代号	名称	代号	名称	代号	名称	代号	名称
1		3		5		7	
2		4		6		8	

2. 变频器的工作原理：

　　子任务二：解释 PTC 水加热器的制热原理，绘制冷却液循环路线示意图。

　　子任务三：查阅维修手册，制订电动压缩机与 PTC 水加热器拆装方案，并找出关键步骤。

　　子任务四：教师先进行示范操作，学生根据维修手册的指引完成电动压缩机与 PTC 水加热器的拆装（注意做好高压防护工作）。任务完成后，写出简要总结和心得体会。

教师评价	
	教师签名：　　　　　　　　　　年　　月　　日

任务二　更换 EPS 电动机

学习情境	新能源汽车到店检修，车主反映转动转向盘时特别费力，经检查，维修技师发现 EPS 电动机烧毁。小组成员分工协作，你本次分配的任务是更换 EPS 电动机，并且要向车主解释 EPS 电动机的功能和更换原因。
学习任务	➤ 描述 EHPS 电动转向泵总成、EPS 电动机助力机构的结构。 ➤ 解释 EPS 电动机的功能和更换原因。 ➤ 根据维修手册的指引完成电动汽车 EPS 电动机的更换。
能力目标	● 能够解释 EPS 电动机的功能和更换原因。 ● 能够查阅维修手册，梳理 EPS 电动机的更换步骤和要点。 ● 能够根据维修手册要求正确更换电动汽车 EPS 电动机。
任务时间	90min。
主要设备、工具和资料	◇ 电动汽车整车或可运行转向系统台架六台。 ◇ 数字万用表六台。 ◇ 常用维修工具六套。 ◇ 车辆防护用品六套。 ◇ 电动汽车维修手册和电路图六套。

子任务一：根据电动转向泵总成、电机助力机构的结构图，填写各代号的名称。

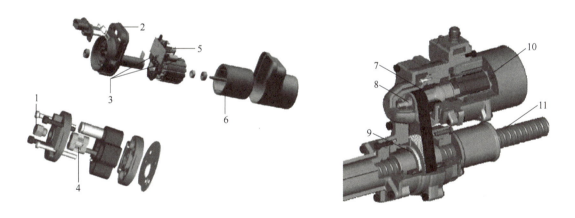

代号	名称	代号	名称	代号	名称
1		5		9	
2		6		10	
3		7		11	
4		8			

子任务二：解释 EPS 电动机的功能和更换原因。

子任务三：查阅维修手册，制订电动汽车 EPS 电动机更换方案，并写出关键步骤。

子任务四：教师先进行示范操作，学生根据维修手册的指引完成 EPS 电动机的更换。任务完成后，写出简要总结和心得体会。

教师评价	
	教师签名：　　　　　　　　　　年　　月　　日

任务三　更换制动系统电动真空泵

学习情境	新能源汽车到店检修，车主反映制动时踏板发硬，经检查，维修技师发现制动助力系统失效。小组成员分工协作，本次分配的任务是更换电动真空泵，并且向车主解释转向电动真空泵的功能和更换原因。
学习任务	➢ 描述机电伺服助力机构（iBooster）、制动真空助力系统的组成。 ➢ 解释电动真空泵的功能和更换原因。 ➢ 解释主控制器的功能。 ➢ 根据维修手册的指引完成电动真空泵的更换。
能力目标	• 能够认识机电伺服助力机构（iBooster）、制动真空助力系统的组成。 • 能够解释电动真空泵的功能和更换原因。 • 能够查阅维修手册梳理制动系统电动真空泵更换步骤和要点。 • 能够根据维修手册要求，正确更换电动真空泵。
任务时间	90min。
主要设备、工具和资料	◇ 电动汽车整车或可运行电动汽车制动助力系统台架六台。 ◇ 故障诊断仪和数字万用表六台。 ◇ 常用维修工具箱。 ◇ 车辆防护用品六套。 ◇ 电动汽车维修手册和电路图六套。

子任务一：根据机电伺服助力机构（iBooster）结构图，填写各代号的名称。

代号	名称	代号	名称	代号	名称	代号	名称	代号	名称
1		3		5		7		9	
2		4		6		8		10	

子任务二：解释电动真空泵的功能和更换原因。

子任务三：查阅维修手册，制订电动真空泵拆装方案，找出关键步骤，并绘制电动真空泵与主控制器之间的控制原理图。

子任务四：教师先进行示范操作，学生根据维修手册的指引完成电动真空泵的更换。任务完成后，写出简要总结和心得体会。

教师评价	
	教师签名：　　　　　　　　　　　年　　月　　日

任务四　更换新能源汽车组合仪表

学习情境	新能源汽车到店检修，车主反映仪表背光无法进行亮度调节，经检查，维修技师发现组合仪表故障。小组成员分工协作，你本次分配的任务是更换新能源汽车组合仪表，并且要向车主解释组合仪表的功能和更换原因。
学习任务	➤ 描述新能源汽车组合仪表的组成。 ➤ 解释新能源汽车组合仪表的功能和更换原因。 ➤ 根据维修手册的指引完成新能源汽车组合仪表的更换。
能力目标	● 能够认识新能源汽车组合仪表的组成。 ● 能够解释新能源汽车组合仪表的功能和更换原因。 ● 能够查阅维修手册梳理新能源汽车组合仪表更换步骤和要点。 ● 能够根据维修手册要求，正确更换新能源汽车组合仪表。
任务时间	90min。
主要设备、工具和资料	◇ 电动汽车整车或可运行新能源汽车组合仪表台架六台。 ◇ 故障诊断仪和数字万用表六台。 ◇ 常用维修工具箱。 ◇ 车辆防护用品六套。 ◇ 电动汽车维修手册和电路图六套。

子任务一：根据新能源汽车组合仪表的结构，填写各代号的名称。

代号	名称	代号	名称	代号	名称
1		2		3	

子任务二：解释新能源汽车组合仪表的功能和更换原因。

子任务三：查阅维修手册，制订更换新能源汽车组合仪表的方案，并写出关键步骤。

子任务四：教师先进行示范操作，学生根据维修手册的指引完成新能源汽车组合仪表的更换。任务完成后，写出简要总结和心得体会。

教师评价	
	教师签名：　　　　　　　　　　　年　　月　　日

项目五　电动汽车充电系统

任务一　检测交流充电系统故障

学习情境	电动汽车维修小组遇到电动汽车无法交流充电故障，团队分工协作，你的任务是交流充电系统基本检测、数据流、波形分析，为车辆排除故障提供依据。
学习任务	➤ 描述交直流充电接口的结构与工作原理。 ➤ 测量充电枪 CC 与 PE 之间的电阻值，测量充电枪 CP 的输出电压，检测车端 CC 的输出电压。 ➤ 用诊断仪读取交流充电时的数据并分析。 ➤ 用示波器读取充电时 CP 的波形并分析。
能力目标	● 能够描述交直流充电接口的结构与工作原理。 ● 能够进行交流充电的基本检测。 ● 能够用诊断仪读取交流充电时的数据并分析。 ● 能够用示波器读取充电时 CP 的波形并分析。
任务时间	90min。
主要设备、工具和资料	◇ 比亚迪 e5 整车六台。 ◇ 交流充电枪六套。 ◇ 比亚迪 VD21000 诊断仪六套。 ◇ 数字万用表、绝缘测试仪、示波器、工具箱各六套。

子任务一：填写下图中充电接口对应名称和各图对应的端子号定义。

图 1：_____　　　　　图 2：_____

1—_____　2—_____　3—_____　　1—_____　2—_____　3—_____
4—_____　5—_____　6—_____　　4—_____　5—_____　6—_____
7—_____　　　　　　　　　　　　　　7—_____　8—_____　9—_____

子任务二： 测量充电枪 CC 与 PE 之间的电阻值，测量充电枪端 CP 的输出电压，检测车端 CC 的输出电压。

项目名称	数值（含单位）
充电枪 CC 与 PE 之间的电阻值	
充电枪端 CP 的输出电压	
车端 CC 的输出电压	

子任务三： 用诊断仪读取交流充电时的数据并分析。

分析项目	数值（含单位）	分析项目	数值（含单位）
交流侧输入电压		直流侧总电压	
交流侧频率		交流侧输入电流	
PWM 波占空比		12V 输出电流	
12V 输出电压		本次充电累计电量	
充电接口温度		交流侧功率	
IGBT 场效应管温度		本次预计充满时间	

子任务四： 用示波器读取充电时 CP 的波形，将其画在下面并分析。

子任务五： 教师先播放操作视频或进行示范操作，学生根据维修手册的指引完成交流充电系统的基本检测。任务完成后，写出简要总结和心得体会。

教师评价	
	教师签名：　　　　　　　　　　　　年　　月　　日

任务二 拆装与调试 7kW 交流充电桩

学习情境	电动汽车维修小组维修 7kW 交流充电桩，团队分工协作，你的任务是使用相关设备对 7kW 交流充电桩进行拆装与调试。
学习任务	➢ 拆装 7kW 交流充电桩。 ➢ 检测调试充电桩。 ➢ 设定充电桩的参数。
能力目标	• 能够进行 7kW 交流充电桩的拆装与电路连接。 • 能够进行 7kW 交流充电桩的检测调试。 • 能够进行 7kW 交流充电桩的参数设定。
任务时间	90min。
主要设备、工具和资料	◇ 7kW 交流充电桩六套，维修手册和电路图六套。 ◇ 绝缘测试仪六套。 ◇ 工具箱六套。

子任务一：拆装 7kW 交流充电桩，并完成下列内容。

1. 写出 7kW 交流充电桩的拆装步骤。

2. 填写下列工单（在方框内画√或×）。

☐ 场地准备

☐ 检查防护套装

☐ 检查工具套装

☐ 检查桩体平稳支撑

☐ 检查充电枪外观：完整，无破损刮伤，枪盖无裂纹

☐ 检查门轴、门锁是否牢固、灵活，无歪斜、锈蚀现象

☐ 检查辅助继电器模块、主控模块、辅助电源模块、交流接触器模块、智能电表模块、浪涌保护器模块、单相断路器模块、显示屏、LED 灯板、读卡器好坏

☐ 检查各连接线、数据线有无破损或裸露线芯，断路、短路、虚接等情况

☐ 检查铜牌及端子等连接处、螺钉是否变形

☐ 安装辅助继电器模块或安装不牢靠或位置不正确

☐ 安装主控模块或安装不牢靠或位置不正确

☐ 安装辅助电源模块或安装不牢靠或位置不正确

☐ 安装灯板或安装不牢靠或位置不正确

☐ 安装显示屏或安装不牢靠或位置不正确

☐ 安装刷卡器或安装不牢靠或位置不正确

☐ 安装单相断路器模块或安装不牢靠或位置不正确

☐ 安装智能电表模块或安装不牢靠或位置不正确

□ 安装浪涌保护器模块或安装不牢靠或位置不正确

□ 安装交流接触器模块或安装不牢靠或位置不正确

□ 安装充电枪或安装不牢靠或位置不正确

□ 安装急停开关或安装不牢靠或位置不正确

□ 查阅电路图

□ 导线/线束安装不牢靠或错误

□ 连接电路、线束未复检的，轻晃线头能移动

□ 电路未安装到线管内，有铜线裸露，布线不整齐

子任务二：检测、调试 7kW 交流充电桩，并完成下列内容。

1. 写出 7kW 交流充电桩的检测调试步骤和结果。

2. 填写下列工单（在方框内画√或×）。

□ 进行线束检测未全程佩戴绝缘手套

□ 正确使用接地电阻表检测充电桩、浪涌保护器、主控模块、充电枪 PE 接点对地实测电阻

□ 正确读出测试结果并记录

□ 正确使用测量仪表分别检测单相断路器输入侧 L、N 线对地绝缘电阻

□ 正确读出测试结果并记录

□ 正确使用测量仪表检测单相断路器，智能电表，浪涌保护器，交流接触器输出侧 L、N 线对地绝缘电阻

□ 正确读出测试结果并记录

□ 正确使用测量仪表检测单相断路器、交流接触器 L 线对 N 线实测电阻

□ 正确读出测试结果并记录

□ 正确使用测量仪表检测单相断路器与智能电表、浪涌保护器、辅助电源之间，交流接触器与充电插座之间 L 线对 L 线实测电阻

□ 正确读出测试结果并记录

□ 正确使用仪表测量辅助电源、主控模块、显示屏电源线对地实测电阻

□ 正确读出测试结果并记录

□ 遵守"单手原则"测量绝缘电阻

子任务三：通电调试 7kW 交流充电桩，并完成下列内容。

1. 写出 7kW 交流充电桩通电调试的步骤和结果。

2. 填写下列工单（在方框内画√或×）。

□ 佩戴护目镜、绝缘手套、安全帽进行上电和检测作业

□ 未向裁判汇报接线情况，直接通电（暂停时间，裁判复检电路）

□ 正确使用测量仪表测量墙壁插座供电电压
□ 合闸前未正确使用测量仪表检测单相断路器输入侧电源电压
□ 正确读出测试结果并记录
□ 合闸前未正确使用测量仪表检测单相断路器输出侧电源电压
□ 正确读出测试结果并记录
□ 报告裁判单相断路器合闸请求，直接通电
□ 正确使用测量仪表检测辅助电源、主控模块、显示屏电源线对地电压
□ 正确读出测试结果并记录
□ 遵守"单手原则"测量单相断路器输入侧供电电压
□ 显示屏未亮，显示不正常
□ 读卡器的电源未亮，刷卡不能响应，通信不正常
□ 通电测试未能一次通过
□ 灯板指示灯未亮
□ 按下急停开关，故障灯未点亮

子任务四：设定 7kW 交流充电桩参数，并完成下列内容。

1. 写出 7kW 交流充电桩的参数设定的步骤和结果。

2. 填写下列工单表（在方框内画√或×）。
□ 按操作要求设置电价或设置错误
□ 按操作要求设置时段或设置错误
□ 正确设置充电时间
□ 充电时间未达到 1min
□ 未正确设置充电电量

子任务五：教师先播放操作视频或进行示范操作，学生根据维修手册的指引完成 7kW 交流充电桩的拆装与调试。任务完成后，写出简要总结和心得体会。

教师评价	教师签名：	年　　月　　日

项目六　燃料电池电动汽车

任务一　燃料电池电动汽车的使用

学习情境	客户王先生新买一辆燃料电池电动汽车，要求 4S 店就车辆使用进行示范操作。4S 店派出了售后服务工程师进行指导。
学习任务	➤ 描述燃料电池电动汽车的组成与工作原理。 ➤ 描述驾驶室配置各按键与操纵机构的位置和名称。 ➤ 解读汽车信息显示屏的各种信息。 ➤ 根据车辆使用维护手册示范驾驶室的配置及使用各操纵机构。
能力目标	• 能够找出驾驶室配置各按键与操纵机构的位置并说出相应的名称。 • 能够解读汽车信息显示屏的各种信息。 • 能够根据车辆使用维护手册示范驾驶室的配置及使用各操纵机构。
任务时间	90min。
主要设备、工具和资料	◇ Mirai 燃料电池电动汽车六辆。 ◇ 车辆使用维护手册六套。

子任务一：根据燃料电池电动汽车的结构图，填写各代号的名称，并描述燃料电池电动汽车的工作原理。

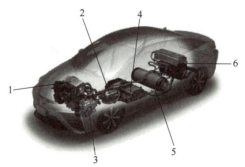

1. 代号的名称：

代号	名称	代号	名称	代号	名称
1		3		5	
2		4		6	

2. 描述燃料电池电动汽车的工作原理：

子任务二：描述驾驶室各按键与操纵机构的位置和名称。

子任务三：解读汽车信息显示屏的各种信息。

子任务四：教师先进行示范操作，学生根据维修使用手册的指引完成驾驶室各按键及操纵机构的使用。任务完成后，写出简要总结和心得体会。

教师评价		
	教师签名：　　　　　　　　　　　　　年　　月　　日	

任务二　燃料电池电动汽车的日常维护

学习情境	客户王先生新买一辆燃料电池电动汽车，要求 4S 店就车辆日常维护进行示范操作。4S 店派出了售后服务工程师进行指导。
学习任务	➢ 描述洗车时的注意事项。 ➢ 描述车辆作为能源储备站的使用方法。 ➢ 描述充氢时的步骤及注意事项。 ➢ 根据车辆使用维护手册的指引完成充氢操作。
能力目标	• 能够描述加氢的步骤及注意事项。 • 能够描述洗车时的注意事项。 • 能够示范车辆作为能源储备站的连接操作。 • 根据车辆使用维护手册的要求正确进行充氢操作。
任务时间	90min。
主要设备、工具和资料	◇ 燃料电池电动汽车六辆。 ◇ 车辆使用维护手册六套。

子任务一：描述洗车时的注意事项。

子任务二：描述车辆作为能源储备站的使用方法。

　　子任务三：制订充氢方案，列出关键的步骤及注意事项。

　　子任务四：教师先进行示范操作，学生根据车辆使用手册的指引完成充氢操作。任务完成后，写出简要总结和心得体会。

教师评价	
	教师签名：　　　　　　　　　　　　　　　　年　　月　　日

项目七　其他新能源汽车

任务一　液化石油气汽车的使用操作

学习情境	一位到店的客户想改装液化石油气汽车，你的任务是针对已改装好的液化石油气汽车给客户讲解其结构、工作原理和使用注意事项，并给出客户提出改装的建议。
学习任务	➢ 介绍液化石油气汽车的结构。 ➢ 解释液化石油气汽车的工作原理。 ➢ 演示液化石油气汽车使用的注意事项。 ➢ 提出液化石油气汽车改装的建议。
能力目标	● 能够正确介绍液化石油气汽车的结构。 ● 能够正确解释液化石油气汽车的工作原理。 ● 能够演示液化石油气汽车使用的注意事项。 ● 能够给客户提出改装的建议。
任务时间	90min。
主要设备、工具和资料	◇ 液化石油气汽车整车或者液化石油气汽车台架六台。 ◇ 常用维修工具箱、车辆防护用品六套。 ◇ 液化石油气汽车使用手册六套。

　　子任务一：结合液化石油气汽车燃料供给系统的结构和工作原理框图，写出图中数字所指的部件名称。

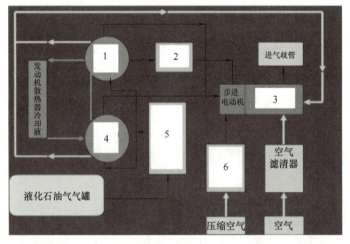

1—_____　2—_____　3—_____　4—_____　5—_____　6—_____

子任务二：解释液化石油气汽车的基本工作原理。

子任务三：写出液化石油气汽车使用注意事项，并进行演示。

子任务四：给客户提供一些改装液化石油气汽车的建议。

子任务五：教师先播放操作视频或进行示范操作，学生根据车辆使用手册的指引完成液化石油气汽车的结构认知和使用操作。任务完成后，写出简要总结和心得体会。

教师评价	
	教师签名：　　　　　　　　　　　　　　年　　月　　日

任务二　天然气汽车的使用操作

学习情境	一位进店的客户想改装天然气汽车，你的任务是针对已改装好的天然气汽车给客户讲解其结构、工作原理和使用注意事项，并给出客户提出改装的建议。
学习任务	➢ 介绍天然气汽车的结构。 ➢ 解释天然气汽车的工作原理。 ➢ 演示天然气汽车使用的注意事项。 ➢ 提出天然气汽车改装的建议。
能力目标	• 能够正确介绍天然气汽车的结构。 • 能够正确解释天然气汽车的工作原理。 • 能够演示天然气汽车使用的注意事项。 • 能够给客户提出天然气汽车改装的建议。
任务时间	90min。
主要设备、工具和资料	◇ 天然气汽车整车或者天然气汽车台架六台。 ◇ 常用维修工具箱、车辆防护用品六套。 ◇ 液化石油气汽车使用手册六套。

　　子任务一：结合下图，描述天然气汽车的结构，并写出图中数字所指的部件名称。

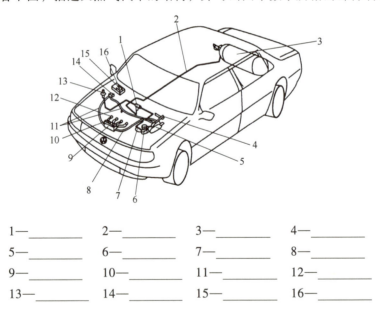

1—_____	2—_____	3—_____	4—_____
5—_____	6—_____	7—_____	8—_____
9—_____	10—_____	11—_____	12—_____
13—_____	14—_____	15—_____	16—_____

子任务二：解释天然气汽车的基本工作原理。

子任务三：写出天然气汽车使用注意事项，并进行演示。

子任务四：给客户提供一些改装天然气汽车的建议。

子任务五：教师先播放操作视频或进行示范操作，学生根据车辆使用手册的指引完成天然气汽车的结构认知和使用操作。任务完成后，写出简要总结和心得体会。

教师评价	
	教师签名：　　　　　　　　　　　　　　年　　月　　日

项目八　智能网联汽车的基本结构与工作原理

任务一　操作无人驾驶汽车

学习情境	张女士在互联网上看到广州开始无人驾驶汽车体验活动，她想参加体验并想了解智能网联汽车总体结构。假设你是无人驾驶汽车平台的专业人员，请给她进行介绍。
学习任务	➤ 描述无人驾驶汽车的整体构造。 ➤ 解释无人驾驶汽车的工作原理。 ➤ 画出无人驾驶汽车组成框图。 ➤ 描述无人驾驶汽车使用时的注意事项。
能力目标	• 能够现场介绍无人驾驶汽车的整体构造。 • 能够现场解释无人驾驶汽车的工作原理。 • 能够画出无人驾驶汽车组成框图。 • 能够现场操作并介绍无人驾驶汽车使用的注意事项。
任务时间	90min。
主要设备、工具和资料	◇ 无人驾驶汽车六辆或实训台架六台。 ◇ 常用维修工具箱、车辆防护用品六套。 ◇ 无人驾驶汽车或实训台使用手册六套。

　　子任务一：查看无人驾驶汽车，介绍其整体构造，描述其基本工作原理，并说明该汽车属于哪个等级的智能汽车。

子任务二：画出无人驾驶汽车总体组成框图。

子任务三：操作无人驾驶汽车，并介绍使用注意事项。

子任务四：教师先播放操作视频或进行示范操作，学生根据使用手册的指引完成无人驾驶汽车操作。任务完成后，写出简要总结和心得体会。

教师评价	
	教师签名：　　　　　　　　　　　年　　月　　日

任务二　检测环境感知系统传感器

学习情境	张女士参加了无人驾驶汽车体验活动，她想进一步了解无人驾驶汽车是如何感知周围的行人和各种环境？如何检测各种传感器是否完好？假设你是无人驾驶汽车平台的维护人员，请给她进行介绍和检测。
学习任务	➤ 描述环境感知系统的作用与组成。 ➤ 解释环境感知系统的主要组成部件及其工作原理。 ➤ 检测相关传感器是否完好。
能力目标	• 能够描述环境感知系统的作用与主要组成部件。 • 能够找到环境感知系统主要组成部件的位置，并解释其工作原理。 • 能够检测相关传感器是否完好。
任务时间	90min。
主要设备、工具和资料	◇ 无人驾驶汽车六辆或实训台架六台。 ◇ 常用维修工具箱、车辆防护用品六套。 ◇ 无人驾驶汽车或实训台维修手册六套。

子任务一：现场找出无人驾驶汽车摄像头位置，描述其作用与工作原理，记录其型号规格。

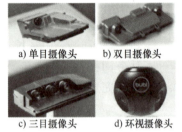

a) 单目摄像头　　b) 双目摄像头

c) 三目摄像头　　d) 环视摄像头

子任务二：现场找出无人驾驶汽车超声波传感器的位置，描述其作用与结构、工作原理，记录其型号规格，并检测其好坏。

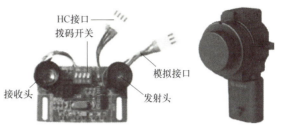

子任务三：现场找出无人驾驶汽车毫米波雷达的位置，描述其作用与结构、工作原理，记录其型号规格，并检测其好坏。

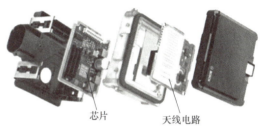

子任务四：现场找出无人驾驶汽车激光雷达的位置，描述其作用与结构、工作原理，记录其型号规格，并检测其好坏。

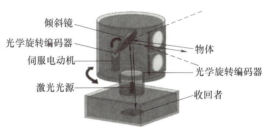

子任务五：教师先播放相关传感器检测视频或进行示范操作，学生根据维修手册的指引完成传感器的检测。任务完成后，写出简要总结和心得体会。

教师评价	
	教师签名：　　　　　　　　　　　　　　年　　月　　日

任务三　测试汽车定位导航与无线通信

学习情境	张女士参加了无人驾驶汽车体验活动，她想进一步亲身体验和测试智能网联汽车的定位导航与无线通信。假设你是智能网联汽车平台的专业人员，请帮助她完成体验和测试。
学习任务	➢ 介绍卫星定位导航系统的组成与工作原理，并定位汽车位置。 ➢ 画出智能网联汽车的 5G 架构，并进行 5G 无线通话。 ➢ 解释 WiFi 的基本组成与工作原理，并进行 WiFi 通信。 ➢ 描述射频识别（RFID）的作用、组成与工作原理，并进行电子不停车收费测试。
能力目标	● 能够介绍卫星定位导航系统的组成与工作原理，并定位汽车位置。 ● 能够画出智能网联汽车的 5G 架构，并进行通话测试。 ● 能够解释 WiFi 的基本组成与工作原理，并进行 WiFi 通信测试。 ● 能够描述射频识别（RFID）的作用、组成与工作原理，并进行电子不停车收费测试。
任务时间	90min。
主要设备、工具和资料	◇ 智能网联汽车六辆或实训台架六台。 ◇ 常用维修工具箱、车辆防护用品六套。 ◇ 无人驾驶汽车或实训台维修手册六套。

子任务一：介绍卫星定位导航系统的组成与工作原理，并定位智能网联汽车位置。

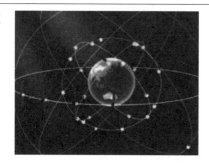

子任务二：采用框图显示智能网联汽车的 5G 架构，并进行 V2V 的 5G 通话测试。

子任务三：解释 Wi-Fi 的基本组成与工作原理，并利用无线 WiFi 与其他车辆进行通信测试。

子任务四：描述射频识别的作用、组成与工作原理，并进行电子不停车收费测试。

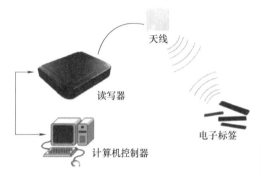

子任务五：教师先播放相关无线通信测试视频或进行示范操作，学生根据维修手册的指引完成无线通信测试。任务完成后，写出简要总结和心得体会。

教师评价	
	教师签名：　　　　　　　　　　年　　月　　日

任务四　检测车载以太网总线故障

学习情境	智能网联汽车试验小组遇到车载网络故障，团队分工协作，你的任务是使用仪器检测以太网总线故障，为故障排除提供依据。
学习任务	➢ 描述智能网联汽车以太网的特征与应用。 ➢ 画出车载以太网域级别架构图。 ➢ 检测车载以太网总线故障。
能力目标	• 能够描述智能网联汽车以太网的特征与应用。 • 能够画出车载以太网域级别架构图，并在车上找到相应线束。 • 能够正确使用仪器检测车载以太网总线故障。
任务时间	90min。
主要设备、工具和资料	◇ 智能网联汽车六辆或实训台架六台。 ◇ 常用维修工具箱、车辆防护用品六套。 ◇ 智能网联汽车或实训台维修手册六套。 ◇ 车载网络总线故障检测仪器六台。

子任务一：描述智能网联汽车以太网的特征与应用。

子任务二：画出车载以太网域级别架构图，并在车上找到相应线束。

子任务三：采用专用仪器，检测车载以太网总线故障。

子任务四：教师先播放以太网总线测试视频或进行示范操作，学生根据维修手册的指引完成以太网总线故障测试。任务完成后，写出简要总结和心得体会。

教师评价	
	教师签名：　　　　　　　　　　　　年　　月　　日

任务五 调试智能网联汽车运动控制系统

学习情境	智能网联汽车试验小组正在进行运动控制系统测试，团队分工协作，你的任务是进行转向和制动的控制调试，并能介绍相关的组成和工作原理。
学习任务	➢ 解释线控转向系统的主要组成部件与工作原理。 ➢ 解释线控制动系统的主要组成部件与工作原理。 ➢ 测试智能网联汽车转向的控制调试。 ➢ 测试智能网联汽车制动的控制调试。
能力目标	• 能够找到线控转向系统的主要组成部件。 • 能够找到线控制动系统的主要组成部件。 • 能够进行线控转向系统的控制调试。 • 能够进行线控制动系统的控制调试。
任务时间	90min。
主要设备、工具和资料	◇ 智能网联汽车六辆或实训台架六台。 ◇ 常用维修工具箱、车辆防护用品六套。 ◇ 智能网联汽车或实训台维修手册六套。 ◇ 线控运动系统检测仪器六台。

子任务一：在车上找到线控转向系统的主要组成部件，并说明其控制原理。

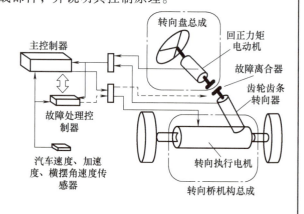

子任务二：在车上找到线控制动系统的主要组成部件，并说明其控制原理。

子任务三：测试线控转向系统的运动状态，并进行分析调试。

子任务四：测试线控制动系统的运动状态，并进行分析调试。

子任务五：教师先播放线控转向、制动系统的运动调试视频或进行示范操作，学生根据维修手册的指引完成线控转向系统和制动系统的运动调试。任务完成后，写出简要总结和心得体会。

教师评价	
	教师签名： 年 月 日

目　　录

项目一　汽车底盘概述

任务一　准备实训资料与安全用品操作

学习情境	你到汽车 4S 站维修实习，第一个任务是学会汽车维修资料检索，熟悉车间环境和各项要求，正确选用个人防护用品，操作车间电气设备，保护车间环境，为后续的汽车维修做准备。
学习任务	• 检索汽车维修资料，在计算机上建立汽车维修电子档案。 • 描述熟悉车间环境和各项要求，维护好车间环境与卫生。 • 选择和穿戴个人防护用品。 • 操作车间灭火器和电气设备。
能力目标	• 能够检索汽车维修资料，在计算机上建立汽车维修电子档案。 • 能够解释现场管理的 5S 理念并现场实施。 • 能够选择和穿戴个人防护用品。 • 能够操作车间灭火器和电气设备。
任务时间	90min
主要设备、工具和资料	◇ 汽车维修手册、使用说明书各 6 套，计算机 6 台。 ◇ 眼镜、劳保鞋、手套、安全帽、工装 1 套/人。 ◇ 应急药箱（卫生棉、创可贴、眼睛清洗液等）1 套/班。 ◇ 普通干粉灭火器 6 套。 ◇ 汽油、柴油、清洗剂储藏罐、各种废弃物收集处理装置各 1 套/车间。 ◇ 工作台、清洗台、物品架、零件盆、毛刷、抹布等 6 套。

子任务 1：描述现场管理的 5S 理念并现场操作。

整理（SEIRI）：

整顿（SEITON）：

清扫（SEISO）：

清洁（SEIKETSU）：

素养（SHITSUKE）：

子任务 2：检索汽车维修资料，并填写以下表格。

VIN
LFSGGA54W6BH185123

项目	内容	项目	内容
VIN		发动机标定功率	
最高车速		制动系统类型	
百公里油耗		转向系统类型	

子任务 3：描述汽车维修个人防护用品的选择与选用方法，并现场进行穿戴。

子任务 4：描述灭火器的使用方法，并现场进行操作。

子任务 5：学习阅读材料 1 后，描述你所在的汽车维修车间有哪些废弃物？各应如何处理？

子任务 6：教师先播放操作视频或进行示范操作，学生根据指引完成 5S 现场管理、个人防护用品的穿戴与灭火器的使用，任务完成后写出简要总结和心得体会。

教师评价	
	教师签名：　　　　　　　　　　　　年　　月　　日

阅读材料　汽车维修废弃物处理

1. 一般废弃物处理

根据废弃物的性质，分为可回收和不可回收两大类，其存放要求见下表。

	可回收废弃物	不可回收废弃物
存放基本要求	通风、消防、地漆防渗	通风、消防、地漆防渗
主要存放物品	废轮胎、废金属零件、废塑料、废纸箱、废纸	菜叶、果皮、布、灰尘、剩饭（单独存放）

各类废弃物的存放设施应有明显的标识，在废弃物存放区按要求分类存放，如下图所示。

2. 废油废液及危险品处理

废油废液及危险品分类及存放要求见下表。

	废油废液	危险品废物
注解	液体危险废物	固体、固液混合危险废物
存放基本要求	通风、消防（采用防爆照明灯和防爆型排气扇和电器开关，明显的防火标识）、标明存放物性质的标识、地漆防渗，设置观察窗	
主要存放物品	废机油、废变速器油、废转向助力油、废制动液、废冷却液、废溶剂	废蓄电池、废机油滤清器、废机油桶、废油桶、废油漆桶

注意事项：

1）废机油、废变速器油、废转向助力机油可以混合放在一起，存放于专门的油桶中，油桶底下放置接油盘。

2）废制动液、废冷却液应单独分桶存放，不能与其他油类、液体化学品混合存放。

3）存放桶应有明显的标识，标明所存液体，如下图所示。

任务二 识别汽车车身结构

学习情境	在汽车销售展厅，一名客户对汽车车身结构和选择很感兴趣。你作为一名汽车销售员，应该如何深入浅出地为客户做介绍和推荐，向客户展现出良好的专业水准、取得客户信任，从而促进交易的达成。
学习任务	● 识别并描述汽车车身结构类型及其特点。 ● 描述轿车车身的结构和作用。 ● 解释轿车车身轻量化技术。
能力目标	● 能够识别并描述汽车车身的结构类型及其特点。 ● 能够描述轿车车身的结构和作用。 ● 能够解释轿车车身轻量化技术。
任务时间	90min
主要设备、工具和资料	◇ 汽车整车 6 辆。 ◇ 车辆防护用品、贴纸或标签各 6 套。 ◇ 汽车使用手册 6 套。

子任务 1：查阅资料，描述下列汽车车身结构类型及其特点。

解放重型货车：

比亚迪大巴车：

太脱拉自卸车：

丰田卡罗拉轿车：

子任务 2：描述车辆的车身结构和作用。

子任务 3：查阅奥迪 A8 和宝马 X3 等新车型资料，解释当前先进的车身轻量化技术。

子任务 4：各小组分别在汽车实训室或学校停车场内的车辆上，识别车身结构类型，并在车身上 A 柱、B 柱、C 柱、发动机舱、行李舱盖等贴标签。

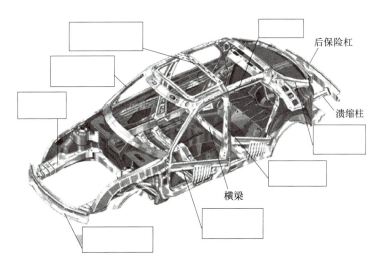

子任务 5：教师进行示范操作，学生根据使用手册等的指引完成贴条标注等工作，任务完成后写出简要总结和心得体会。

教师评价

教师签名：　　　　　　　　　　　　　　　　　　年　　月　　日

项目二　汽车传动系统

任务一　检查与调整离合器踏板自由行程

学习情境	客户汽车需要进行 8 万 km 保养，你是快修组技师，本次任务是检查与调整离合器踏板自由行程，并向客户解释离合器的结构原理与离合器踏板自由行程的作用。
学习任务	• 解释离合器的结构与工作原理。 • 解释离合器踏板自由行程的作用。 • 描述离合器踏板自由行程的检查与调整方法。
能力目标	• 能够描述离合器的结构与工作原理。 • 能够查阅维修手册梳理检查与调整离合器踏板自由行程的方法。 • 能够根据维修手册指引检查与调整离合器踏板自由行程。
任务时间	90min
主要设备、工具和资料	◇ 汽车整车 6 辆（或液压操纵膜片式离合器实训台架 6 台）。 ◇ 常规拆装工具 6 套。 ◇ 钢卷尺 6 把。 ◇ 500mL 液压油 6 瓶。

子任务 1：查阅资料，解释离合器踏板自由行程的作用，并写出调整的简要步骤。

子任务 2：识别下图汽车离合器各部分结构名称。

1	
2	
3	
4	
5	
6	
7	

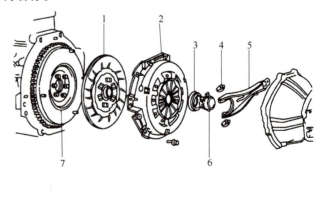

子任务 3：简述离合器踏板自由行程调整过程和注意事项。

子任务 4：教师先播放操作视频或进行示范操作，学生根据维修手册的指引进行离合器踏板自由行程的检查和调整，任务完成后写出简要总结和心得体会。

作业项目	检查项目					
离合器踏板检查	自由行程	数据		离合器踏板高度	数据	
		判定	正常□ 异常□		判定	正常□ 异常□

教师评价	
	教师签名：　　　　　　　　　　　　　年　月　日

任务二　拆装手动变速器齿轮机构

学习情境	客户汽车为发动机前驱手动变速器，车主反映其爱车换档困难并发出打齿异响故障，你是快修组技师，团队分工协作，本次任务是拆装检修变速器齿轮机构，并且要向客户解释手动变速器的结构与功用。
学习任务	• 解释手动变速器的分类和整体构造与功用。 • 解释变速器的变速原理和同步器工作原理。 • 根据维修手册的指引完成手动变速器的拆装与检修。
能力目标	• 能够描述手动变速器的结构和档位变速原理。 • 能够查阅维修手册梳理手动变速器拆装步骤和要点。 • 能够查阅维修手册正确拆装与检修变速器齿轮机构和同步器。
任务时间	90min
主要设备、工具和资料	◇ 手动变速器拆装实训台6个。 ◇ 常用维修工具箱、变速器拆装工具6套。 ◇ 百分表、磁性表座、塞尺各6个。 ◇ 底盘维修手册6套。

子任务1：下图为前轮前驱手动变速器1档的动力传递路线，填写各部分结构名称。

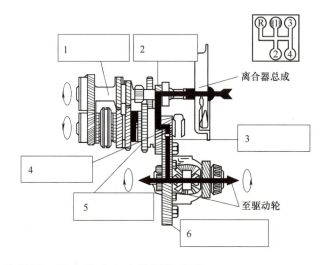

子任务2：查阅维修手册，写出手动变速器拆装步骤。

| 齿轮变速机构拆装 | 第____章____节____页 | 变速器盖螺栓扭力规格 | |
| 同步器拆装 | 第____章____节____页 | | |

子任务 3：查阅维修手册、技术标准，对齿轮变速机构进行检查。

（1）齿轮和轴承的检修

检查项目	标准	检查情况	处理结果
目视检查齿面	如果斑点轻微可以用磨石修磨；如果斑点面积超过 15%，则应更换齿轮		
检查齿厚	如果齿厚磨损超过 0.2mm，则应更换齿轮		
检查齿长	如果磨损超过 15%，则应更换齿轮		
齿轮与内座圈之间的间隙	装好轴承和内座圈后，用百分表检查齿轮与内座圈之间的间隙，如果超标应该更换轴承		

（2）输入轴、输出轴的检修

检查项目	标准	检查情况	处理结果
目视检查输入轴、输出轴	不应有裂纹，轴颈及花键不应有严重磨损，轴上的齿轮不应有断齿和严重磨损，否则应更换		
检查轴的径向圆跳动	检查轴的径向圆跳动，不应超过 0.05mm，否则应更换或校正		

子任务 4：教师先播放相关车身视频或进行示范操作，学生根据维修手册等的指引进行手动变速器齿轮机构的拆装检修，任务完成后写出简要总结和心得体会。

教师评价	
	教师签名：　　　　　　　　　　　　　　　　　　年　　月　　日

任务三　介绍自动变速器的类型及特点

学习情境	你是资深汽车营销人员，本次任务主要是向客户解答不同车型自动变速器的类型及优缺点，引导客户选择适合个人用车特点的车型，并向客户解释不同类型自动变速器的使用要注意的问题。
学习任务	● 解释自动变速器相关概念。 ● 描述不同类型自动变速器优缺点及其应用。 ● 描述不同类型自动变速器外观部件识别方法。 ● 描述不同类型自动变速器使用时的注意事项。
能力目标	● 能够解释不同类型自动变速器相关概念。 ● 能够查阅相关资料，知道不同类型自动变速器的优缺点。 ● 能够查阅维修手册进行不同类型自动变速器外观部件的识别。 ● 能根据车辆使用手册的指引知道不同类型自动变速器使用时的注意事项。
任务时间	90min
主要设备、工具和资料	◇ 汽车整车或自动变速器台架6台（6种不同类型自动变速器）。 ◇ 常用维修工具箱、车辆防护用品6套。 ◇ 汽车维修手册、使用手册各6套。 ◇ 举升机6台。

子任务1：解释自动变速器相关概念。

液力自动变速器：

无级自动变速器：

双离合自动变速器：

手自一体变速器：

子任务2：下图为液力自动变速器结构图，完成下图部件名称填空。

子任务 3：解释不同类型自动变速器的优缺点，完成下表。

类　型	优　点	缺　点	使用注意事项
液力自动变速器			
无级自动变速器			
双离合自动变速器			
手自一体变速器			

子任务 4：教师指导，学生通过查找资料总结分析自动变速器的结构类型与特点，任务完成后写出简要总结和心得体会。

教师评价	
	教师签名：　　　　　　　　　　　　　年　　月　　日

任务四　检查与更换自动变速器油

学习情境	客户汽车（配备自动变速器）需要进行自动变速器换油，并且希望你能推荐自动变速器油品牌型号。你是快修组技师，本次任务是维护保养，及时检查排除自动变速器出现的一些隐患，并向客户解释自动变速器平时使用要注意的问题。
学习任务	• 解释不同类型自动变速器油的型号。 • 描述自动变速器油的选用标准。 • 描述自动变速器油液面高度、油质及漏油的检查方法。 • 描述自动变速器油油质变化的原因。 • 根据维修手册的指引完成汽车自动变速器油的更换。
能力目标	• 能够解释不同类型自动变速器油的标准型号及应用。 • 能够查阅维修手册选用合适的自动变速器油。 • 能够查阅维修手册知道自动变速器油的使用公里数。 • 能够根据维修手册的指引完成自动变速器油液面高度的检查。 • 能够根据维修手册的指引完成自动变速器油的更换。
任务时间	90min
主要设备、工具和资料	◇ 汽车整车 6 台（配备自动变速器）。 ◇ 常用维修工具箱、车辆防护用品 6 套。 ◇ 自动变速器油及更换配套设备 6 套。 ◇ 底盘维修手册 6 套。 ◇ 举升机 6 台。

子任务 1：解释自动变速器油的型号及应用。

子任务 2：查阅维修手册，完成自动变速器油液检查。

检查项目	液位检查情况	检查结果	检测项目	检测数据	结果
自动变速器油	太低□　太高□ 无□	正常□ 异常□	变速器油油质		正常□ 异常□

子任务 3：查阅维修手册，完成自动变速器油泄漏检查。

检查项目	泄漏检查情况	泄漏部件名称	维修措施
自动变速器油	泄漏□ 正常□		更换□ 调整□ 紧固□ 无□

子任务 4：查阅维修手册，完成查询用户手册记录自动变速器维护项目、里程及周期。

维护项目	维护里程及周期	维护项目	维护里程及周期
自动变速器油		自动变速器滤网	

子任务 5：查阅维修手册，完成自动变速器油的更换。

作业项目	维修资料			
自动变速器油更换	变速器油类型		变速器类型	
	变速器油容量		放油螺栓拧紧力矩	

子任务 6：教师先播放操作视频或进行示范操作，学生根据维修手册的指引完成自动变速器油的检查与更换，任务完成后写出简要总结和心得体会。

教师评价	
	教师签名： 年 月 日

任务五　拆装自动变速器行星齿轮机构

学习情境	汽车维修小组接到一辆行驶 12 万 km 的汽车无法挂入前进档，需要进行自动变速器维修，团队分工协作，你的任务是进行拆装自动变速器行星齿轮机构，并做简单检查，为综合诊断自动变速器故障提供依据，并且要向客户解释相关原因。
学习任务	● 解释行星齿轮机构的相关概念。 ● 描述辛普森式齿轮变速机构的基本组成。 ● 描述并演示辛普森式齿轮变速机构的档位。 ● 根据维修手册的指引完成齿轮变速机构的拆装。 ● 根据维修手册的指引完成齿轮变速机构的检查。
能力目标	● 能够解释行星齿轮机构的功能。 ● 能够描述并演示辛普森式齿轮变速机构的档位。 ● 能够查阅维修手册梳理齿轮变速机构拆装步骤。 ● 能够查阅维修手册梳理齿轮变速机构检查方法。
任务时间	90min
主要设备、工具和资料	◇ 辛普森式自动变速器。 ◇ 常用维修工具箱、车辆防护用品 6 套。 ◇ 自动变速器拆装专用配套工具 6 套。 ◇ 底盘维修手册 6 套。

子任务 1：完成下列填空。

1. 单排行星齿轮变速机构

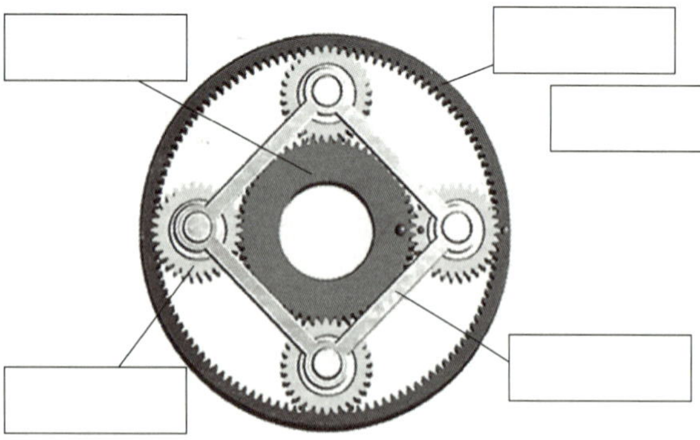

2. 辛普森式齿轮变速机构

子任务 2：查阅维修手册，写出拆装步骤。

齿轮变速机构拆装	第____章____节____页	变矩器至飞轮螺栓拧紧力矩规格	
油泵拆装	第____章____节____页	油泵螺栓拧紧力矩规格	

子任务 3：查阅维修手册、技术标准，对齿轮变速机构进行检查。

检查项目	检查情况记录	判断
前太阳轮		正常☐ 异常☐
前齿圈		正常☐ 异常☐
前行星轮		正常☐ 异常☐
前行星架		正常☐ 异常☐
后太阳轮		正常☐ 异常☐
后齿圈		正常☐ 异常☐
后行星轮		正常☐ 异常☐
后行星架		正常☐ 异常☐

子任务 4：教师先播放操作视频或进行示范操作，学生根据维修手册的指引完成自动变速器行星齿轮的拆装，任务完成后写出简要总结和心得体会。

教师评价	
	教师签名： 年 月 日

任务六　拆装等速万向节

学习情境	一辆轿车需更换等速万向节，你是维修技师，本次任务是拆装传动轴上的等速万向节，检测其技术状态，并且要向客户解释等速万向节的功能和更换原因。
学习任务	● 解释等速万向节的结构特点与应用。 ● 解释等速万向节的构造布置形式。 ● 描述等速万向节的拆装步骤。 ● 根据维修手册的指引完成等速万向节的拆装与检修。
能力目标	● 能够解释等速万向节的结构特点与应用。 ● 能够梳理等速万向节的拆装步骤和要点。 ● 能够根据维修手册的指引独立完成等速万向节的拆装与检修。
任务时间	90min
主要设备、工具和资料	◇ 汽车整车 6 台或乘用车转向驱动桥台架 6 套。 ◇ 常用维修工具箱、车辆防护用品 6 套。 ◇ 底盘维修手册 6 套。

子任务 1：解释等速万向节的功用与结构特点。

子任务 2：查阅维修手册，写出拆装等速万向节的简要步骤。

子任务 3：区分两种球笼式万向节，并在下表中正确写出各部分名称。

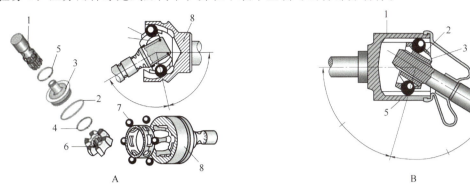

A   B

A			
编号	结构名称	编号	结构名称
1		5	
2		6	
3		7	
4		8	
B			
编号	结构名称	编号	结构名称
1		4	
2		5	
3			

子任务 4：教师先播放操作视频或进行示范操作，学生根据维修手册的指引完成等速万向节的拆装，任务完成后写出简要总结和心得体会。

教师评价		
	教师签名：	年 月 日

任务七　拆装主减速器和差速器

学习情境	客户汽车行驶时有传动系统异响的故障，初步检查发现转弯时驱动桥异响更明显。你是维修技师，本次任务是拆装主减速器与差速器，并检测其技术状态，为排除传动系统异响故障提供依据。
学习任务	• 描述差速器在传动系统中的作用。 • 描述主减速器和差速器的构造。 • 描述主减速器和差速器的常见故障。 • 根据维修手册写出拆装主减速和差速器的步骤与要点。
能力目标	• 能够解释主减速器的工作原理。 • 能够解释差速器的工作原理。 • 能够根据维修手册正确拆装主减速和差速器。 • 能够根据维修手册正确检测主减速和差速器，并判断其故障。
任务时间	90min
主要设备、工具和资料	◇ 汽车整车6台或驱动桥总成6套。 ◇ 常用维修工具箱与车辆防护用品6套。 ◇ 发动机维修手册6套。

子任务1：查阅汽车维修手册写出拆装主减速器和差速器的关键步骤。

子任务2：解释主减速器和差速器的结构和功用。

子任务 3：辨识主减速器和差速器实物，结合图片填写各部件名称。

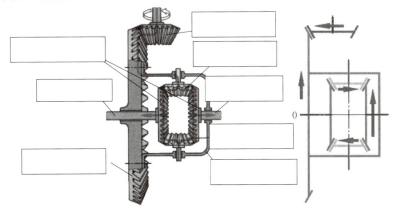

子任务 4：教师先播放操作视频或进行示范操作，学生根据维修手册指引完成主减速器和差速器的拆装与检测和组装任务，任务完成后写出简要总结和心得体会。

1. 主减速器与差速器拆装检测方法在维修手册中的位置：

螺栓标准拧紧力矩：

2. 记录主减速器和差速器的检测结果：

项目	标准值	测量值	判断
齿轮啮合间隙			
齿轮侧隙			

3. 分析主减速器齿轮啮合印痕的重要性和调整方法：

4. 简要总结和心得体会：

教师评价		
	教师签名：	年　　月　　日

项目三　汽车行驶系统

任务一　拆装与检查悬架零部件

学习情境	客户的汽车在不平路面行驶时出现车身上下颠簸比较厉害故障，团队分工协作，你的任务是进行悬架零部件拆装与检查，为综合诊断悬架故障提供依据，并且要向客户解释车身上下颠簸的原因。
学习任务	• 解释导向元件和减振器等悬架的相关概念。 • 描述悬架的基本组成。 • 描述悬架部件拆装与检查步骤。 • 根据维修手册的指引完成后悬架弹簧拆装与检查。 • 根据维修手册的指引完成减振器拆装与检查。
能力目标	• 能够解释悬架弹簧和减振器的功能。 • 能够查阅维修手册梳理后悬架弹簧拆装与检查步骤和要点。 • 能够查阅维修手册梳理减振器拆装与检查步骤和要点。 • 能够解释悬架弹簧和减振器损坏的原因。
任务时间	90min
主要设备、 工具和资料	◇ 汽车整车或底盘台架（后悬架）6台。 ◇ 悬架螺旋弹簧专用拆装工具6套。 ◇ 常用维修工具箱、车辆防护用品6套。 ◇ 底盘维修手册6套。

子任务1：解释悬架的组成，完成下图填空。

子任务 2：查阅维修手册，写出拆装后悬架弹簧和减振器的步骤。

子任务 3：查阅维修手册，检查前后减振器漏油情况。

检测项目	是否正常
前轮减振器漏油检查	正常□ 异常□
后轮减振器漏油检查	正常□ 异常□

子任务 4：查询维修手册，按照扭力规格紧固以下螺栓。

检查项目	规格（米制）	检查项目	规格（米制）
前悬架支座螺栓		控制臂至副车架的前螺栓	
控制臂至转向节的螺栓和螺母		控制臂至副车架的后螺栓	

子任务 5：教师先播放操作视频或进行示范操作，学生根据维修手册的指引完成悬架零部件的拆装与检查，任务完成后写出简要总结和心得体会。

教师评价	
	教师签名：　　　　　　　　　　　　　　年　　月　　日

任务二　识别汽车悬架结构形式

学习情境	在汽车销售展厅，一名客户对汽车的悬架结构和舒适性很感兴趣，并问你许多相关问题。作为一名汽车销售员，你需要深入浅出、细致耐心地回答客户的问题，向客户展现出良好的专业水准、取得顾客信任，从而促进交易的达成。
学习任务	● 解释独立悬架、麦弗逊悬架、多连杆悬架等相关概念。 ● 描述不同悬架的类型、特点及其应用。 ● 描述独立悬架的主要组成部件。 ● 描述麦弗逊前悬架主要组成部件和安装位置。
能力目标	● 能够解释不同悬架的类型和特点。 ● 能够查阅维修手册知道独立悬架的主要部件名称及作用。 ● 能够查阅维修手册知道麦弗逊非独立悬架的主要部件名称及作用。
任务时间	90min
主要设备、工具和资料	◇ 汽车整车或底盘台架 6 台（悬架类型两种以上）。 ◇ 常用维修工具箱、车辆防护用品 6 套。 ◇ 底盘维修手册 6 套。 ◇ 举升机 6 台。

　　子任务 1：查阅资料，描述四种不同车型悬架的结构类型及其特点，解释其优缺点。

　　子任务 2：解释悬架的相关概念。

独立悬架：

非独立悬架：

半独立悬架：

麦弗逊悬架：

双横臂悬架：

多连杆悬架：

子任务 3：解释麦弗逊非独立悬架的组成，完成下图填空。

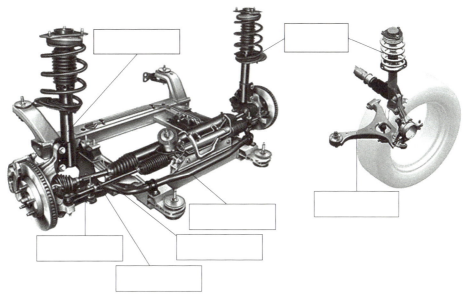

子任务 4：教师指导，学生查阅资料完成悬架类型和结构特点、典型车辆悬架配置等总结，任务完成后写出简要总结和心得体会。

任务三　维护电子悬架

学习情境	客户汽车（配备电子悬架）需要进行 8 万 km 维护，你是快修组技师，本次任务是维护汽车电子悬架，及时发现电子悬架出现的一些隐患，并向客户解释电子悬架可能出现的一些性能下降的原因，以及平时要注意的问题。
学习任务	• 解释半主动式电子悬架和主动式电子悬架等的相关概念。 • 描述传统悬架的不足及汽车对悬架的要求。 • 描述电子悬架的类型、特点及其应用。 • 完成电子悬架的维护。
能力目标	• 能够解释不同电子悬架的类型和特点。 • 能够查阅维修手册知道半主动电子悬架的主要部件名称及作用。 • 能够查阅维修手册知道主动电子悬架的主要部件名称及作用。 • 能够根据维修手册的指引完成电子悬架的维护。
任务时间	90min
主要设备、工具和资料	◇ 汽车整车或底盘台架 6 台（主动悬架、半主动悬架两种类型）。 ◇ 常用维修工具箱、车辆防护用品 6 套。 ◇ 底盘维修手册 6 套。 ◇ 举升机 6 台。

子任务 1：解释电子悬架的相关概念。

半主动式电子悬架：

主动式电子悬架：

电子控制减振器：

阻尼力：

弹簧刚度：

磁流体：

子任务 2：解释电子悬架的类型，不同类型电子悬架的特点及作用。

子任务3：查询维修手册，记录高度传感器端子信息。

检测项目	前高度传感器		后高度传感器	
端子	线束颜色	端子说明	线束颜色	端子说明
1				
2				
3				
4				

子任务4：查阅维修手册，读取电子悬架系统故障码及数据流。

当前故障码			诊断程序	第 章 节 页
参数名称	开关未开	开关未开		判断
压力传感器				正常□ 异常□
左前高度传感器-电压				正常□ 异常□
右前高度传感器-电压				正常□ 异常□
左后高度传感器-电压				正常□ 异常□
右后高度传感器-电压				正常□ 异常□

子任务5：教师先播放操作视频或进行示范操作，学生查阅资料解释电子悬架的结构、类型、特点与应用，并进行维护，任务完成后写出简要总结和心得体会。

教师评价	
	教师签名：　　　　　　　　　　　　　　年　　月　　日

任务四　检查车轮和轮胎

学习情境	客户汽车需要进行 4 万 km 维护，你是快修组技师，本次任务是检查维护车轮和轮胎，并进行轮胎动平衡测试和轮胎换位，并且要向客户解释车轮和轮胎作用和维护检查知识。
学习任务	● 解释车轮和轮胎的结构与选用。 ● 描述车轮和轮胎的检查项目。 ● 描述车轮动平衡的检测步骤。 ● 完成车轮和轮胎检查与换位。
能力目标	● 能够解释车轮和轮胎的结构与选用。 ● 能够正确进行车轮动平衡检测。 ● 能够按照维修手册指引完成车轮与轮胎的检查维护与轮胎换位。
任务时间	90min
主要设备、工具和资料	◇ 举升机、整车各 6 台、轮胎拆装工具 6 套。 ◇ 轮胎深度尺 6 把。 ◇ 轮胎动平衡机 6 台。 ◇ 轮胎维修手册 6 套。

子任务 1：查找维修手册，写出检查与维护车轮与轮胎的具体内容和主要事项。

子任务2：画出斜交轮胎和子午线轮胎的换位方法。

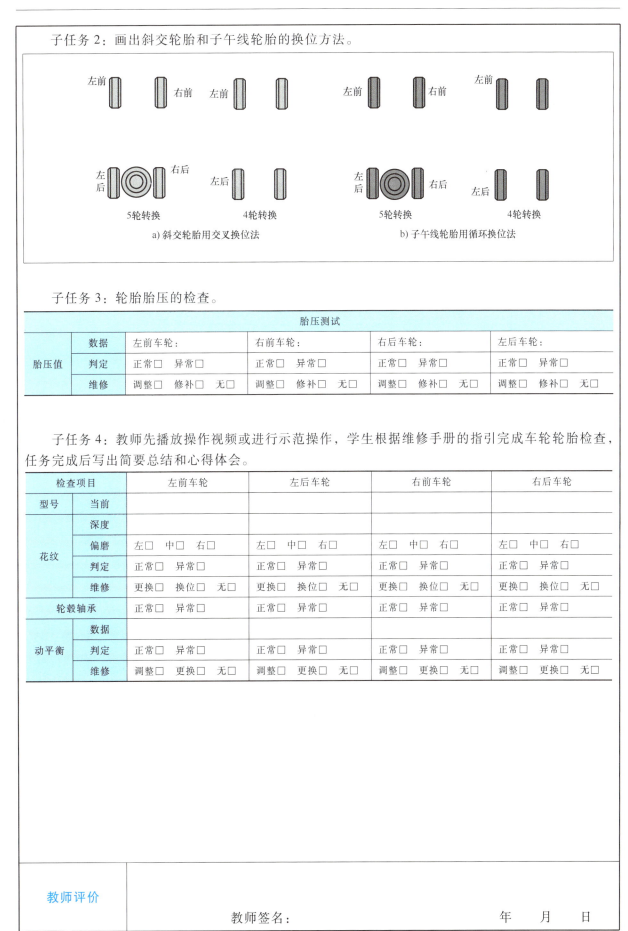

a) 斜交轮胎用交叉换位法　　　　　　　　　b) 子午线轮胎用循环换位法

子任务3：轮胎胎压的检查。

胎压测试					
胎压值	数据	左前车轮：	右前车轮：	右后车轮：	左后车轮：
	判定	正常□ 异常□	正常□ 异常□	正常□ 异常□	正常□ 异常□
	维修	调整□ 修补□ 无□	调整□ 修补□ 无□	调整□ 修补□ 无□	调整□ 修补□ 无□

子任务4：教师先播放操作视频或进行示范操作，学生根据维修手册的指引完成车轮轮胎检查，任务完成后写出简要总结和心得体会。

检查项目		左前车轮	左后车轮	右前车轮	右后车轮
型号	当前				
花纹	深度				
	偏磨	左□ 中□ 右□	左□ 中□ 右□	左□ 中□ 右□	左□ 中□ 右□
	判定	正常□ 异常□	正常□ 异常□	正常□ 异常□	正常□ 异常□
	维修	更换□ 换位□ 无□	更换□ 换位□ 无□	更换□ 换位□ 无□	更换□ 换位□ 无□
轮毂轴承		正常□ 异常□	正常□ 异常□	正常□ 异常□	正常□ 异常□
动平衡	数据				
	判定	正常□ 异常□	正常□ 异常□	正常□ 异常□	正常□ 异常□
	维修	调整□ 更换□ 无□	调整□ 更换□ 无□	调整□ 更换□ 无□	调整□ 更换□ 无□

教师评价

教师签名：　　　　　　　　　　　　　年　　月　　日

任务五　识别胎压监测系统的类型和零部件

学习情境	在汽车销售展厅，一名客户对汽车胎压监测系统很感兴趣，并问你许多相关问题。作为一名汽车销售员，你需要深入浅出、细致耐心地回答客户的问题，向客户展现出良好的专业水准、取得客户信任，从而促进交易的达成。
学习任务	● 识别并描述轮胎胎压监测系统的类型与特点。 ● 解释轮胎胎压监测系统的结构与工作原理。 ● 描述并查找轮胎胎压监测系统各零部件在车上的安装位置。
能力目标	● 能够在整车上识别轮胎胎压监测系统的零部件结构名称。 ● 能够解释轮胎胎压监测系统的工作原理。 ● 能够识别轮胎胎压监测系统的类型。
任务时间	90min
主要设备、工具和资料	◇ 整车6台、轮胎胎压监测系统6套。 ◇ 校内停车场车辆。 ◇ 贴纸或标签。 ◇ 汽车使用手册6套。

子任务1：解释胎压监测系统的相关概念。

TPMS：

直接式（PSB）：

子任务2：描述胎压监测系统的结构与工作原理。

子任务 3：根据胎压监测系统结构完成填空。

1		5	
2		6	
3		7	
4		8	

子任务 4：各小组分别在汽车实训室或学校停车场内查找凯迪拉克、奥迪 A6、宝马 X3 等车型，查找资料，识别轮胎胎压监测系统的类型和零部件布置，并在零部件位置贴上相应标签。

子任务 5：学生查阅资料解释胎压监测系统的结构、类型与应用，任务完成后写出简要总结和心得体会。

教师评价		
	教师签名：	年　月　日

任务六　检查与调整车轮定位

学习情境	某修理厂接到一位车主反映车辆前轮轮胎内侧磨损严重，其不仅要求检修车辆，还希望维修技师解释轮胎磨损的原因、车轮定位的原理以及常见故障。团队分工协作，你的任务是向客户解释原因，并检查与调整该车车轮定位。
学习任务	<ul><li>解释车轮定位的定义与作用。</li><li>解释车轮定位各参数作用及对车辆行驶的影响。</li><li>描述车轮定位的检测步骤与流程。</li><li>掌握四轮定位的检测与调整方法。</li></ul>
能力目标	<ul><li>能够解释车轮定位的检测方法与流程。</li><li>能够查阅资料梳理四轮定位仪的使用和检测步骤。</li><li>能正确使用四轮定位仪检测与分析四轮定位参数，并调整各定位参数。</li></ul>
任务时间	90min
主要设备、工具和资料	◇ 汽车整车6台、举升机6台。 ◇ 四轮定位仪6台套。 ◇ 常用维修工具箱、车辆防护用品6套。 ◇ 汽车维修手册6套。

子任务1：解释车轮定位的相关概念。

车轮定位：

车轮前束：

推进角：

磨胎半径：

子任务2：在做车辆四轮定位检测前，写出车辆应该检查和修正哪些项目。

子任务 3：操作四轮定位仪，读取四轮定位数据填下表，并将异常数据调整至正常范围。

1. 原厂四轮定位数据

项目	主销后倾角	主销后倾角差	外倾角	外倾角差	前束	总前束
前轮						
后轮	—	—				

2. 实测四轮定位数据

检测项目		前轮		后轮	
		左侧	右侧	左侧	右侧
调整前	主销后倾角			—	—
	主销后倾角差			—	
	判断	正常□　异常□	正常□　异常□	—	—
	外倾角				
	外倾角差				
	判断	正常□　异常□	正常□　异常□	正常□　异常□	正常□　异常□
	前束				
	总前束				
	判断	正常□　异常□	正常□　异常□	正常□　异常□	正常□　异常□
调整后	外倾角				
	外倾角差				
	判断	正常□　异常□	正常□　异常□	正常□　异常□	正常□　异常□
	前束				
	总前束				
	判断	正常□　异常□	正常□　异常□	正常□　异常□	正常□　异常□

　　子任务 4：教师先播放操作视频或进行示范操作，学生根据四轮定位仪使用手册与维修手册的指引完成车轮定位检测，任务完成后写出简要总结和心得体会。

教师评价	
	教师签名：　　　　　　　　　　　　　　　　　　　年　　月　　日

项目四 汽车转向系统

任务一 拆装转向器

学习情境	汽车维修小组遇到同一个车型转向器异响故障，过去的维修方案都是直接更换转向器。技术主管要求你协助拆卸分解有故障的转向器，查找内部具体故障原因，以便向主机厂反馈改进建议。
学习任务	● 拆卸、安装转向器。 ● 分解、组装转向器。 ● 解释转向器的检查与调整方法。 ● 描述转向器损坏的故障现象。
能力目标	● 能够解释转向器的功能和结构。 ● 能够查阅维修手册梳理转向器的拆装步骤和要点。 ● 能够根据维修手册要求正确拆装和调整转向器。
任务时间	90min
主要设备、工具和资料	◇ 齿轮齿条式转向器6个、循环球式转向器6个。 ◇ 常用维修工具箱6套。 ◇ 相应转向器的底盘维修手册各6套。

子任务1：查阅汽车维修手册，简述转向器拆装步骤，将转向器从汽车上拆下。

齿轮齿条式转向器拆装	第___章___节___页	转向器各螺栓扭力规格	
循环球式转向器拆装	第___章___节___页	转向器盖螺栓扭力规格	

子任务 2：完成下列填空。

1. 齿轮齿条式转向器。

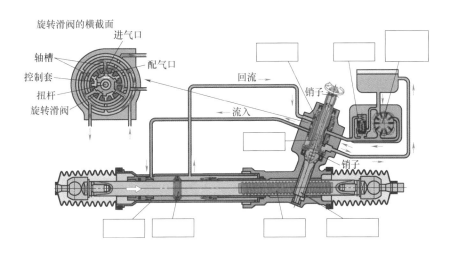

2. 循环球式转向器。

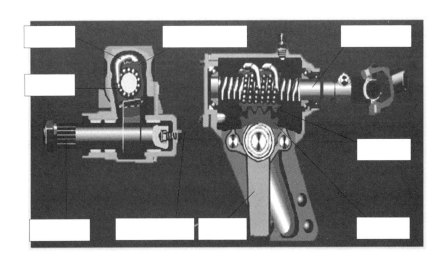

子任务 3：查阅维修手册技术标准，对转向器进行检查。

检查项目	检查情况记录	判断
转向盘自由行程		正常□ 异常□
防尘套		正常□ 异常□
齿轮		正常□ 异常□
齿条		正常□ 异常□
转向器壳体与缸筒		正常□ 异常□
循环钢球		正常□ 异常□
转向螺母		正常□ 异常□
转向螺杆		正常□ 异常□
齿条		正常□ 异常□
齿扇		正常□ 异常□

1）齿轮齿条式转向器安装后啮合间隙的调整方法。

2）循环球式转向器安装后啮合间隙的调整方法。

子任务 4：教师先播放操作视频或进行示范操作，学生根据维修手册的指引完成齿轮齿条式和循环球式转向器的拆装，任务完成后写出简要总结和心得体会。

教师评价		
	教师签名：	年　月　日

任务二 维护转向传动机构

学习情境	在奥迪汽车销售展厅，一名客户对奥迪汽车的主动转向机构很感兴趣，并问你许多相关问题。作为一名汽车销售员，你需要深入浅出、细致耐心地回答客户的问题，向客户展现出良好的专业水准、取得客户信任，从而促进交易的达成。
学习任务	<ul><li>解释机械调节转向柱、电动调节转向柱、转向柱锁止机构、转向传动轴的相关概念。</li><li>描述转向传动机构的类型、特点及其应用。</li><li>描述转向传动机构的主要组成部件。</li><li>根据维修手册的指引完成转向传动机构零部件的维护。</li></ul>
能力目标	<ul><li>能够描述不同车辆转向传动机构的类型及其特点。</li><li>能够查阅维修手册知道转向传动机构的主要部件名称及作用。</li><li>能够查阅维修手册机械调节转向柱、电动调节转向柱的调节方法。</li><li>能够根据维修手册的指引完成转向传动机构的维护。</li></ul>
任务时间	90min
主要设备、工具和资料	◇ 汽车整车或底盘台架 6 台（包括机械调节转向柱、电动调节转向柱、转向柱锁止机构、转向传动轴）。 ◇ 校内停车场车辆（找奥迪和雷克萨斯等车型的主动转向机构）。 ◇ 常用维修工具箱、车辆防护用品 6 套。 ◇ 底盘维修手册 6 套。

子任务 1：完成下列填空。

主动转向系统结构

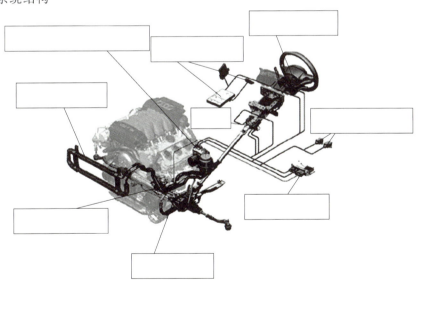

子任务 2：查阅资料，描述下列汽车转向传动机构的结构类型及其特点。

丰田卡罗拉轿车：

奥迪 A8 轿车：

凯迪拉克轿车：

子任务 3：举升车辆，检查转向系统各部件，查询维修手册，记录维修措施。

序号	部件名称	检查情况	维修措施
1	转向横拉杆	变形□ 老化□ 松动□ 泄漏□ 正常□	紧固□ 维修□ 更换□
2	转向横拉杆球头	变形□ 老化□ 松动□ 泄漏□ 正常□	紧固□ 维修□ 更换□
3	转向横拉杆防尘套	破损□ 变形□ 老化□ 松动□ 泄漏□ 正常□	紧固□ 维修□ 更换□

子任务 4：查阅维修手册，检查转向系统固定螺栓紧固情况。

用预紧力扳手检查转向系统各处固定螺栓的紧固情况，并将检查结果记录于下表中。

检查内容	检查结果	处理意见
转向横拉杆球头固定螺母		
横拉杆支架固定螺母		
转向器横板固定螺母		
转向器圆柱体内六角头螺栓		

子任务 5：教师先播放操作视频或进行示范操作，学生查阅资料解释转向传动机构的结构类型与应用，并能识别零部件，任务完成后写出简要总结和心得体会。

教师评价			
	教师签名：		年　　月　　日

项目五　汽车制动系统

任务一　更换汽车制动液

学习情境	客户汽车进行 8 万 km 维护，需要更换车辆制动液，你是快修组技师，本次任务是更换车辆制动液并进行系统排空，及时排查制动系统出现的一些隐患，并向客户解释制动液的选取和更换制动液的必要性。
学习任务	● 解释不同类型制动液的型号。 ● 描述制动液选用标准。 ● 描述制动液的检查与更换方法。 ● 描述制动液更换后系统的排空方法。
能力目标	● 能够解释不同类型制动液的标准型号及应用。 ● 能够查阅维修手册选用合适的制动液。 ● 能够查阅维修手册知道制动液的使用公里数。 ● 能够根据维修手册的指引完成制动液的更换。 ● 能够根据维修手册的指引完成制动液更换后的系统排空。
任务时间	90min
主要设备、 工具和资料	◇ 举升机、汽车整车 6 台。 ◇ 常用维修工具箱、车辆防护用品 6 套。 ◇ 制动液及其更换配套设备 6 套、干净抹布等。 ◇ 底盘维修手册 6 套。

子任务 1：解释汽车制动液的分类标准、型号及选取方法。

子任务 2：查阅汽车维修手册，写出更换制动液的简要流程。

子任务 3：检查制动液液面高度。

检查内容	检查结果	是否需要添加
制动液液位	□正常　　□过低	□是　　□否

子任务 4：检查制动管路。

检查部位	故障现象		维修方法
制动管与主缸的连接处	是否泄漏	□是　□否	
制动管与轮缸的连接处	是否泄漏	□是　□否	
钢管与软管的连接处	是否泄漏	□是　□否	
制动软管	是否发胀或龟裂	□是　□否	
车底管路	是否凹扁或损伤	□是　□否	

子任务 5：教师先播放操作视频或进行示范操作，学生根据维修手册的指引完成制动液的更换，任务完成后写出简要总结和心得体会。

1. 更换制动液有哪些注意事项？

2. 制动液更换后为什么要排空？怎么排空？

3. 写出简要总结和心得体会。

教师评价	
	教师签名：　　　　　　　　　　　　　年　　月　　日

任务二　检修鼓式制动器

学习情境	客户商务车需要做 8 万 km 的维护，你是快修组技师，本次任务是进行拆装、检修鼓式制动器，调整制动器间隙，并且要向客户解释鼓式制动器的结构与优点。
学习任务	• 解释鼓式制动器的结构类型及基本组成。 • 描述鼓式制动器的工作原理。 • 根据维修手册的指引完成鼓式制动器拆装和检修。 • 根据维修手册的指引完成鼓式制动器的安装和调整。
能力目标	• 能够解释鼓式制动器的结构类型。 • 能够查阅维修手册正确拆装鼓式制动器。 • 能够查阅维修手册检修鼓式制动器。 • 能够查阅维修手册调整鼓式制动器间隙。
任务时间	90min
主要设备、工具和资料	◇ 汽车整车 6 台（或 6 台套鼓式制动器底盘台架）。 ◇ 常用维修工具箱、车辆防护用品 6 套。 ◇ 鼓式制动器拆装专用配套工具 6 套。 ◇ 底盘维修手册 6 套。 ◇ 举升机 6 台。

子任务 1：完成下列填空。

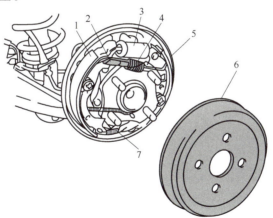

1. ＿＿＿＿＿＿＿＿＿　2. ＿＿＿＿＿＿＿＿＿　3. ＿＿＿＿＿＿＿＿＿

4. ＿＿＿＿＿＿＿＿＿　5. ＿＿＿＿＿＿＿＿＿　6. ＿＿＿＿＿＿＿＿＿

7. ＿＿＿＿＿＿＿＿＿

子任务 2：查阅维修手册，写出拆装步骤。

| 鼓式制动器拆装 | 第＿＿章＿＿节＿＿页 | 轮胎螺栓拧紧力矩规格 | |

子任务 3：查阅维修手册、技术标准，拆卸和检查制动鼓。

1. 为什么在拆下制动鼓之前要放松调整器？在正确的选项前打"√"。

□ 使制动蹄与制动鼓之间间隙增大，更容易拆下制动鼓。

□ 使制动蹄与制动鼓之间间隙减小，更容易拆下制动鼓。

□ 与制动间隙大小无关。

2. 检测制动蹄摩擦片的厚度，如图所示。

标准值	最小值	测量值	是否更换

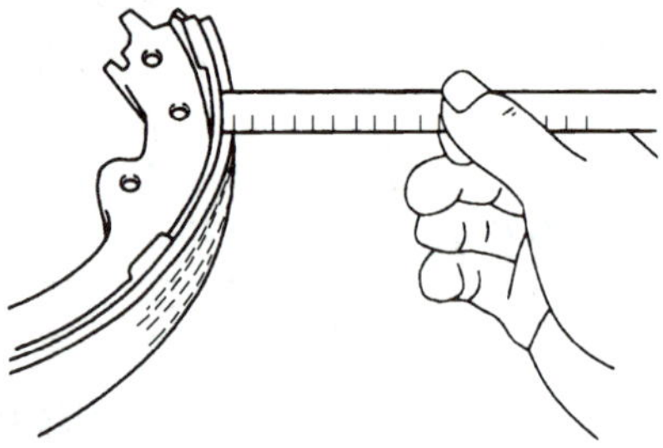

子任务 4：教师先播放操作视频或进行示范操作，学生根据维修手册的指引完成鼓式制动器的检修，任务完成后写出简要总结和心得体会。

教师评价

教师签名：　　　　　　　　　　年　　月　　日

任务三 检修盘式制动器

学习情境	客户汽车需要做 4 万 km 的维护，团队分工协作，你是快修组技师，本次任务是进行拆装、检修盘式制动器，更换制动衬片，并且要向客户解释盘式制动器的结构与优点。
学习任务	• 解释盘式制动器的结构类型及组成。 • 描述盘式制动器的工作原理。 • 根据维修手册的指引完成盘式制动器拆装、检修。 • 根据维修手册的指引完成盘式制动器的安装、调整。
能力目标	• 能够解释盘式制动器的结构类型。 • 能够查阅维修手册正确拆装盘式制动器。 • 能够查阅维修手册检修盘式制动器故障。
任务时间	90min
主要设备、 工具和资料	◇ 汽车整车 6 台（或 6 台套盘式制动器底盘台架）。 ◇ 常用维修工具箱、车辆防护用品 6 套。 ◇ 盘式制动器拆装专用配套工具 6 套。 ◇ 底盘维修手册 6 套、举升机 6 台。

子任务 1：完成下列填空。

1. 图中为已拆开制动钳的盘式制动器，请将部件名称填补到表中。

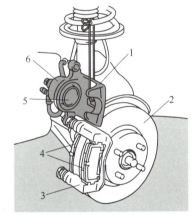

序号	部件名称
1	
2	
3	
4	
5	
6	制动轮缸

2. 完成盘式制动器主要组成部件表。

组成部分	旋转部分	固定部分	张开机构	调整机构
对应部件				轮缸皮碗

子任务 2：查阅维修手册，写出盘式制动器拆装步骤。

盘式制动器拆装	第___章___节___页	制动钳螺栓扭力规格	

子任务 3：查阅维修手册、技术标准，拆卸检查摩擦衬片。

1. 检查摩擦衬片的磨损量。测量制动摩擦衬片的厚度，在表中记录检查结果，确定是否更换。

标准值	最小值	测量值	是否更换

2. 检查摩擦衬片的表面情况。在表中记录检查结果，确定修理方法。
1）检查衬片表面是否有裂纹或脱落。
2）检查衬片表面是否有较明显沟槽。
3）检查衬片表面是否硬化或者有油污。

检查项目	裂纹或脱落	沟槽	硬化	油污
检查结果				
修理方法				

子任务 4：教师先播放操作视频或进行示范操作，学生根据维修手册的指引完成盘式制动器的拆装与检修，任务完成后写出简要总结和心得体会。

教师评价	
	教师签名：　　　　　　　　　　　　　年　　　月　　　日

任务四　诊断 ABS 故障

学习情境	客户汽车 ABS 故障警告指示灯点亮，你是快修组技师，本次任务是使用诊断仪器读取故障码和数据流，对 ABS 故障进行诊断检修，检查更换轮速传感器，并向客户解释 ABS 的功用和使用要注意的问题。
学习任务	<ul><li>解释 ABS 的功用与控制原理。</li><li>描述 ABS 的结构。</li><li>描述 ABS 的工作过程。</li><li>使用汽车诊断 ECU 读取、清除 ABS 故障码和数据流。</li><li>完成轮速传感器的检修。</li></ul>
能力目标	<ul><li>能够查阅维修手册查找汽车 ABS 各零部件总成位置。</li><li>能够使用汽车诊断 ECU 读取、清除 ABS 故障码和数据流。</li><li>在故障码的指引下，能找到造成 ABS 故障的原因。</li><li>能根据维修手册的指引完成轮速传感器的检测与更换。</li></ul>
任务时间	90min
主要设备、工具和资料	◇ 举升机、汽车整车各 6 台。 ◇ 常用维修工具箱、车辆防护用品 6 套。 ◇ 汽车诊断 ECU 6 套。 ◇ 底盘维修手册 6 套。

子任务 1：完成下列 ABS 部件位置图填空。

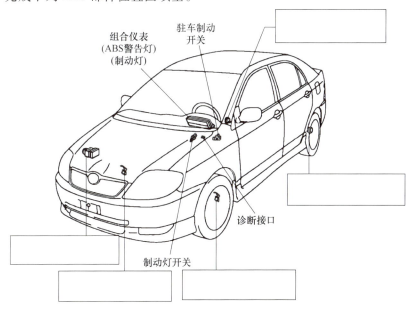

子任务 2：使用诊断仪器读取 ABS 故障码、数据流并填表。

当前故障码		诊断程序在维修手册中的位置	第___章___节___页	
数据流	记录			诊断
	启动时不踩制动踏板时数据		启动时踩制动踏板时数据	
左前轮速传感器				正常□ 异常□
左后轮速传感器				正常□ 异常□
右前轮速传感器				正常□ 异常□
右后轮速传感器				正常□ 异常□
ABS 泵电动机电压				正常□ 异常□

子任务 3：查阅维修手册，检查轮速传感器及其电路。

1. 检查轮速传感器安装是否正确，外观是否完好。
1）插头是否连接良好？　　　　　　　　　　□是　　　□否
2）拔出插接器观察是否有锈蚀、松动？　　　□是　　　□否
3）传感器外壳是否损坏？　　　　　　　　　□是　　　□否
4）传感器安装情况是否良好？　　　　　　　□是　　　□否
2. 检测轮速传感器的电阻，并将检测结果填写在表中。

检测项目	检测值	标准值	是否正常
传感器电阻			
传感器端子与接地之间的电阻			

3. 检查轮速传感器到 ABS ECU 之间线束的短路、断路状况，将检查结果填在下表中。

检测项目	检测端子编号	检测值	结论
断路检查			
对地短路检查			
线间短路检查			

子任务 4：查阅维修手册，请根据检查结果，做出正确的维修意见。

元件名称	检查结果	维修意见
轮速传感器		
齿圈		
制动压力调节器		
ABS ECU		
ABS 警告灯		
诊断接口		
各线束及插接器		

子任务 5：用示波器测量其中一个轮速传感器的波形，并画在下列表格中，包含时间、电压刻度以及电压基准位置。

子任务 6：教师先播放操作视频或进行示范操作，学生根据维修手册的指引完成 ABS 的故障诊断与检修，任务完成后写出简要总结和心得体会。

教师评价		
	教师签名：	年　　月　　日